破産管財 PRACTICE
プラクティス
・留意点と具体的処理事例・

監修
中森 亘
野村 剛司

編著
破産管財実務研究会

発行　民事法研究会

発刊にあたって

　破産管財人の経験を積んでいくと、担当する案件が、それまでのオーソドックスなものから、業種も換価財産もさまざま、問題点も多種多様なものになっていき、自分の処理方針、方法が正しいのかどうか不安になる場面が増えていきます。身近に相談できる先輩等がいるとよいのですが、なかなか難しい場合も多いでしょう。

　本書は、そうした場合に先輩代わりとなってくれる書籍です。同種の事例で経験者はどう考えてどのように処理し、結果はどうであったか。もちろん、同種事例であっても、全く同じものなどはありません。実際の案件では、当該案件に即して自ら考え工夫し処理をしていく必要があります。それでも、経験者の着眼点や工夫例等は大いに参考になることでしょう。

　ご好評をいただいた『破産管財BASIC』（2014年2月刊）は、主に初心者向けに、破産管財人としての基本的な心構えからノウハウまでをわかりやすくお伝えする入門書でしたが、本書はそのいわば実践版です。本書のベースとなった約100件もの事例は関西を中心に中堅・若手の破産管財人経験者からご提供をいただきました。そこには、経験者の知恵と工夫、心意気がつまっています。ただ、経験談というのはときに武勇伝になりがちです。それらを、迷える他の破産管財人が活用しやすいように可能な限り一般化し、論点の取捨選択から構成の検討に至るまで、8名の編集委員が2年近く掛けて（ときに自らの武勇伝も披露しつつ）侃々諤々の議論をして整理し、まとめ上げました。多忙な弁護士業務を抱えながら、本書の完成全般に中心的役割を果たしていただいた編集委員の方々には、心より賛辞を呈します。

　本書が、『破産管財BASIC』と同様、少しでも多くの破産管財事件にかかわる中堅・若手の方々に活用され、破産管財人として大いにご活躍されることを期待しております。

　　2017年1月

　　　　　　　　　　　　　　　　　　　　　弁護士　中　森　　亘

は　し　が　き

　『破産管財BASIC―チェックポイントとQ&A―』の続編として、『破産管財PRACTICE―留意点と具体的処理事例―』をお送りします。

　本書は、『破産管財BASIC』の出版記念の打ち上げから始まりました。

　破産管財事件は、ここ10年間、年間3万件前後あり（近年は、破産管財人選任率は、約40パーセントに上昇しています）、その数だけ破産管財人が存在するということになります。破産管財人の業務については、筆者が関与したものも含め数多くの出版物がありますが、それらが実際にどのように実行されているのか、まさにPracticeを集約した出版物はありませんでした。

　今回、『破産管財BASIC』の執筆者に加え、関西方面に縁のあるメンバーに呼びかけ、うまく処理できた事例、創意工夫した事例、苦労した事例を持ち寄り、司法修習第56期を中心とした編集委員が約100の事例とコラムにアレンジしてまとめ上げました。前提となる事実関係、考慮すべき事情は個別の事案ごとにさまざまあり、絶対的な正解があるわけではない中で、それぞれの破産管財人経験者が考え、悩み、決断した事例の集積です。これらは、今後同種の事案を処理するにあたり、有益な情報となるでしょう。また、本書では、業種・事業類型別の事務処理上の留意点をまとめることで、『破産管財BASIC』からさらなる架橋を図っております。本書をご利用いただき、よりよい破産管財実務が今後も維持発展されんことを祈念しております。

　最後になりましたが、日々の業務で忙しい中、編集作業に多大な時間と労力を費やしていただいた編集委員の皆さんに心より御礼申し上げます。

　また、冒頭に述べた打ち上げの場に同席され、一緒になって本企画を検討いただき、本書の出版をお引き受けいただきました民事法研究会の田中敦司氏に感謝申し上げます。

　　　2017年1月

弁護士　野　村　剛　司

●執筆者一覧●

(50音順)

〔監修〕

弁護士　中森　亘　　北浜法律事務所・外国法共同事業（47期・大阪弁護士会）
弁護士　野村　剛司　なのはな法律事務所（50期・大阪弁護士会）

〔編集・執筆〕

弁護士　相沢　祐太　　ふじ総合法律会計事務所（56期・大阪弁護士会）
弁護士　阿部　宗成　　奏和法律事務所（56期・大阪弁護士会）
弁護士　井口喜久治　　井口喜久治綜合法律事務所（56期・大阪弁護士会）
弁護士　尾島　史賢　　弁護士法人あしのは法律事務所（56期・大阪弁護士会）
弁護士　久米　知之　　神戸H. I. T. 法律事務所（56期・兵庫県弁護士会）
弁護士　中西　敏彰　　北浜法律事務所・外国法共同事業（55期・大阪弁護士会）
弁護士　中村　真　　　方円法律事務所（56期・兵庫県弁護士会）
弁護士　堀野　桂子　　北浜法律事務所・外国法共同事業（58期・大阪弁護士会）

〔執筆〕

弁護士　池条　有朋　　池条法律事務所（52期・秋田弁護士会）
弁護士　宇都宮一志　　清和法律事務所（57期・大阪弁護士会）
弁護士　桶谷　和人　　植物園法律会計事務所（56期・札幌弁護士会）
弁護士　尾田　智史　　弁護士法人池内総合法律事務所大阪事務所（57期・大阪弁護士会）
弁護士　北嶋　紀子　　フェニックス法律事務所（53期・大阪弁護士会）
弁護士　木村　裕史　　木村法律事務所（56期・兵庫県弁護士会）
弁護士　小林　あや　　小林功武法律事務所（53期・大阪弁護士会）
弁護士　小林　諭　　　小林総合法律事務所（60期・大阪弁護士会）
弁護士　佐々木清一　　梅田中央法律事務所（57期・大阪弁護士会）
弁護士　佐藤　俊　　　弁護士法人大江橋法律事務所（58期・大阪弁護士会）
弁護士　嶋田　修一　　法修館法律事務所（51期・大阪弁護士会）

執筆者一覧

弁護士	清水　良寛	弁護士法人淀屋橋・山上合同（57期・大阪弁護士会）
弁護士	白木　　優	せせらぎ法律事務所（59期・滋賀弁護士会）
弁護士	鈴木　蔵人	色川法律事務所（58期・大阪弁護士会）
弁護士	團　　潤子	疋田淳法律事務所（54期・大阪弁護士会）
弁護士	赫　　高規	弁護士法人関西法律特許事務所（52期・大阪弁護士会）
弁護士	富本　和路	おのころ法律事務所（58期・兵庫県弁護士会）
弁護士	豊島ひろ江	中本総合法律事務所（50期・大阪弁護士会）
弁護士	西片　和代	神戸パートナーズ法律事務所（56期・兵庫県弁護士会）
弁護士	野城　大介	きっかわ法律事務所（54期・大阪弁護士会）
弁護士	濱野　裕司	濱野法律事務所（55期・大阪弁護士会）
弁護士	平井　信二	アクト大阪法律事務所（53期・大阪弁護士会）
弁護士	藤原　唯人	神戸パートナーズ法律事務所（53期・兵庫県弁護士会）
弁護士	藤原　　誠	北浜法律事務所・外国法共同事業（60期・大阪弁護士会）
弁護士	松本　和人	松本総合法律事務所（56期・秋田弁護士会）
弁護士	溝渕　雅男	共栄法律事務所（59期・大阪弁護士会）
弁護士	宮﨑　純一	中村利雄法律事務所（60期・京都弁護士会）
弁護士	森　　拓也	きっかわ法律事務所（55期・大阪弁護士会）
弁護士	森本　　純	金子・中・橋本法律特許事務所（58期・大阪弁護士会）
弁護士	八木　　宏	九頭竜法律事務所（54期・福井弁護士会）
弁護士	山本　幸治	きっかわ法律事務所（59期・大阪弁護士会）
弁護士	吉田　　豪	弁護士法人淀屋橋・山上合同（58期・大阪弁護士会）
弁護士	渡邊　一誠	弁護士法人大江橋法律事務所（59期・大阪弁護士会）

※弁護士のカッコ内は、修習期・所属弁護士会を示す。

※所属事務所等の情報は2016年12月現在のものです。

『破産管財PRACTICE』
目　次

【本書の使い方】………………………………………………………………[20]

第1部　業種・事業類型別の事務処理上の留意点

1　製造（加工）業でよくある問題点 ……………………………………… *2*
　(1)　初　動 ……………………………………………………………………… *2*
　(2)　破産財団の管理・換価 …………………………………………………… *2*
　(3)　事業の継続 ………………………………………………………………… *5*
　(4)　労働関係 …………………………………………………………………… *5*
　(5)　契約関係の処理 …………………………………………………………… *5*
　(6)　特殊な製造業 ……………………………………………………………… *5*

2　卸売業・小売業でよくある問題点 ……………………………………… *7*
　(1)　初　動 ……………………………………………………………………… *7*
　(2)　破産財団の管理・換価 …………………………………………………… *8*
　(3)　事業の継続 ………………………………………………………………… *10*
　(4)　労働関係 …………………………………………………………………… *10*
　(5)　契約関係の処理 …………………………………………………………… *10*
　(6)　特殊な小売業（衣料品販売業） ………………………………………… *11*

3　建設業でよくある問題点 ………………………………………………… *12*
　(1)　初　動 ……………………………………………………………………… *12*
　(2)　破産財団の管理・換価 …………………………………………………… *12*
　(3)　事業の継続 ………………………………………………………………… *13*

目 次

　　⑷　労働関係 …………………………………………………… *14*
　　⑸　契約関係の処理 …………………………………………… *14*
　　⑹　その他 ……………………………………………………… *14*

4　不動産業・物品レンタル業でよくある問題点 ……………… *15*
　　⑴　初　　動 …………………………………………………… *15*
　　⑵　破産財団の管理・換価 …………………………………… *15*
　　⑶　契約関係の処理 …………………………………………… *16*
　　⑷　その他 ……………………………………………………… *17*

5　飲食サービス業でよくある問題点 …………………………… *18*
　　⑴　初　　動 …………………………………………………… *18*
　　⑵　事業の継続 ………………………………………………… *18*
　　⑶　労働関係 …………………………………………………… *20*

6　自動車運送事業（タクシー事業者等）でよくある問題点 … *21*
　　⑴　初　　動 …………………………………………………… *21*
　　⑵　破産財団の管理・換価 …………………………………… *22*
　　⑶　労働関係 …………………………………………………… *23*
　　⑷　契約関係の処理 …………………………………………… *23*
　　⑸　一般貨物自動車運送事業者 ……………………………… *23*

7　旅行業でよくある問題点 ……………………………………… *24*
　　⑴　初　　動 …………………………………………………… *24*
　　⑵　破産財団の管理・換価 …………………………………… *24*
　　⑶　契約関係の処理 …………………………………………… *25*

8　クリーニング業でよくある問題点 …………………………… *26*

(1)　初　　動 ………………………………………………………… *26*
　　(2)　破産財団の管理・換価 ……………………………………… *27*
　　(3)　事業の継続 …………………………………………………… *27*
　　(4)　許認可関係 …………………………………………………… *27*

9　理美容師業でよくある問題点 ……………………………………… *29*
　　(1)　初　　動 ………………………………………………………… *29*
　　(2)　事業の継続 …………………………………………………… *29*
　　(3)　契約関係の処理 ……………………………………………… *29*

10　医院・歯科医院でよくある問題点 ………………………………… *30*
　　(1)　初　　動 ………………………………………………………… *30*
　　(2)　破産財団の管理・換価 ……………………………………… *31*
　　(3)　事業の継続 …………………………………………………… *32*
　　(4)　許認可関係 …………………………………………………… *33*
　　(5)　破産手続終了後の問題 ……………………………………… *33*

11　整骨院・接骨院（柔道整復師）でよくある問題点 ……………… *34*
　　(1)　初　　動 ………………………………………………………… *34*
　　(2)　破産財団の管理・換価 ……………………………………… *34*
　　(3)　事業の継続 …………………………………………………… *36*
　　(4)　その他 ………………………………………………………… *36*

12　一般労働者派遣業でよくある問題点 …………………………… *37*
　　(1)　初　　動 ………………………………………………………… *37*
　　(2)　破産財団の管理・換価 ……………………………………… *37*
　　(3)　事業の継続 …………………………………………………… *37*
　　(4)　労働関係 ……………………………………………………… *37*

[7]

(5) 契約関係の処理 ……………………………………………… *38*

13　農業・牧畜業等でよくある問題点 ………………………… *39*
　(1) 初　動 ……………………………………………………… *39*
　(2) 破産財団の管理・換価 …………………………………… *39*
　(3) 事業の継続 ………………………………………………… *40*

第2部　破産手続における場面・手続ごとの具体的処理事例

第1章　破産手続開始の申立て …………………………… *44*

【事例1】　事業停止に伴う従業員に対する説明の重要性 …………… *44*
　〔コラム①〕　関係者との距離のとり方 ……………………………… *46*
【事例2】　申立代理人において事業停止等に関する告示書を掲示する際の注意点 ……………………………………… *47*
【事例3】　破産申立て前の事業譲渡における留意点──申立代理人として ………………………………………………… *49*
【事例4】　破産申立て前における乳牛の譲渡 ………………………… *53*
【事例5】　農家における農作物の換価に係る留意点（農協との取引の特殊性） ……………………………………………… *55*
【事例6】　飲食店のフランチャイジーについて、破産申立て前にフランチャイザーとの関係に配慮し慎重に対処したことによって、保証金その他預託金の毀損を防いだ事例 ……… *57*

第2章　破産手続開始決定 …………………………………… *59*

- 【事例7】　連絡先等が不明な債権者の把握と通知 ………………… *59*
- 【事例8】　個人再生手続から破産手続への移行時における財産保全の注意点 …………………………………………………… *61*
- 【事例9】　債権者申立てによる破産手続開始決定と営業終了時の処理 …………………………………………………………… *63*
- 【事例10】　司法書士の破産に関する問題点 ……………………… *66*

第3章　自由財産拡張 ………………………………………… *68*

- 【事例11】　オーバーローン不動産に付保された質権設定のない火災保険契約について、管財人において、自由財産拡張相当であると判断するものの、不動産の任意売却完了まで存続させた事例 ………………………………………… *68*
  - 〔コラム②〕　建物に設定された火災保険の解約に際しての注意事項 ……… *70*
- 【事例12】　サラリーマンの退職金の組入れの処理 ……………… *71*
  - 〔コラム③〕　転送郵便物等の返却方法 …………………………… *73*

第4章　破産財団の管理・換価 …………………………… *74*

1　調　査 ……………………………………………………… *74*

- 【事例13】　会計帳簿が破産手続開始決定前に破棄されている場合の資産調査方法 ………………………………………… *74*
  - 〔コラム④〕　申立費用の源泉徴収 ………………………………… *76*

2　売掛金・その他債権 ……………………………………… *77*

- 【事例14】　将来の損害賠償を理由とする支払拒絶がなされた場合

における多数の売掛債権の回収の工夫·················77
【事例15】 債権譲渡がなされている診療報酬の換価における財団
組入額··················79
【事例16】 青果物卸売業者の破産事件において、破産会社が同業
者で構成される協同組合に対して有する債権の帰趨··········81
【事例17】 下請法違反の疑いがある売掛金額からの継続的な控除
について、過去5年間分について親事業者に対して相当
額の返還を請求した事例··················83
【事例18】 海外取引先からの売掛金回収（元従業員を活用して売
掛金の回収に成功した事例）··················85
【事例19】 海外（アフリカ・中近東）の売掛先からの売掛金回収
と在庫商品の換価··················88
【事例20】 破産した海外取引先についての破産債権の届出と処理········91

3　不動産··················93

【事例21】 売却困難な不動産の換価と放棄（離島）··················93
【事例22】 売却困難な不動産の換価と放棄（別荘地）··················95
【事例23】 多数の残余地等の換価処分··················97
【事例24】 市場性に乏しい市街化調整区域内の農地等について、
ソーラー事業者への売却によって処理した事例··················99
【事例25】 農地の売却方法について、農業委員会の許可を条件と
する売買および仮登記で処理した事例··················102
【事例26】 破産者の父名義の借地権付き建物を地主に売却す
ることにより配当を実現した事例··················104
【事例27】 借地上の建物を地主である財産区へ代物弁済した事例······106
【事例28】 破産会社所有不動産（建物）の換価のために、底地所
有者である子会社の清算人選任のうえ、土地建物の任意
売却を行い、換価に成功した事例··················108

【事例29】　共有不動産の換価 …………………………………… *110*
【事例30】　破産会社代表者共有不動産の売却（破産会社代表者は破産申立てをしていない事例） …………………………………… *112*
【事例31】　オープンハウスを利用した不動産任意売却方法 ………… *114*
　〔コラム⑤〕　不動産現地確認時の持ち物 ……………………………… *116*
【事例32】　取引債権者に対する事業用資産の売却と工場抵当の処理 …………………………………… *117*
【事例33】　キュービクルに含まれるPCBの処分方法 ……………… *119*
【事例34】　クリーニング工場の破産において、土壌汚染のおそれがある場合の処理方法 …………………………………… *123*
【事例35】　土壌汚染が認められる土地の処理（破産財団から放棄した事例） …………………………………… *125*
　〔コラム⑥〕　汚染土壌の任意売却 ……………………………………… *127*
【事例36】　廃棄物（鶏糞）が大量に残置された不動産の換価 ……… *128*
　〔コラム⑦〕　破産者が自宅不動産からの退去に消極的な場合の対応方法 … *131*
【事例37】　不動産の担保権消滅許可決定後における住宅ローン融資実行の拒絶 …………………………………… *132*

4　自動車 ……………………………………………………………… *134*

【事例38】　タクシー車両の評価・売却方法 ……………………… *134*
【事例39】　特殊車両（水槽車、冷蔵冷凍車、フォークリフト）の評価と売却方法 …………………………………… *136*
【事例40】　破産手続開始決定時においてすでに進行していた債務名義に基づく競売手続を続行することによる換価に成功した事例 …………………………………… *138*

5　有価証券 …………………………………………………………… *141*

【事例41】　非上場株式の換価（株主名簿閲覧謄写請求権を利用し

目次

　　　　　　て換価した事例）……………………………………………… *141*

6　在庫商品等 ………………………………………………………… *143*
　【事例42】　大量の在庫商品（バッグ、財布等の革製品）が存在す
　　　　　　る場合における売却方法の検討・工夫 …………………… *143*
　【事例43】　大量の在庫商品の売却方法 ………………………………… *145*
　【事例44】　販売会の実施による大量の在庫商品の売却方法 ………… *147*
　【事例45】　大量に存在する単価の低い在庫の換価（100円均一
　　　　　　ショップ向け卸売業者の事例）……………………………… *149*
　【事例46】　貸借建物内の在庫（タイヤ、ホイールその他自動車用
　　　　　　品）、動産類（機械・工具類および什器備品）の換価方法…… *152*
　【事例47】　倉庫業者に商事留置権を主張されている多数の在庫商
　　　　　　品の任意売却 …………………………………………………… *154*
　　〔コラム⑧〕　廃棄済み自動車の確認方法 ………………………………… *156*
　【事例48】　金型（仕掛品）の換価と製造にあたって作成した図面
　　　　　　の取扱い ………………………………………………………… *157*

7　機械・工具類・什器備品 ………………………………………… *159*
　【事例49】　クリーニング業におけるクリーニング未了品の処理と
　　　　　　機械管理 ………………………………………………………… *159*
　【事例50】　顧客が使用中の事業資産（トンネル工事等に使用され
　　　　　　る振動計測機器）の換価 ……………………………………… *161*
　　〔コラム⑨〕　善管注意義務 …………………………………………………… *163*

8　船　舶 ……………………………………………………………… *164*
　【事例51】　小型船舶について、専門業者への委託販売によってエン
　　　　　　ドユーザーへの高価売却を行った事例 ……………………… *164*
　【事例52】　漁船の共有持分の評価と換価 ……………………………… *166*

| 9 その他資産 | 168 |

【事例53】 死因贈与契約に基づく受贈者たる地位の換価 ……………168

第5章　事業の継続 …………………………………170

1　自然人の事業継続 …………………………………170

【事例54】 法人代表者が法人の事業停止後に法人と同種の事業を開始していた場合の諸問題 ……………………………170

【事例55】 法人の事業停止後に代表者が同種事業を行っている場合の売掛金等の峻別 ……………………………173

【事例56】 個人で診療所を経営する歯科医師の破産において、事業価値を算定して事業を継続したまま、長期の分割で財団組入れを行った事例 ……………………………175

〔コラム⑩〕 管財人による市販医薬品等の売却の可否 ……………178

【事例57】 破産手続開始決定後の事業継続（美容師）……………179

【事例58】 破産手続開始決定後の事業継続（結婚相談所）………181

2　法人の事業継続 …………………………………183

【事例59】 管財人による事業継続と民事再生申立ておよび免許の確保 ……………………………183

【事例60】 管財人による事業継続（飲食店）と事業譲渡 ………185

【事例61】 債権者による破産申立てがなされた宗教法人の事業継続および事業譲渡 ……………………………187

第6章　労働債権 …………………………………189

【事例62】 一部の従業員から未払時間外労働手当の請求がなされた場合の対応 ……………………………189

【事例63】 形式上請負契約となっている人員の労働者性と立替払
制度の利用 ……………………………………………………… *192*

　〔コラム⑪〕 「破産者の従業者」の説明義務 ………………………… *194*

【事例64】 破産会社の従業員の労働者性と就業規則（賃金規程・
退職金規程）や賃金台帳等の客観的資料が存在しない場
合における未払賃金の証明 ………………………………… *195*

【事例65】 労働者健康安全機構の立替払についての証明方法の一例 … *197*

【事例66】 長距離トラックドライバーに対する割増賃金の計算と
立替払の可否 …………………………………………………… *199*

第7章　契約関係の処理 …………………………………… *201*

1　売買契約 ……………………………………………………………… *201*

【事例67】 宅地建物取引業法に基づく苦情についての解決の申出
がなされた場合の対応方法 ………………………………… *201*

　〔コラム⑫〕 止めればよいというものではない …………………… *203*

2　賃貸借契約 ……………………………………………………………… *204*

【事例68】 転貸事例における敷金返還請求権と未払賃料との相殺 …… *204*

【事例69】 破産手続開始決定直前に事業用賃借物件に関する保証
金の返還請求がすべて棄却されていたが、控訴期限まで
に和解により解決した事例 ………………………………… *206*

【事例70】 老朽化し換価価値が乏しいうえに化学物質が残存する
借地上の工場の処分方法 …………………………………… *208*

【事例71】 賃借物件に関する破産法53条1項に基づく解除と保証
金没収条項・違約金条項の適用 …………………………… *210*

【事例72】 抵当権が設定された建物に関する管財人の担保価値維
持義務 …………………………………………………………… *212*

【事例73】 飲食店設備の換価と居抜きによる賃借人の確保 …………215
【事例74】 賃借物件たる歯科診療所の明渡しおよび敷金返還請求
　　　　　権の処理 ………………………………………………………217
【事例75】 港湾施設に関する自治体の占用許可を名義変更手続で
　　　　　処理した事例 …………………………………………………219

3　請負契約 ………………………………………………………………221
【事例76】 請負人破産による双方未履行解除と注文者の相殺の可否 …221
　〔コラム⑬〕 劣後的破産債権による相殺 ………………………………223
【事例77】 双方未履行の双務契約（請負契約）の履行選択におけ
　　　　　る留意事項 …………………………………………………………224
【事例78】 破産法53条1項解除の場合における公共工事契約の違
　　　　　約金条項の効力 ………………………………………………227
【事例79】 下請の出来高請求権と元請の損害賠償請求権の処理
　　　　　（裁判上の和解によって処理した事例） …………………229

4　その他契約 …………………………………………………………………231
【事例80】 信販会社に預託されている保証金（売上金の一部）の
　　　　　回収 ………………………………………………………………231
【事例81】 割賦販売・ローン提携販売を取り扱う販売業者の破産
　　　　　事例における契約関係の整理と処理手順 ………………235
　〔コラム⑭〕 破産終結後における自動車の名義変更 …………………242
【事例82】 多数かつ継続的な顧客に対する消費者保護の観点から
　　　　　の対応（通信教育業） ………………………………………243
　〔コラム⑮〕 業界特有の知識 ……………………………………………245

第8章　否認　…… 246

【事例83】　隠匿財産の調査方法および回収方法　…… 246
　〔コラム⑯〕　過去の帳簿に基づく隠匿財産の調査方法　…… 249
【事例84】　対抗力を欠く所有権留保に基づく車両引揚げと否認の
　　　　　　請求　…… 250
　〔コラム⑰〕　登録自動車に対する否認請求申立ての趣旨の記載方法　…… 252
【事例85】　破産直前の離婚に伴う財産分与と否認権の行使　…… 254
【事例86】　過払金返還の和解についての否認の請求の申立て（否
　　　　　　認の請求を利用して過払金を回収した事例）　…… 256
【事例87】　配置薬販売業における懸場帳に対する譲渡担保権の設
　　　　　　定と否認　…… 258
【事例88】　債権者が、数年前の融資の際に債務者から預かってい
　　　　　　た白紙の債権譲渡通知書等を利用して、第2回不渡り直
　　　　　　後に、取引先に対してなした債権譲渡通知の否認　…… 260
　〔コラム⑱〕　債権者集会における債権者に対する管財人の説明　…… 263
【事例89】　第三者による弁済に対する否認等　…… 264
【事例90】　メインバンクによる回収行為に対する非義務弁済否認　…… 267
【事例91】　社外労働組合に対する否認権行使　…… 269

第9章　役員の責任追及　…… 271

【事例92】　非上場会社において粉飾決算を行った役員らに対する
　　　　　　責任追及　…… 271

第10章　債権調査　…… 274

【事例93】　別除権不足額の届出につき異議を出したことに対する

別除権者による破産債権査定申立て ………………………… 274
【事例94】 名板貸による債務について、債権調査により悪意また
　　　は重過失の債権者が除かれた結果、100％配当となった事例 … 276

第11章　配　当 …………………………………………………… 278

【事例95】 破産していない主債務者に対する求償権の処理 ………… 278
【事例96】 劣後的破産債権への配当が見込まれる場合の処理方法
　　　と注意点(1) ………………………………………………… 280
【事例97】 劣後的破産債権への配当が見込まれる場合の処理方法
　　　と注意点(2) ………………………………………………… 282

第12章　破産者の死亡 …………………………………………… 285

【事例98】 破産者の死亡前になされた自由財産拡張の効力等 ……… 285
〔コラム⑲〕　機密書類等の処分方法 ……………………………… 287

第13章　免　責 …………………………………………………… 288

【事例99】 免責不許可事由の該当性を認めつつ裁量免責とした事例 … 288
【事例100】 裁判上の和解により裁量免責となった事例 …………… 290
【事例101】 浪費等により免責不許可となった事例 ………………… 292
【事例102】 調査協力義務違反行為および管財業務妨害行為により
　　　免責不許可となった事例 ……………………………………… 294
【事例103】 調査協力義務違反行為、説明義務違反行為および管財
　　　業務妨害行為により免責不許可となった事例 ……………… 297

・事項索引 ……………………………………………………………… 300

凡　例

〈法令〉（カッコ内の略語）

法	破産法
規則	破産規則
民再	民事再生法
民	民法
商	商法
会	会社法
民執	民事執行法
労基	労働基準法
墓地埋葬法	墓地、埋葬等に関する法律
下請法	下請代金支払遅延等防止法

【条文の表記】　本書中、かっこ書きにおいては、「法78条2項3号」を「法78Ⅱ③」のように表記している。

〈判例集・法律誌〉

民集	最高裁判所民事判例集
訟月	訟務月報
判時	判例時報
判タ	判例タイムズ
金法	金融法務事情
金商	金融・商事判例
労判	労働判例

〈文献〉

BASIC	中森亘＝野村剛司＝落合茂監修・破産管財実務研究会編著『破産管財BASIC』（民事法研究会、2014年）
運用と書式	大阪地方裁判所＝大阪弁護士会破産管財運用検討プロジェクトチーム編『新版　破産管財手続の運用と書式』（新日本法規、2009年）
財産換価	岡伸浩＝島岡大雄＝進士肇＝三森仁編著『破産管財人の財産換価』（商事法務、2015年）
実践マニュアル	野村剛司＝石川貴康＝新宅正人『破産管財実践マニュアル

	〔第2版〕』(青林書院、2013年)
条解破産	伊藤眞=岡正晶=田原睦夫=林道晴=松下淳一=森宏司『条解 破産法〔第2版〕』(弘文堂、2014年)
大コンメ破産	竹下守夫編集代表・上原敏夫=園尾隆司=深山卓也=小川秀樹=多比羅誠編『大コンメンタール破産法』(青林書院、2007等)
立替払ハンドブック	吉田清弘=野村剛司『未払賃金立替払制度実務ハンドブック』(金融財政事情研究会、2013年)
はい6民	森純子=中山誠一=池田聡介=柴田憲史=別所卓郎=山本陽一=坂本隆一=長橋正憲編集『はい6民です　お答えします　～倒産実務Q&A～』(大阪弁護士協同組合、2015年)
破産200問	全国倒産処理弁護士ネットワーク編『破産実務Q&A200問』(金融財政事情研究会、2012年)
破産・民再の実務(破産)	東京地裁破産再生実務研究会編著『破産・民事再生の実務〔第3版〕破産編』(金融財政事情研究会、2014年)
破産・民再の実務(民事再生・個人再生編)	東京地裁破産再生実務研究会編著『破産・民事再生の実務〔第3版〕民事再生・個人再生編』(金融財政事情研究会、2014年)

(略称の50音順)

【本書の使い方】

1　本書の特徴

　管財人としての経験が増えてくると、法人破産、自然人破産を問わず、さまざまな業種・事業規模の管財事件を処理することになります。

　それまでなじみのなかった業種や事業規模の管財事件で、初めて直面する問題を前に、管財人としてどのように取り組み、処理に当たるかは管財業務の醍醐味の一つといえます。

　もっとも、業種や事業規模によっては、その業界独特の商慣習や特殊な契約・法律関係がみられることも多く、破産財団の換価・回収や利害関係者の利害調整といった場面で処理に頭を悩ませられることも少なくありません。

　そのような場合、同じ悩みに直面した管財人による経験や処理の実績が大きな力となります。

　本書では、さまざまな業種・事業規模についてできるだけ多くの処理実例を集め、これらの分析を通じて浮かび上がってきた「それぞれの業種ごとで問題となりやすいトピック」を、管財業務処理の場面ごとに整理し、「業種・事業類型別の事務処理上の留意点（よくある問題点）」として紹介しています。

　また、上記処理実例の中から厳選した103の事例について、それぞれの事例での問題点や処理の視点、処理の結果を具体的なノウハウの形で紹介し、あわせて理論的・実務的な面からの分析と検討を加えています。

　この「業種・事業類型別の事務処理上の留意点」と「破産手続における場面・手続ごとの具体的処理事例」の2点が本書の大きな特徴です。

　中堅の管財人の方は、本書によって、事業者の管財業務を処理するにあたり、業種や業態ごとに留意しておくべき問題点に関する知識を補い、また業務上直面する個々の問題点について、具体的な処理の方向性を定めるためのヒントを得ることができるものと思います。

　また、若手の管財人の方にとっても、事業者の管財事件の処理のあり方や管財手続全体の流れ、それぞれの場面で問題意識をもつための手助けになる

ものと考えます。

2 本書の構成

本書は、第1部が「業種・事業類型別の事務処理上の留意点」、第2部が「破産手続における場面・手続ごとの具体的処理事例」となっています。

3 第1部 業種・事業類型別の事務処理上の留意点

製造（加工）業、卸売業・小売業、建設業、飲食サービス業といった主要な13類型の業種について、「初動」「破産財団の管理・換価」「事業の継続」「労働関係」「契約関係の処理」といった業務の場面ごとに、よくある問題点や処理の際の視点を紹介しています（業種ごとに、これらの場面の中から特に当てはまるものを列記しています）。

また、ここで紹介したトピックで、関連する事例を第2部の具体的処理事例集において掲載しているものについては、事例番号を付記しています。

あなたが実際に管財事件の処理に当たる際、破産者の業種に当てはまるもの（あるいはそれに近い類型のもの）の該当部分を読んで、問題となり得る点の拾い出しや管財業務全体のロードマップ作成等に活用してください。

また、上記のとおり、引用している第2部の具体的処理事例集の内容を確認していただくことで、その問題点の具体的な処理方法を確認することができます。

(1) 「初動」

破産手続開始直後から早期に処理する必要性・優先度が高い事項、処理に相応の時間を要するといった事情のため早期着手の必要性が高い事項、以後の管財事件処理を円滑に進めるためにあらかじめとっておくべき準備作業や対応等を紹介しています。

管財人候補者として申立書等の内容を検討する際や、破産手続開始決定以後の業務処理スケジュールの検討、事務手続の流れの全体像を把握する際に役立ててください。

(2) 「破産財団の管理・換価」

換価・処分すべきものとして通常どのようなものが存在するか（仕掛品、

製品、材料・資材等）や、それらをどのように換価すべきかといった点は、業種や事業類型ごとで大きく異なることがありますし、また過去に同様のケースで得られたノウハウが大きく活きる場面でもあります。

　商取引上設定されていることが多い担保権や合意によって定められた特殊な制限等、換価に影響を及ぼす要素の指摘、換価する際の評価の方法や、破産財団を最大限増殖するための換価上の工夫等も紹介しています。

　後述の「契約関係の処理」とあわせて、換価すべき資産の有無や内容の確認、評価・換価方法等の換価の場面での注意点を確認するのにご利用ください。

(3)　「事業の継続」

　破産者の事業を代表者や元従業員等が行う場合や、管財人が事業を行う場合のそれぞれについて留意点を掲載しています。

(4)　「労働関係」

　従前破産者の事業に従事していたものの「労働者」性の有無の判断や派遣社員への対応等、当該業種において問題となり得る点を紹介しています。

(5)　「契約関係の処理」

　当該業種においてみられることの多い契約、業界特有の合意や商慣習、それらへの対処の仕方、特に解除・履行選択を検討する際の視点・留意点等を指摘しています。

　一般に認知されていることが少なくなじみのない特殊な契約については、契約書等明確な書面が存在しないことがあり、そのようなともすれば見落としがちな契約についても紹介しています。

(6)　その他

　上記各場面以外で、当該業種でさらに問題となり得るような点を業種に応じて紹介しています。

　また、さらに細かく分類した業種で特有の問題点が多くみられるもの（水産加工業や生コンクリート製造業等）についても、「特殊な業」として項を設けて説明を行っています。

4 第2部 破産手続における場面・手続ごとの具体的処理事例

　さまざまな業種について、広く収集した処理実例の中から厳選した103事例について、タイトルと破産者の業種・属性、破産財団の規模、債権者数、実際の事件での処理結果を記載しています。

　また、本文については【事例】【問題点】【処理の経過と結果】【分析と検討】という構成をとり、コラムとあわせて紹介しています。

　(1)　目次とタイトル、業種・管財事件の概要

　目次に記載のとおり、第2部では破産申立てから免責許可決定に至るまで概ね管財業務の場面ごとに処理事例を選別して配していますが、当該事例で問題となった事項とその処理結果を把握・確認しやすいようにとの配慮から、一つひとつの事例のタイトルをやや詳細なものとしています。

　また、当該事例についてある程度のリアリティを感じていただき、また事例の検索性を上げるため、事例の対象事件の業種や規模、処理結果の概要がわかる形でタイトルを記載しています（なお、事例として取り上げたトピックとその事例の破産者の業種が格別関係しないと考えられるものについても、業種を記載しています）。

　取り上げた事例の大半は事例提供者が管財人の立場から処理に当たったものですが、事例提供者が申立代理人として事件にかかわったものも含まれています。

　(2)　【事例】

　問題となったその事例について、後に続く【問題点】【処理の経過と結果】に必要な限りで、事例の概要や問題点が生じるに至った経緯、背景事情を記載しています。

　いずれの事例も実際の処理実例を元にしたものですが、事案や関係者の特定を避けるため、抽象化している点があることをご了承ください。

　(3)　【問題点】

　その事例で問題となった点を記載しています。

　(4)　【処理の経過と結果】

【問題点】に対して管財人がどのように処理を行ったか、その際にどのような点を考慮したか、特に、その事例の処理に際して行った管財人の努力や工夫、悩みどころといった点をできる限り詳細に記載しています。

直面する問題について、どのように考慮・検討すべきか、どのような配慮が必要かといった、まさに「ノウハウ」の核心部分の記載ですので、後記の【分析と検討】とあわせて、実際に事例を処理する際の方針や処理の具体的内容を検討するにあたって参考にしていただけるものと思います。

(5) 【分析と検討】

【問題点】や【処理の経過と結果】記載の結論に至った点について、法令上の根拠や判断要素の指摘とともに整理し、その事例の処理結果から得られる視点、問題意識や考え方を整理して提示しています。

悩みをもちながら方針を決定し処理に当たった生の事例を取り上げているため、中には、【分析と検討】において、その事例を処理するうえで他のより良い解決方法があったのではないかと問いかけるものもあります。

また、具体的処理事例で取り上げている処理結果は、あくまでも実際の事件処理を通じて管財人が検討した要素や視点、処理のノウハウを紹介するものであって、必ずしも絶対的な処理方法を提示する趣旨ではなく、また記載以外の処理方法を否定するものでもありません。

(6) 【コラム】

集まった処理実例の分析・検討を通じて得られた一般的な注意点・処理の方向性や管財業務処理のうえでヒントとなりうる事柄・ノウハウのうち特に重要と思われるものについては、【コラム】の形で紹介しています。

5 最後に

特に若手の管財人の方は、先に出版した『破産管財BASIC』を本書とあわせて参照することで、取り上げた事例や処理の根拠について、より詳しく理解していただけるものと思います。

第1部

業種・事業類型別の事務処理上の留意点

1 製造（加工）業でよくある問題点

(1) 初　動

(A) 工場等製造拠点での対応

☐電気の通電の有無・高圧電力の要否

※工場のシャッターをあけるため、換価にあたって機械の稼働を確認するため、セキュリティシステム稼働のためなど、通電を必要とする場合がある。

※要冷蔵の食品を取り扱う業者の場合、在庫や製品の保存のため通電が必要となる。

※高圧電力を受電して使用する設備は、自家用電気工作物（電気事業法38Ⅳ）に該当する可能性があり、電気保安協会との契約締結等技術水準の維持・保安の義務がある（同法39等）。

(B) 元従業員との関係

☐管財業務に協力してくれる元従業員（特に営業関係）の把握

※製品の販売ルート、取引先との関係、仕掛品の出来高査定等、担当者であった元従業員の協力なくして破産財団の把握・換価等できない場合もあるため、可能な範囲で管財業務への協力を求める（財産換価490頁）。

(2) 破産財団の管理・換価

(A) 仕掛品、製品、材料・資材等の換価

☐財団への帰属性、製品等の所在確認

※在庫ではなく取引先に製造納品後に修正作業等のため破産者が保管しているに過ぎない場合もある。

※反対に、下請業者の元に破産者所有の材料等が保管されている場合や、出荷途中で運送業者の倉庫に保管されている場合、消化仕入れの製品で納品先に保管されている場合等、保管場所が点在している場合もあるため、どこにどのようなものが保管されているか、早期に把握する。

☐売却のスケジューリング

※消費期限・賞味期限のある製品、使用期限等のある製品、アパ

レル商品等一定の時期までに換価しなければ価値が下落するもの等もあるため、元従業員からの情報も得て、早期に売却のスケジューリングをする必要がある（財産換価491頁）。

☐評価方法・販売方法 　☞事例48
　※顧客の注文に応じて製造する、いわゆるオーダーメイド製品の場合、製品の販路が限定される。
　※在庫に汎用性がある場合、在庫等が大量である場合、食品等の緊急性を要する場合等、製品の性質に応じて販売方法を工夫する。 　☞事例42〜46

☐集合物譲渡担保等の設定の有無 　☞債権譲渡担保につき事例15
　※在庫に集合物譲渡担保等が設定されていないか確認する。
　※外部の倉庫に保管している場合で、倉庫業者の商事留置権と集合物譲渡担保とが競合するときには、受戻しにつきさらに協議が必要となる。
　※所有権留保は破産手続において別除権として取り扱われるものの、対抗要件として占有改定が必要となる（2　卸売業・小売業でよくある問題点参照）。
　※仕入れ先から動産売買先取特権が主張される場合（2. 卸売業・小売業でよくある問題点参照）。

☐製造にあたって作成された図面やそのデータの取扱い 　☞事例48
　※製造のための図面や各種データを保管している場合があり、それが財団に帰属するのか、発注者に帰属するのか、廃棄するとしても、顧客にとって情報の流出にならないよう配慮が必要な場合もある。

　(B)　売掛金の回収

☐検収費用や各種増加費用に係る損害賠償請求権との相殺を主張されたときの対応 　☞事例14
☐仕掛業務に対する出来高請求の可否とその評価 　☞事例48
☐下請法違反の疑いがある場合の対応 　☞事例7

　(C)　機械設備の換価

☐財団への帰属性
　※リース物件やレンタル物件が含まれていることがある。また、受託している製造業がいわゆるオーダーメイドの場合に、顧客が機械を購入して破産者工場に設置している場合もあり、機械

設備が必ずしも財団に帰属しているとは限らない。
　※反対に、下請業者に機械設備を貸し出している場合もある。その場合は、財団に帰属するものとして、返還を求めたり、当該下請業者への売却を試みたりする必要がある。

❏売却方法
　※売却方法として、工場一体としての売却や機械ごと個別に売却する方法がある。機械ごとのほうが高くなる可能性はあるが、売れ残りが生じるリスクもある。　☞事例32

❏機械設備の所有権留保・譲渡担保の設定の有無
　※大型の機械設備の場合、機械設備の売主の所有権留保の対象となっている場合がある。また、破産者の窮状から譲渡担保に供されている場合もある。第三者対抗要件の具備についても検討が必要である。

❏工場財団抵当が設定されている場合
　※工場財団に当該機械設備が含まれていないか確認する必要がある。　☞事例32

　　(D)　工場等不動産の換価

❏変電設備（キュービクル）、化学物質等危険物の保管、その処理方法　☞事例33

❏産業廃棄物の処理

❏工場団地内に所在する場合等、工場等の売却制限の有無
　※工場団地の企業が中小企業等協同組合法に基づく事業協同組合を設立し、定款等において、その所有する不動産の譲渡等につき組合の承諾が必要と定められている場合があるため、当該定款等の有無を調査したうえで、制限があった場合には、早期に組合と協議をすることが必要となる（財産換価497頁）。

❏工場開設にあたって国や地方自治体から補助金を受領していた場合
　※補助金返還を求められる場合がある（その返還請求権の法的性質について、財産換価498頁）。

　　(E)　特殊な技術の換価等

❏特許権、商標等知的財産権の評価と換価
　※特許権の有無は、特許情報プラットフォーム（J-PlatPat）（http

s://www.j-platpat.inpit.go.jp/web/all/top/BTmTopPage）
等でも検索できる（BASIC101頁）。

(3) 事業の継続

(A) 破産者等による事業継続

☐代表者が同様の事業を継続することの可否 　　　　☞事例54、55

(B) 管財人による事業継続

☐仕掛品の処理と事業継続
  ※破産者において仕掛品が多数存在し、これを完成させて売却することで破産財団の増殖が見込まれる場合には、管財人は事業継続の許可（法36）を得て、履行選択をして、仕掛品を完成させることが考えられる。

(4) 労働関係

☐労働者性の判断（BASIC215頁）　　　　☞事例62〜66
☐派遣社員への対応
  ※派遣社員は、破産者との関係では、（未払があったとしても）労働債権者ではなく、派遣元の会社を一般債権者として扱えば足りる。

(5) 契約関係の処理

☐履行選択の検討（(2)(B)参照）

(6) 特殊な製造業

(A) 水産加工業

☐営業用車両の換価　　　　☞事例39
  ※材料・製品の搬送に使用されていた車両の場合、通常の運送用車両よりも老朽化が激しい。
☐港湾施設等使用の際の契約関係の確認　　　　☞事例75
  ※加工場やその付属設備の設置にあたり、自治体所有土地の使用について「占用許可手続」がとられている場合があるため、利

用権原の確認を行う。
- ❏ 在庫商品処分
  - ※食品は、破産会社の名称が付されたパッケージでの売却が困難であっても、買受人にてリパック（包装のやり直し）を行うことで流通に置くことができる場合があるため、安易な放棄・処分は避ける。

(B) 生コンクリート製造業

(a) 労働組合との交渉、労使関係の調整

※破産手続開始決定以前から労働組合との交渉があった、または交渉を求められることが多い。

☞労働組合に対する否認につき事例91

- ❏ 労使協定の内容、申立て直前期の団体交渉の経緯等の確認
- ❏ 事前協議合意約款に当たる協定書の有無の確認
- ❏ 組合事務所の明渡し等、労働組合との交渉
- ❏ 労働組合による地方労働委員会への不当労働行為救済申立て等への対応

(b) 不動産換価の際の注意点

- ❏ 六価クロムによる汚染の可能性（土壌汚染対策法3条の「有害物質使用特定施設」には該当しない）
- ❏ プラント撤去費用が高額

2　卸売業・小売業でよくある問題点

(1)　初　動

(A)　倉庫における対応

☐電気の通電の有無・高圧電力の要否
　※1　製造（加工）業でよくある問題点(1)(A)参照。

☐倉庫内に所在する物品（在庫品）の種類・数量等を確認
　※破産者保有の在庫品目録等帳簿類がある場合でも、実際に倉庫にある在庫品の種類・数量が帳簿類と整合しない場合がある。
　※帳簿類がない場合には、在庫品リストを早急に作成する。
　※破産者が仕入れ先との間で委託販売契約、消化仕入契約を締結していた場合には、在庫品の所有権は小売店である破産者に移転していないので、在庫品は破産財団に属さないことになる。

☐自社倉庫か賃借倉庫かの確認
　※賃借倉庫の場合、破産手続開始後の賃料等が財団債権となるため、早期の明渡しが必要となるが、在庫品の処分時期と倉庫の明渡時期とを適切に見極める必要がある。
　※自社倉庫の場合でも、在庫品の処分時期と倉庫（不動産）の任意売却等による処分時期とを適切に見極める必要があるが、賃借倉庫よりも時間的余裕のある場合が多い。

☐フォークリフト等を作動できる作業員の確保
　※大規模な倉庫の場合、フォークリフト等を使って作業をすることから、これらを作動できる作業員を確保する必要がある。

(B)　在庫品の処理

☐在庫品の処理方針の検討・設定
　※在庫品の売却先や売却方法については破産者の代表者、元従業員、取引先に聞くなどして処理方針を検討のうえ、早期売却に努める。　　　　☞事例42〜46

(C)　元従業員との関係

☐管財業務に協力してくれる元従業員（特に営業関係）の把握
　※商品の販売ルート、取引先との関係等、担当者であった元従業

員の協力なくして破産財団の把握・換価等ができない場合もあるため、可能な範囲で管財業務への協力を求める。

(2) 破産財団の管理・換価
(A) 在庫品の換価

☐破産財団への帰属性、在庫品の所在確認
　※出荷途中で運送業者の倉庫に保管されている場合、販売方法として消化仕入れの方法で納品先に保管されている場合等、保管場所が点在している場合もあるため、どこにどのようなものが保管されているか、早期に把握する。

☐販売のスケジューリング
　※消費期限・賞味期限のある商品、使用期限等のある商品、アパレル商品等一定の時期までに換価しなければ価値が下落するもの等、元従業員からの情報も得て、早期にスケジューリングする（財産換価335頁）。

☐評価方法・販売方法　　　　　　　　　　　　　　　　　☞事例42～
　※在庫品（商品等）が大量である場合、食品等処分に緊急性を要　　　46
　　する場合等の商品の性質に応じて販売方法を工夫する。

☐商事留置権の有無の確認　　　　　　　　　　　　　　　☞事例47
　※反対に、仕入先から商事留置権の主張をされることがあるので
　　注意。

☐集合物譲渡担保・所有権留保等の設定の有無　　　　　　☞債権譲渡
　※在庫に集合物譲渡担保等が設定されていないか確認する。　　　　担保につ
　※外部の倉庫に保管している場合で、倉庫業者の商事留置権と集　　　き事例15
　　合物譲渡担保とが競合するときには、受戻しにつきさらに協議
　　が必要となる。
　※所有権留保は破産手続において別除権として取り扱われるが、
　　対抗要件として占有改定が必要となるところ、占有改定が認め
　　られるかどうかが問題となる（東京地判平成22年9月8日判タ
　　1350号246頁、東京高判平成23年6月7日（判例誌未掲載）、「倒
　　産と担保・保証」実務研究会編『倒産と担保・保証』588～592
　　頁）。

☐動産売買先取特権が主張される場合
　※相手方に動産売買先取特権が成立している場合でも、当該動産

が差し押さえられていない限り売却は可能であり、動産売買先取特権者には管財人に売却を禁止する権限は認められず、管財人も差押えを承諾すべき義務はないので、売却により動産売買先取特権を消滅させたとしても不法行為責任を負わない（大阪地判昭和61年5月16日判時1210号97頁）。

　ただし、動産売買先取特権者が競売開始許可決定を得るなど具体的な執行手続に着手した場合に、管財人がその執行を妨害すべく目的動産を移動させた場合には、不法行為責任が発生するとの見解もある。

⑻売掛金の回収

☐売掛先の把握
　※少額かつ多数の購入者がいる場合には、入金（売掛金の回収）までに相当な時間と手間がかかるので、破産事件の終結時期について注意せねばならない。
　※早期かつ計画的・効率的な回収のために、売掛先の反応（支払の可否、支払拒否の場合の理由等）を見て、訴訟提起の要否を早急に判断する（BASIC166頁）。

☐海外取引先がある場合には、破産者の保有する銀行預金口座の存否を確認　　　　　　　　　　　　　　　　☞事例18
　※破産者の保有する銀行預金口座を維持しておかないと入金（売掛金の回収）までに時間がかかることがある。

☐ラベル貼替え費用等各種増加費用に係る損害賠償請求権との相殺　　　　　　　　　　　　　　　　　　　　☞事例14

⑼　倉庫等不動産の換価

☐変電設備（キュービクル）、化学物質等危険物の保管、その処理方法　　　　　　　　　　　　　　　　　　☞事例33
　※変電設備（キュービクル）、化学物質等危険物の有無を確認し、存在が確認された場合には、関係機関とも調整を行いながら、処分方法について慎重に検討する（BASIC126頁）。

☐産業廃棄物の処理
　※産業廃棄物の存在が確認された場合には、関係機関とも調整を行いながら、処分方法について慎重に検討する（BASIC126頁）。

(3) 事業の継続

(A) 自然人による事業継続

☐ 代表者、元従業員等が同様の事業を継続することの可否 　　　☞事例54
　※破産者資産との峻別に注意が必要(財産換価265頁)。

(B) 管財人による事業継続

☐ 管財人による事業継続の可否
　※収支計算やリスクの分析を忘れない(財産換価264頁)。

(4) 労働関係

☐ 労働者性の判断(BASIC215頁) 　　　☞事例62〜66
☐ 派遣社員への対応
　※派遣社員は、破産者との関係では、(未払があったとしても)労働債権者ではなく、派遣元を破産債権者として扱えば足りる。

(5) 契約関係の処理

☐ 履行選択の検討
　※履行選択のメリット・デメリットをよく検討する。

☐ 発注から納品までの流れの確認
　※発注から納品までの間に複数社が関与している場合がある。

☐ 納品の有無についての確認
　※破産者を通さずに納品すること(伝票上の処理をすること)もあるため、実際に納品されているかどうか確認する。

☐ 公営市場の場合には仲間取引等市場内取引をしているかどうかの確認 　　　☞事例16
　※市場内取引の有無・内容については、組合等に確認する。

☐ 業界特有の組合に加入しているケースがあるため、組合からの貸付けを受けていないか、出資していないかなどの確認 　　　☞事例16
　※組合に加入しているか否か、加入している場合の契約関係については組合等に確認する。

☐ 破産者または第三者の商標登録の有無の確認
　※破産者の代表者も気づいていないことがある。衣料品関係等を

取り扱っている場合には、ブランド名等を商標登録していることがある。

※他方、第三者が商標を有する場合において、破産者が在庫品の売却にあたり第三者と締結していたライセンス契約は、破産手続開始決定により終了することが多く、その場合、管財人はその在庫品を販売することはできない。

☐クレジット契約に関する営業保証金の取戻し

※顧客との取引でクレジット契約を利用している場合、クレジット会社に対して営業保証金を支払っていることがある。　☞事例80

(6) 特殊な小売業（衣料品販売業）

☐委託販売契約の売掛先の確認

※売掛先から、売れ残った在庫品は返品できる合意だったと主張されることが多いが、委託販売契約を締結していない場合は、単なる営業上のサービスであったと評価でき、法的に返品に応じる義務はないといえる（BASIC183頁）。

☐ブランド品の確認、処理

※契約関係を確認する。ブランドの権利を管理等する会社との間で、破産手続開始決定がなされた場合には、一定の金額で在庫品をすべて引き渡す定めがあるのが通常である。安易に処分してしまうと損害賠償請求される可能性もあるので注意せねばならない（BASIC185頁）。

☐在庫品の管理と換価

※在庫品の占有を確保することが重要である。一定の数量と換価価値が認められる場合は、警備契約を継続し、搬出用エレベーター等も使用できる状態を維持する。

※季節が変わると在庫品が持ち越し品になり、換価価値が下がる。できるだけ早期に売却するのが妥当である（BASIC183頁）。　☞事例43

※靴や衣類については、同じデザインのものでサイズや色の違うものが揃っている場合、個別に売却するよりもまとめて売却することでより高額での換価が可能となる場合がある。　☞事例42

3 建設業でよくある問題点

(1) 初 動

☐ 工事の受注状況と現場の確認
　※工事中の現場を把握し、すべての現場について現況調査を実施し、告示書を貼付する。
　※現場の施錠、ガードマンを配置するなどして工事用機械・車両・資材等の盗難防止措置を講じる。
　※代表者や従業員から工事の受注状況を確認する。
　※公共工事の受注状況については、一般財団法人日本建設情報総合センターのウェブサイト（http://www.i-ppi.jp/Search/Web/Index.htm）において入札情報の検索が可能である。

☐ 協力者の確保　　　　　　　　　　　　　　　　　　　☞事例76
　※仕掛工事が認められる場合には、出来高査定や工事の続行に備え、従業員等の協力者を確保することが必要となる。

(2) 破産財団の管理・換価

(A) 報酬の請求

☐ 既施工部分の出来高報酬の請求　　　　　　　　　　　☞事例79
　※出来高査定の方法（事業再生と債権管理144号119頁）。
　※工事図面、データ、工事報告書その他の工事関係書類の確保（下請業者が工事関係書類を作成保管している場合には、受戻交渉を実施する）。
　※発注者との協議、従業員からの聴取り等工事内容（特殊性）を確認する。

☐ 管財人による工事出来高報酬の請求と損害賠償請求権の相殺　☞事例78
　※注文者は、契約解除により超過費用分の損害が生じたことを理由として、損害賠償請求権を自働債権とし、管財人による出来高報酬請求権を受働債権とする相殺を主張することがあるが、裁判例（東京地判平成24年3月23日金法1969号122頁、札幌地判平成25年3月27日金法1972号104頁）は法72条1項1号の類推適用によりこの相殺を認めていない。

□元請会社による立替払と相殺
　※元請会社が下請会社に代わって孫請会社に対して請負代金を立替払できる旨の請負契約約款が存在する場合、下請会社の破産管財人からの請負代金の請求に対し、元請会社は立替払金債権を自働債権として、請負代金債権と相殺することができるとされた（東京地裁（和解）平成10年11月9日判タ988号300頁）。
□瑕疵修補に代わる損害賠償請求権を自働債権とする相殺
　※瑕疵担保に基づく損害賠償請求権を自働債権とする相殺（破産200問126頁）。

　　(B)　前払金・保証金
□前払金の破産財団帰属性
　※公共工事に係る前払金について地方公共団体と請負者との間の信託契約の成立が認められ、前払金は破産財団に属しないこととされた事例（最判平成14年1月17日民集56巻1号20頁）。
　※保証事業会社の該当預金に対する債権質またはこれに類似する担保権に基づく別除権を理由に管財人の払戻請求が棄却された事例（名古屋高判平成12年9月12日金商1109号40頁）。
□前払金返還請求権の性質
　※請負人が破産手続開始決定前に注文者から前払金を受領しているときには、管財人の解除（法53）に伴って、注文者は、その返還について財団債権者となる（最判昭和62年11月26日民集41巻8号1585頁、条解破産421頁）。

　(3)　事業の継続
□履行選択による工事の続行　　　　　　　　　　　　　　☞事例77
　※収支の見込み、工事続行の人的体制づくり、資材等の購入資金を考慮して、財団増殖が確実であることが必要となる（事業再生と債権管理144号113頁）。
□工事続行に伴う労災リスクへの対応
　※保険が有効に存続しているかどうかを確認する。
　※工事が短期に終了する見込みであれば、短期の保険に加入するか、その保険料がいくらになるかを考慮する。

(4) 労働関係

☐ 労務提供の対価につき未払がある場合に、従業員か下請作業員かの判断　☞事例64

(5) 契約関係の処理

☐ 注文者との契約関係の処理

　※管財人による双方未履行双務契約の規定（法53）に基づく解除の要否・当否、タイミングを早急に検討する。　☞事例77

　※管財人による法53条に基づく解除がなされた場合と違約金条項の適用の有無（条解破産414頁、名古屋高判平成23年6月2日金法1944号127頁、札幌高判平成25年8月22日金法1981号82頁、東京高判平成13年1月30日判例地方自治213号96頁）。　☞事例76、78

☐ 下請業者との契約関係の処理

　※元請業者と下請業者の関係については、法53条の特則として民法642条が適用される。

☐ 下請業者による仕掛工事に対する商事留置権の主張

　※注文者と元請業者の約定では、仕掛工事部分（工事出来形）は注文者に帰属するとされている場合、下請業者はこのような約定に拘束されるので（最判平成5年10月19日民集47巻8号5061頁）、仕掛工事部分（工事出来形）に対する下請業者の商事留置権は認められない。

　※もっとも、工事出来高の査定に際して、下請業者の協力が不可欠であり、状況に応じて和解協議による解決を模索すべきである。

(6) その他

☐ 都道府県知事等に対して廃業届の提出

☐ 資材、塗料等有害物質、産業廃棄物の処理

4 不動産業・物品レンタル業でよくある問題点

(1) 初 動

☐第二種金融商品取引業の登録の有無
　※第二種金融商品取引業も登録している場合があり、廃業または破産手続開始決定を受けた場合には、直ちにその旨を管轄財務局に届け出る必要がある（金融商品取引法50の2Ⅰ②④）。

(2) 破産財団の管理・換価

☐宅地建物取引業の営業保証金の取戻手続の実施（BASIC179頁）
　※債権申出の公告期間6か月を経る必要があるため、スケジュールには注意せねばならない。

☐保有物件の換価
　※大規模土地・建物の換価。開発済みであっても、ヘタ地が多数、財団に残っている場合もある。　☞事例23

☐開発工事中の土地建物につき、工事業者からの商事留置権（破産法においては特別の先取特権とみなされる。法66Ⅰ）成立の主張への対応

☐賃借人に対する賃料等の請求
　※管財人口座への送金を依頼する。電気・ガス・水道等も合わせて請求する場合には検針と請求作業が必要となる。この管理業務を管理会社等に委託していた場合には、委託契約は民法上当然終了となってしまうため（民653②）、その対応も検討せねばならない。

☐貸出物件の返還交渉
　※返還交渉が困難な場合には、そのまま賃借人に売却する、貸出物件を賃借人に貸し出したまま第三者に売却する（賃貸借契約上の地位を承継）などの対応も考えられる。　☞事例50
　※貸出物件の特定が困難な場合もあるため、第三者の所有権を侵

害しないよう、回収や売却に際しては破産者の元従業員等の協力を求めることが必要。

(3) 契約関係の処理

☐保険代理業の有無、顧客から集金した保険料の処理
　※損害保険代理店業務を行っていることが多い。その場合、顧客から集金した保険料（口座）の財団帰属性、借入れのある銀行に口座開設されていた場合、その銀行からの相殺の可否が問題となりうる（最判平15年2月21日民集57巻2号95頁参考）。

☐ジョイントベンチャー（JV）の解消
　※開発において他社とJVを組成していることがある。売上の精算や、その地位の処分等が問題となる。

☐分譲住宅・マンションにつき、消費者から手付金を受領していた場合の処理
　※双方未履行双務契約の規定による解除を行った場合、手付金返還債務は財団債権になる。

☐賃貸人として賃貸借契約の継続
　※賃借人が対抗要件を備えている場合（民605、借地借家法10Ⅰ・31Ⅰ）には、双方未履行双務契約の規定は適用なく（法56Ⅰ）、解除はできない。

☐賃貸物件への付保の有無の確認（事務所荒らし、倉庫荒らし等に注意）
　※賃貸人として修繕義務があり、保険が付されていない場合は修繕費用を破産財団から拠出する必要がある。

☐賃借人が退去する際の敷金返還請求権の精算　　　　　　　　☞事例68
　※賃借人の未払賃料、原状回復費用等の債務と敷金返還請求権の精算に関して、未払債務は敷金に当然充当されるが（最判昭48年2月2日民集27巻1号80頁）、充当の範囲や順番につき議論は分かれうる。

☐賃借人による賃料の寄託請求への対応
　※寄託請求について管財人から説明するべきか事案によって判断。寄託を受けた金銭については分別管理（計算上でも可。実践マニュアル233頁）を行う必要がある（BASIC288頁）。

☐サブリース事業の場合 　☞事例68
　※破産者は賃借人兼転貸人の地位にあり、法律関係は複雑。賃借人としての地位においては双方未履行双務契約の規定に基づき、解除、または履行選択が可能とも考えられるが、転貸人の地位においては法的に明らかではなく、賃借人兼転貸人の地位からの離脱には全体的な解決が必要となる。
☐管理業務の終了
　※管理受託契約は当然に終了するため（民653②）、後継業者への引継ぎが必要となる。
☐物品レンタル料の支払方法別に契約関係を整理 　☞事例81

(4) その他

☐宅地建物取引業法に基づく苦情解決手続
　※苦情解決手続に解決の申出がなされていることがある。 　☞事例67

5 飲食サービス業でよくある問題点

(1) 初　動

☐ 事業を廃止する場合には、在庫商品（食材）を早期に処分
　※在庫商品（食材）が、破産手続開始決定後に残存している場合には、保管費用や廃棄費用が発生するので、可能な限り、申立て前の段階で換価に努めることが望ましい。

☐ 店舗のすべての鍵を早期に回収　　　　　　　　　　　　☞事例6
　※従業員だけでなく、酒屋等の仕入業者に対して店舗の鍵を預託している場合があるため、すべての鍵を回収済みか、未回収の預託先がないかを確認し、早期に回収する。

☐ 賃借物件での営業の場合、明渡方法等の工夫　　　　　　☞事例73
　※飲食店等の場合、居抜きで次の借主がみつかる場合もあり、明渡費用・原状回復費用等の負担を軽減することができる場合がある。

☐ 廃業後にクレジットカード利用代金が入金されていないか確認
　※破産者が飲食店を営んでいて、急に廃業をした場合には、利用者がクレジットカードにて決済した飲食代金が廃業後に預金口座に入金される場合がある。

☐ フランチャイズ契約に基づく商標使用の有無を確認　　　☞事例6
　※事業停止後も、フランチャイズ本部の商標を使用した看板等が撤去されずに表示されたままになっていると、本部から撤去工事費用が請求され、フランチャイズ本部に対する預託保証金等から控除されるおそれがある。

(2) 事業の継続

(A) 概　要

☐ 事業譲渡による事業継続の方法を検討
　※破産申立て前の事業譲渡を行うと、破産申立て後も、承継人によって事業が継続される。

※破産申立て後に、保全管理人または管財人による事業譲渡を行う場合には、事業が停止しないように、保全管理人または管財人による事業継続を行う必要がある。飲食サービス業は、一度、事業を停止した場合には顧客離れによる著しい事業価値の劣化が生じることから、事業を停止させることは極力避ける必要がある。 ☞事例60

☐破産手続を利用するメリットを確認
※本来、事業の再建型手続として、法は、民事再生、会社更生を予定している。しかし、会社の規模や資金繰りの関係で、民事再生・会社更生の申立てに必要な予納金の準備はできないが、事業を第三者に譲渡することで、当該事業の存続を図りたいと希望する事案もあるので、検討を要する。

(B) 事業継続が可能となる前提条件（問題点）

☐スポンサー候補者の存在
※スポンサー候補者が現れない場合には、事業継続は不可能。

☐取引先（特に仕入先）の理解・協力
※飲食サービス業では食材の仕入れが事業継続の生命線となるため、特に必要な食材の仕入れ先からの取引継続の確保は不可欠。
※支払サイトについても従前どおりの内容で取引に応じてもらうことが、将来の資金繰りを考えるうえでは重要。
※取引先は、買掛金の未払がある場合、取引継続を拒絶する傾向にあり、このような場合には、スポンサーの協力も得て、取引継続に向けてさまざまな努力を行う必要がある。代替業者を含めて検討が必要。

☐リース会社との交渉
※厨房に設置されている調理機器等は、リース物件であることが多く、この場合には、スポンサーの意向を確認しながらリース会社との交渉に当たる必要がある。

☐従業員の理解・協力が必要
※厨房スタッフ、ホールスタッフは不可欠であることから、従業員へ説明するタイミング・内容には配慮する必要がある。

☐店舗が賃借物件であった場合には、賃貸人の理解・協力が必要
※事業譲渡の方法を採用する場合には、賃貸人との交渉が必要と

なる。賃貸人によっては、譲受人ないし譲受会社の与信調査を理由に地位承継等の承諾の判断を行うまで相応の時間をかけるところもあり、スケジューリングに注意する。

❏担保権者への説明
　※事前に説明し、一定程度の理解を得ておく必要がある。

❏事業譲渡後の商号・屋号・店名等については注意
　※飲食サービス業の場合、店名を変えることには抵抗感がある。そのため、わずかに名称を変えて営業を継続していることが多い。この場合、譲受人では、免責登記（商17Ⅱ、会22Ⅱ）を実施するなどの対策が必要となる。

❏許認可関係
　※譲受人においても食品衛生法上の営業許可をとることを忘れないよう注意する。

(3) 労働関係

❏未払残業手当の有無確認
　※労働時間管理が適切になされていない場合が多い。

☞事例62・66

6 自動車運送事業（タクシー事業者等）でよくある問題点

(1) 初 動

(A) 事業所、営業拠点での対応

☐ 営業用車両および搭載物品の所有関係の把握

　※近時、営業用車両の調達をリースで行っている事業者が多いため、必ず登録事項証明書で所有関係を確認する。また、車両本体は破産者所有のものであっても、その登載物品（タクシーメーター、ボイスガイド、領収書発行機、シートカバー等）がリース物件であることもあるため、この点も換価の際には注意が必要。

☞事例38

　※各車両・乗務員から、ETCカードを回収する。

☐ 各種有価証券の有無の確認

　※無線事業や賠償責任共済事業の協同組合に対する出資金は見落とされがちであるため、破産者関係者に確認を行う。

☐ 「残り事故」の有無の確認

　※申立て時にまだ解決に至っていない営業上の交通事故（「残り事故」）が存在する場合がある。このため、申立書に記載がない場合は、破産者の事故担当者に解決未了の交通事故の詳細（発生日時、発生場所、乗務員、相手方、現在の進捗状況、発生する賠償請求権・賠償債務の内容等）を一覧表で提出するよう求めるとよい。

　　なお、現在は対人賠償、対物賠償のいずれについてもタクシー事業者の任意保険・任意共済への加入が義務づけられているが、必ずしも徹底されていないため、加入の有無や免責設定額、保険金・共済金支払の可否についても確認が必要となる。

(B) 事業所、営業拠点以外での対応

☐ 不動産以外の利用契約の有無確認

　※看板での広告、商業施設・病院等でのタクシー呼出し専用電話機設置の有無を契約書で確認する。

(2) 破産財団の管理・換価

(A) 営業用車両、事業の換価

☐ タクシー車両処分の際に検討すべきこと

　※タクシー事業では、営業用車両と旅客運送事業の認可とが一体となっており、両者をあわせて売却することで、通常、動産としての営業用車両のみを売却する場合よりも高い金額での処分が可能となることが多い（営業車両の認可台数を増やしたい同業他社等が売却先候補となる）。この場合、管轄の地方運輸局長宛に事業の譲渡譲受認可申請（道路運送法36条、同法施行規則22条）を行う必要があり、申請から認可までの期間は滞りなく進めば概ね3か月程度である。

　※私鉄、JR等の駅や病院施設等のタクシー乗り場へ専属的に乗り入れる権利が設定されている場合がある（それら事業者との契約に基づいて、車両の登録番号や台数を特定して設定されることが多い）。これらの「専属的乗入権」も同業他社にとっては一定の経済的価値があるため、タクシー車両、事業認可とともに売却することができれば、破産財団にとってより大きな利益となる。ただし、破産や事業廃止によって権利が失われる旨の約定となっている場合もあり、管財人としてはそのような乗入権設定契約の有無や内容を確認する必要がある。

☐ 評価方法・販売方法

　※事業認可と営業用車両をあわせて売却する場合、車両のみを売却する場合で評価額は大きく異なる。前者の場合、同業他社における譲渡事例での設定価額等が参考になる。車両そのものの換価価値については簿価と乖離することが多いため注意を要する。一般財団法人日本自動車査定協会登録の認定査定士による時価額査定も検討する。自賠責保険の未経過部分がある場合、その点も資産としての評価が可能である。　☞事例38

　※複数の同業他社から買受希望が出されることも多く、入札形式による換価も検討する。　☞事例38

(B) 自賠責保険金の回収

☐ 自動車損害賠償保障法16条請求の可否確認

　※解決済みの事故に関し、破産者が加害者として支払った賠償金について、自動車損害賠償補償法16条に基づく請求が可能な場合があるため、自賠責保険からの回収未了のものがないか否か、支払日（請求期限の起算日）、自賠責保険会社等を確認し、あわ

せて請求に必要となる原本資料等確保の有無を確認する。

(3) 労働関係
☐運賃収入未入金・過入金の有無確認
　※タクシー乗務員は日々の運賃収入を会社に引き渡し、後日、売上げに応じた給与を受領していることが多いが、過誤等により運賃収入額の全額がタクシー乗務員から会社に引き渡されていない場合や、反対に正しい給与計算がなされておらず給与の未払がある場合がある。

(4) 契約関係の処理
☐不動産賃貸借契約の有無確認
　※駐車場、待機場等を賃借している場合がある。

(5) 一般貨物自動車運送事業者
☐営業用車両および登載物品の所有関係・所在の把握
　※ETCカードの利用停止連絡も早期に実施する。
☐貯蔵品の換価の可否の確認
　※揮発油・軽油等を貯蔵している場合に、石油の備蓄の確保等に関する法律・消防法上の規制に留意する。
☐各運輸局長等に廃止届出書を提出
☐各種有価証券の有無確認
　※運輸事業協同組合に対する出資金等を保有していることがある。
☐従業員との関係
　※長時間労働を伴うことが多く、未払残業代が発生していることがある。　　☞事例66
　※未払労働債権が計上されている場合でも、実態によっては雇用か請負かによって、その債権の法的性質が異なる場合がある。　　☞事例63

7　旅行業でよくある問題点

(1)　初　動

☐旅行の催行状況の把握

　※顧客の混乱を回避するため開催するべきツアー等もあるが、全国各地におよび、実態把握が難しく、状況を早期に把握する必要がある。

☐債権者（顧客の把握）

　※インターネット等を通じて旅行チケットを多数販売しているような場合には、顧客の正確な氏名および住所を把握することが困難なことがある。　　　　　　　　　　　　　　　☞事例7

(2)　破産財団の管理・換価

(A)　旅行業の営業保証金（弁済業務保証金分担金）

☐旅行業の営業保証金（弁済業務保証金分担金）の取戻手続の実施

　※債権申出の公告期間6か月を経る必要があるため、他の管財業務との関係でスケジュールに注意する（BASIC95頁）。

☐顧客への営業保証金権利実行申立ての案内

　※顧客は、旅行が実施されていない場合に前払旅行代金に関して、還付申立てをすることができるため、当該制度につき顧客に告知するのが望ましい（ウェブサイトの活用）。ただし、これは破産者が旅行業協会に加入していたか、旅行業代理業に過ぎないかによって手続が異なる。

(B)　その他資産

☐クレジット契約に関する営業保証金の取戻し

　※顧客の支払につきクレジット契約を利用している場合、クレジット会社に対して営業保証金を支払っていることがある。　☞事例80

☐保険代理業の有無の確認、顧客から集金した保険料の処理

　※旅行傷害保険の取扱いから保険代理店となっている場合がある。この場合、顧客から集金した保険料（口座）の財団帰属性、口

座開設されている銀行に借入れがある場合、銀行からの相殺の可否が問題となりうる（最判平成15年2月21日民集57巻2号95頁）。

(3) 契約関係の処理

☐ウェブサイトの契約継続の要否
　※インターネットを通じた旅行業者の場合、顧客（債権者）への情報発信もインターネットを通じたほうがよい場合がある。　　☞事例7

8 クリーニング業でよくある問題点

(1) 初 動

(A) 工場等の拠点での対応

☐ 電気の通電の有無・高圧電力の要否
　※工場のシャッターを開けるためや、換価にあたってクリーニング設備の稼働を確認するため、セキュリティシステム稼働のためなど、通電が必要な場合がある。

☐ 変電設備（キュービクル）や化学物質等危険物の保管、その処理方法　　　　　　　　　　　　　　　　　　　☞事例33、
　※変電設備（キュービクル）や化学物質が存在する場合（特に有　　　34
　　機溶剤等有害物質が存在する可能性が極めて高い）には、その
　　処理方法に従って適正に処理する必要がある（BASIC126頁）。

☐ 産業廃棄物の処理方法を確認
　※産業廃棄物を処理する際には法律に定められた方法で処理する
　　必要がある。

☐ 土壌汚染の可能性についての検討および適正手続の確保（財　☞事例34
　産換価119、172頁）
　※指定区域の指定の有無を確認する。
　※都道府県知事等からの調査や措置命令の有無を確認する。
　※土壌汚染対策法3条の有害物質使用特定施設届出がなされてい
　　るかを確認する。
　※土壌汚染対策法3条所定の確認申請および調査報告の内容を確
　　認する。
　※土壌汚染の自主調査・事故報告の有無を調査する必要がある。
　※水質汚濁防止法に基づく地下水の水質汚濁状況の監視結果の公
　　表内容を確認する必要がある。
　※各自治体独自の条例・要綱・指導指針を確認して対応する。

☐ 顧客からの預かり品等確認および保管・返品対応
　※特にクリーニング業においては工場や店舗に多数の個人らから　☞事例49
　　の預かり品が多いためその保管や返還方法に注意する。

(B) 元従業員との関係

☐管財業務に協力してくれる元従業員（特に管理部門従業員）の把握
　※有機溶剤等の保管場所や土壌汚染の可能性等、また、顧客からの多数の預かり品等が存在する場合、管理部門の担当者であった元従業員の協力が必要な場合があるため、可能な範囲で管財業務への協力を求める。

(2) 破産財団の管理・換価

(A) 売掛金の回収

☐売掛先および売掛金の内容を把握　　　　　　　　　　　　☞事例14
　※得意先から各種増加費用に係る損害賠償請求権との相殺の意思表示がなされるおそれがある。

(B) 機械設備等の換価

☐売却方法についての検討　　　　　　　　　　　　　　　　☞事例49
　※売却方法としては、工場一体として売却するか、機械ごとに個別に売却するかを検討する。機械ごとに個別に売却する方が高く売却できる可能性はあるが、売れ残りが生じるリスクもある。
　※工場財団抵当が設定されているときは、工場財団の範囲を要確認（財産換価174、495頁）。

(C) 工場等不動産の換価

☐有機溶媒等による土壌汚染等の確認等を行い、必要な調査および手続を行政庁の指示を受けながら行う必要がある（財産換価119、172頁）。　　　　　　　　　　　　　　　　　☞事例34、35

(3) 事業の継続

☐土壌汚染の問題や、工場設備等に汎用性が認められないことが多いこと等から同業者に対して事業資産等譲渡による事業継続を検討

(4) 許認可関係

☐廃業の届出の要否を確認

※クリーニング業法により、クリーニング所を廃止したときは都道府県知事に廃業の届出をせねばならない（同法5Ⅲ）。届出をしなかった者には5000円以下の罰金という罰則規定がある（同法15①）。

9　理美容師業でよくある問題点

⑴　初　動

☐免許

　※理容師法・美容師法では、理容師・美容師の免許について、破産したこと自体は欠格事由とはならない（理容師法3・10、美容師法3・10）。

　※理容所・美容所の開設者は、その理美容所を廃止したときは、すみやかに都道府県知事に届け出なければならない（理容師法11Ⅱ、美容師法11Ⅱ）。届け出をしなかった者には、30万円以下の罰金という罰則規定がある（理容師法15②、美容師法18②）。

⑵　事業の継続

☐破産者等による事業継続の可否

　※自然人は、破産手続開始決定を受けても、理美容師の免許が維持されることから、生計のためにも、事業継続を希望する破産者が多い。　　　　　　　　　　　　　　　　☞事例57

⑶　契約関係の処理

☐原状回復の処理

　※理美容所が賃借物件の場合、シャンプー台等の撤去等原状回復請求権が破産債権か財団債権か問題となる（BASIC292頁）。

10　医院・歯科医院でよくある問題点

(1) 初　動

(A)　病院等の拠点に関する問題

☐電気の通電の有無・高圧電力の要否
　※病院の医療機器、エレベーターの利用、換価にあたって機械の稼働を確認するために通電の維持が必要な場合がある。特に、入院患者等がいる場合には通電が不可欠な場合が多い。

☐医薬品（毒薬、劇薬または麻薬等を含む）、医療廃棄物、化学物質等の盗難防止の方法、保管方法、その処理方法
　※病院内に残存している医薬品、医療廃棄物または化学物質（場合によっては放射線等を発する有害物質が存在することもある）は、その管理や廃棄方法に法律上の規制がある（医薬品、医療機器等の品質、有効性及び安全性の確保等に関する法律（以下、「医薬品医薬機器等法」という）、廃棄物の処理及び清掃に関する法律等）。

☐明渡しの要否・方法　　　　　　　　　　　　　　　　　　　☞事例74
　※病院・診療所内の医療機器や医療廃棄物は、廃棄費用・撤去費用等が高額となることが多く、リース物件ではない場合には原状で承継してくれる同業の後継テナントを探すなど明渡方法を工夫する。

☐カルテ等の重要書類の保管方法（財産換価539頁）
　※カルテやレントゲン写真等の保管方法・保管期間等の確認（カルテは医療法21条1項9号、医師法24条2項により5年間の保存義務がある）。
　※カルテ等の原本を患者本人に交付することは避けるべき。裁判所や弁護士会から調査嘱託や23条照会がなされた場合の対応方法の確認。
　※とりわけ個人情報保護に注意せねばならない。

(B)　入院患者や医師・看護師等従業員との関係

☐入院患者等の転院（財産換価538頁）
　※入院患者、とりわけ傷病重篤な入院患者の安全、確実かつ迅速

な転院を検討する。
　※入院患者等の転院が完了するまで、必要な病院職員の雇用を確保し、最低限の医療体制を維持するため、管財人が金融機関から資金を借り入れた事例もある。
☐管財業務に協力してくれる医師・看護師の確保
　※病院等は、地域医療の確保のためにも重要な拠点であり、入院患者の転院先が決まらないまま破産手続開始決定がなされた場合や、通院患者においても近隣等に代替となる医療機関がない場合等については、医師・看護師による緊急の対応が必要な場合もあり、事案に応じて必要な人員を確保する必要がある。

(2)　破産財団の管理・換価
　(A)　在庫品の販売等について
☐医薬品在庫品の取扱い
　※医薬品について、契約上所有権留保となっていないか、また、毒劇物に該当するものも存在することが多いため、管理・処分方法について行政庁に確認（財産換価542頁）。　☞コラム⑩

　(B)　診療報酬債権の回収
☐診療報酬回収方法の検討
　※保険診療をしている場合、社会保険診療報酬支払基金および国民健康保険団体連合会に対して診療報酬請求権がある。これらの診療報酬請求権は、診療翌月に請求し、審査を経たうえで、診療翌々月に支払がなされる。
　※診療報酬請求権が譲渡担保に供されている場合も多いが、担保設定が否認対象行為に該当しないかなどについても確認が必要。また、否認対象とならない場合でも、診療報酬の回収には診療報酬請求書の作成が必要であることから、財団組入れにつき債権者と交渉する。　☞事例15
　※診療報酬請求書の補正・追完等を求められることも多いので、その対応方法を検討する。
　※自由診療部分については、患者への請求方法を検討する。
　(C)　機械設備・不動産等の換価
☐医療機器について
　※医療機器等はリース物件となっている場合が多いのでリース会

社との間で引揚げの交渉が必要となる（財産換価542頁）。
※本来的自由財産（差押禁止財産）の範囲の確認
　なお、内科・小児科の医院を開設する開業医についてレントゲン撮影機が差押禁止財産とした裁判例（東京地八王子支決昭和55年12月5日判時999号86頁）、眼科の医院を開設する開業医についてレーシック手術用の治療機器が差押禁止財産にあたらないとした裁判例（東京地決平成10年4月13日判時1640号147頁）がある。

☐医療信用組合や医師信用組合等からの担保設定がなされている財産の留意点
※医療信用組合・医師信用組合等からの借入れ（担保設定）をしている場合、担保権抹消に理事会等による決裁が必要であることがあり、通常の金融機関よりも時間を要することがある。

(3) 事業の継続

(A) 申立代理人側における対応

☐申立てにあたり破産手続を回避し、地域医療や患者への影響を最小限にする視点
※私的整理・民事再生手続等の検討や破産申立て前の事業譲渡等の検討を行うことや申立て前に入院患者等の転院手続等を完了するなどの配慮が必要となる。

(B) 事業継続（事業譲渡による事業継続も含む）の検討

☐医師法・歯科医師法では、医師・歯科医師の免許について、破産したこと自体は欠格事由とはならず（医師法3・4・7、歯科医師法3・4・7）、医療法では、破産者を医院の開設者の欠格事由としていない。また、破産手続開始決定は医療法人の解散事由（医療法55Ⅰ⑥）となっているが、破産手続終了までは法人格が残存する。
※医療法人の理事長が個人破産した場合には、民法653条により自動的に理事長と法人との間の委任契約は終了するが、破産者も医療法人の理事長に就任することは可能である。

☐事業継続可否の判断
※事業譲渡先の確保ができるか。

※医師の確保が可能か。
　※収益計画が立てられるか。
　※理事長や院長の協力を得られるか。
　※医薬品等の仕入れ代金や人件費その他の経費の支払資金が確保できるか。
　※すでに多数の空き病床が生じていたり、保険診療報酬請求権が譲渡されていたり、滞納処分による差押えを受けていたりすれば、事業継続は難しい。
☐事業譲渡をする場合の注意点（財産換価541頁）
　※病院施設・設備の譲渡方法を確認する。

(4)　許認可関係

☐病院・診療所の廃止届出の要否を確認
　※病院・診療所の開設者は、その病院・診療所を廃止したときは、10日以内に都道府県知事に届け出なければならない（医療法9Ⅰ）。届出をしなかった者には、20万円以下の罰金という罰則規定がある（医療法74Ⅰ）。

(5)　破産手続終了後の問題

☐破産手続終了後カルテの保存義務
　※カルテについては、医師法24条2項により、病院または診療所に勤務する医師のした診療に関するものは、その病院または診療所の管理者において、その他の診療に関するものは、その医師において、5年間の保存義務がある。これらの者による保管ができない場合は、破産財団から費用を支出して保管する必要がある（実践マニュアル125頁）。

11 整骨院・接骨院（柔道整復師）でよくある問題点

(1) 初 動

☐定義

※「柔道整復師」とは、厚生労働大臣の免許を受けて柔道整復を業とする者であり、その業務を行う場所である「施術所」について（柔道整復師法2Ⅱ）、通称として、「整骨院」、「接骨院」または「骨接ぎ」等の名称が使用されている。

☐パソコンおよび施術録の確保

※売上げ等を把握するだけでなく、療養費の請求作業には、柔道整復師用の業務管理ソフトが必須となるため、そのパソコンを確保することは必要不可欠である（BASIC13、188頁）。

※パソコンがリース物件であり、返却を余儀なくされることもあるが、データは、専用ソフト以外では、通常起動できないため、バックアップだけでなく、十分な聴取りを行って、必要になる箇所をプリントアウトしておく（BASIC14頁）。

(2) 破産財団の管理・換価

(A) 什器備品類の処理

☐医療機器の処分方法の検討

※施術所にて使用される機器は、医療機器に該当するものが多く、その売却や廃棄には、医薬品医療機器等法等に注意する。医療機器専門業者への依頼も検討する。

(B) 医療保険適用の施術に係る療養費の回収

☐療養費の仕組みの確認

※柔道整復師による施術については、急性または亜急性の外傷性の打撲、捻挫、骨折および脱臼に対するものが医療保険の適用となり（骨折および脱臼は、応急手当を除き、医師の同意が必要。柔道整復師法17）、療養費が支給される。

※療養費は、患者がいったん全額を支払った後に保険者から支給を受けることが原則であるが、柔道整復については、患者が自

己負担分のみを柔道整復師に支払い、柔道整復師が患者に代わって残りの費用を保険者に請求する「受領委任」という方法が認められており、多くの整骨院でこの方法が利用されている。
※保険者からの回収には期間を要するため、破産者においてすでに全患者につき請求済みか否か、回収済みか否かの突き合わせを行い、未請求分については速やかに請求する。

☐受領委任による療養費の請求方法
※患者ごとに、毎月、「柔道整復施術療養費支給申請書」(以下、「申請書」という)を作成し(月末締め)、柔道整復師への委任欄に患者の署名を得る。
※申請書は、基本的に保険者ごとに取りまとめて、翌月の所定の期限までに提出するが、各市町村の国民健康保険分については、都道府県ごとの国民健康保険団体連合会に提出する必要があるなど、提出先が異なる場合があるので注意する。
※申請書の記載に不備があると、各保険者から申請書が返戻されるが、その補正には患者の協力を得なければならない事項もあり、手間がかかるうえ、最終的な支給までにさらに期間を要することになるため、十分にチェックを行う。

☐療養費の支給時期の確認
※保険者によって異なるが、概ね、申請書の受付から2か月ないし4か月後に指定の口座に振り込まれる。

(C) 交通事故患者の施術に係る損害保険会社への請求

☐施術証明書・施術費明細書の作成および送付
※通常、公益社団法人日本柔道整復師会作成の書式により、1か月単位で作成して、患者の相手方が契約している損害保険会社に対して送付する。

☐問題のある不正な請求の有無の確認
※柔道整復師においては、患者と共同しまたは患者に無断で、通院日数または施術部位数等について、実際と異なる内容にて不正な請求を行っていることがある。すでに請求済みの分について不正であることが判明した場合には、管財人において撤回する。

(3) 事業の継続

❏自然人である破産者が整骨院事業の継続または再開を希望する場合の処理

※破産手続開始決定前後の財産の峻別状況、商号および広告の変更予定の有無、債権者その他利害関係人の意向等の諸般の事情を斟酌し、当該整骨院事業の価値相当額を破産財団に組み入れることと引き換えに、破産者に事業の継続または再開を認める余地はある。 ☞事例57参照

(4) その他

❏療養費の不正受給を原因とする返還請求権の性質

※受領委任に基づく柔道整復師による療養費の支給申請については、厚生労働省や各保険者の監査により、不正または不当受給が発覚することがあり、その場合には、当該柔道整復師は、原則として5年間受領委任の取扱いが中止される。

※不正または不当受給額については、各保険者から返還請求を受けることになるが、同請求権について、滞納処分はなされずに、一般破産債権としての届出がなされることが通常である。この理由については、法文上は、「偽りその他不正の行為によって保険給付を受けた者」が徴収金を指定期限または繰上期限までに支払わない場合には、国税滞納処分または地方税の滞納処分の例によって処分することができる旨が規定されているものの（健康保険法58Ⅰ・180Ⅳ、国民健康保険法65Ⅰ・80Ⅱ、地方自治法231条の3Ⅳ）、柔道整復師自体は「保険給付を受けた者」に当たらないと解されているようである。

❏許認可関係

※柔道整復師の免許については、破産したこと自体は欠格事由とはならない。ただし、柔道整復の業務に関し犯罪または不正の行為があった者については、厚生労働大臣より、免許の取消しまたは業務停止の措置を受ける可能性がある（柔道整復師法8Ⅰ・4④）。

※施術所の開設者は、その施術所を廃止したときは、その日から10日以内に、都道府県知事に届け出なければならない（柔道整復師法19Ⅱ）。届出をしなかった者には、30万円以下の罰金という罰則規定がある（同法30⑥）。

12 一般労働者派遣業でよくある問題点

(1) 初　動

☐派遣先・派遣労働者への連絡

　※特に、派遣先に派遣労働者が行かないこととなり、派遣先の業務に多大な影響を及ぼすことから、郵便での連絡に加え、ファクシミリでの連絡やウェブサイトでの公表等、破産手続開始の事実を広く公表することを検討する。

☐厚生労働省の出先機関である労働局等に事業の廃止届出書を提出

(2) 破産財団の管理・換価

☐事業所の有無・場所の確認

　※事業所がある場合には閉鎖の手続をとる。

(3) 事業の継続

☐事業の継続の可否

　※労働者派遣事業を行うには厚生労働大臣の許可（労働者派遣事業の適正な運営の確保および派遣労働者の保護等に関する法律5Ⅰ）を要するが、事業を廃止したときは、遅滞なく、厚生労働大臣に届け出なければならず（同法13Ⅰ）、当該届出により許可は効力を失うため（同条Ⅱ）、事業の継続には困難を伴う。

　※事業の継続許可（法36）を得ることで、事業を廃止せずに譲渡できる可能性もあるが、慎重に検討する。

(4) 労働関係

☐派遣労働者の勤怠を確認

　※破産者保有資料のみならず、派遣先・派遣労働者へも勤怠の状況を確認し（派遣先保有のタイムカード等の確保）、派遣元である破産者が派遣先へ請求するための根拠資料や派遣労働者の労働債権の把握を行う。

※特に、独立行政法人労働者健康安全機構に労働債権の立替払を請求する事案では、派遣先保有の資料等の提出を求められる可能性があるので留意する。

(5) 契約関係の処理

☐ウェブサイトの契約継続の要否
　※ウェブサイトを継続するか否か検討する。ただし、派遣先・派遣労働者の新規登録は停止する必要があるため、継続するとしても内容は変更する必要がある。

☐派遣先や派遣労働者との契約の解除
　※事業を廃止する場合には、派遣先や派遣労働者との契約を解除する。

13　農業・牧畜業等でよくある問題点

(1)　初　動

(A)　農場等の拠点に関する問題

☐電気の通電の有無・高圧電力の要否
　※作物、家畜等の生育に不可欠な機械の稼働のため通電の維持が必要な場合がある。

☐飼料、肥料、農薬等の盗難防止の方法、保管方法、その処理方法の確認

☐産業廃棄物の処理方法、土壌汚染の可能性について確認　　☞事例36
　※家畜の糞等が農場等に存在する場合、その処理方法等の検討、土壌汚染の可能性の検討および対応方法の確認が必要となる。

☐明渡しの要否・方法
　※現に作物・家畜等を生育している場合は、早期の明渡し等が困難な場合が多い。

(B)　従業員との関係

☐管財業務に協力してくれる従業員等の確保
　※作物の手入れ、家畜等の世話等が不可欠となる場合が多く、事案に応じて必要な人員を確保する必要がある。

(C)　仕入先との関係

☐飼料等生育・飼育に不可欠な物品について仕入等の確保
　※作物・家畜等の生育・飼育に不可欠な物品について供給を確保する方法を早急に検討する必要がある。

(2)　破産財団の管理・換価

(A)　作物・家畜等の販売等について

☐作物や家畜等の販売方法の検討・販売ルートの確保　　☞事例5
　※換価価値を維持するため、一定期間生育・飼育を行いながら速やかに販売方法を検討し、販売ルートを確保する必要がある。

☐担保権者等との協議

※家畜等が集合物譲渡担保となっている場合があり、その場合は販売等にあたっては担保権者等と協議の上行う必要がある（財産換価531頁）。

(B)　機械設備等の換価

☐売却方法についての検討

※農場・牧場等の設備を一体として売却できないか検討する。

(C)　不動産等の換価について

☐農地の売却について

※農地については、売却に農地法上の制限が存在するなど、通常の売却方法では困難な問題があるので、売却方法等を行政庁や農業委員会と相談の上行う。なお、地元農協（JA）等が買受先を紹介してくれることもある（実践マニュアル207頁）。

※農地としての売却が難しい場合、他の用途へ利用する買主がいないか、また、その際の売却方法等を確認・検討する。

☞事例24、25

☐不動産上に大量の家畜の糞等が存在する場合の留意点

※不動産上に大量の家畜の糞等の廃棄物が存在する場合、産業廃棄物の処理方法および土壌汚染等防止の方法が問題となるので、換価・処分にあたっては行政庁とも協議のうえ、適切な方法を検討する必要がある。

☞事例36

(3)　事業の継続

(A)　申立代理人側の対応

☐申立てにあたり、作物・家畜等に配慮した申立方法の検討

※私的整理・民事再生手続等の検討や破産申立て前の事業譲渡等の検討を行うことや申立て前に家畜等を適正価格で換価するなど配慮が必要となる。

(B)　事業継続（事業譲渡による事業継続も含む）の検討

☐生育・飼育の継続と事業継続

※破産者において生育・飼育中の作物や家畜等が存在する場合は、一定期間生育・飼育して売却することで破産財団の増殖が見込まれる場合には、管財人は事業継続の許可（法36）を得たうえで、生育・飼育させることが考えられる。

☐事業譲渡の検討

※管財人により、一定期間事業継続（法36）を行い、速やかに事業譲渡先を確保して事業を一体として事業譲渡することにより、早期に妥当な解決が見込まれる場合があるので、事業譲渡が可能か検討する（財産換価532頁）。

第 2 部

破産手続における場面・手続ごとの具体的処理事例

第1章　破産手続開始の申立て

【事例1】　事業停止に伴う従業員に対する説明の重要性

人材派遣業	破産財団	100～500万円
	債権者数	100名～
	処理結果	異時廃止

【事例】

　破産会社は人材派遣会社で、大手メーカーの製造ラインで働く従業員を雇用していた。破産会社は5年前頃から業績が悪化していたにもかかわらず、高額な役員報酬を支払い続けるなどして資金繰りに行き詰まり、破産手続の開始を申し立てた。破産会社代表者は直接従業員に説明することなく、従業員約60名に対して携帯電話向けの電子メールで近日中に破産手続開始の申立てをするので出社する必要はないという内容の電子メールを送信し、申立代理人からは破産手続開始の申立てに関する「お知らせ」という文書を従業員に郵送しただけであった。申立代理人が発送した文書には、破産会社が破産手続の開始を申し立てる予定であるので従業員全員を解雇すること、近日中に裁判所から文書が届くので待つようにという趣旨のことが書かれていた。

　そのため、破産手続開始の申立て前より、従業員から裁判所に対して10件以上の苦情と問合せが寄せられていた。その内容は「いつ破産するのか」、「破産会社の社長と連絡がとれない」、「給料は支払ってくれるのか」などというものであった。

【問題点】

(1)　破産手続開始の申立てに伴う解雇について従業員に説明すべき事項
(2)　破産会社代表者および申立代理人による説明の必要性

(3) 管財人による説明方法

【処理の経過と結果】

　本事例においては、破産手続開始決定直後から、管財人事務所には従業員からの苦情と問合せが殺到することが予想されたため、破産手続開始前審尋において、破産会社代表者、申立代理人および管財人候補者が従業員説明会の開催を決め、破産手続開始決定通知の発送と同時期に、従業員説明会の開催を従業員に電話あるいは電子メールで案内した。

　従業員説明会は従業員約50名が出席したうえで、管財人が司会を担当して開始し、破産会社代表者が冒頭で従業員に対してお詫びの言葉を述べた。また、申立代理人からも破産手続開始の申立てに至った事情等の説明がなされた。

　なお、一部の従業員は、持参したビデオカメラを示し、説明会を録音録画したいと要望した。このような説明会は公開を予定するものではなく、管財人としては拒絶することもできると考えたが、説明会を欠席した従業員に見せる必要はあると解されたため、当該用途に限定することを確約させたうえで、録音録画を許可した。

【分析と検討】

　破産会社および申立代理人には、管財人等に対する説明義務がある（法40Ⅰ）。一方で、従業員に対する説明について、法律に規定はないが、破産手続開始の申立てに至った事情や破産手続についての説明は、従業員の理解や納得を得るためにも破産会社代表者および申立代理人が行うことが望ましい。この点については、裁判所が選任した管財人において説明するほうがよいという場合もあろうが、破産会社代表者および申立代理人から直接説明しないと、従業員が不信感を抱くこともありうる。

　破産手続開始の申立てに伴い解雇される従業員に説明すべき事項は、破産会社が破産手続開始の申立てに至った経緯や従業員を解雇せざるを得ない事情はもちろん、未払賃金の支払予定時期や健康保険・年金の変更手続等多岐に及ぶ（破産200問40頁）。本事例でも、管財人が破産手続、未払となっている

給料の支給手続および社会保険に関する手続を丁寧に説明した結果、従業員の態度は軟化した。

　従業員は勤務先会社の破産手続が開始されることによって大きな影響を受ける。従業員への説明を正確かつ迅速に行う必要があるのは、申立代理人と管財人のいずれの立場でも（なお、法86条により管財人には給料債権や退職手当債権を有する従業員等に対して情報提供努力義務がある）、また、どのような事例であっても同様であるので、事例に応じた適切な対応が必要である。

〔コラム①〕
関係者との距離のとり方

　管財人は、破産者や関係者の理解、協力を求めつつ、破産に至った経緯や債権債務の内容を正しく把握して、適切な処理を心がける必要があります。しかし、他方で、破産者や関係者の説明内容の矛盾についてさらに説明を求めたり、場合によっては否認権を行使したりというように、それらの者と対立する立場に立たねばならない場面も少なくありません。

　この両者のバランスをどのようにうまくとっていくかという点はときに頭を悩ませる問題です。

　管財人としての権利行使や調査を不足なく行うことは当然ですが、それによって関係者の態度を硬化させてしまい、事件処理が難航するというのでは、元も子もありません。

　そのため、破産者や関係者と主張や利害が対立することが見込まれる事例では、「必要な事情聴取や証拠・資料の確保を先行させる」、「紋切り方ではなく関係者の言い分にも耳を傾けたうえで処理方針について丁寧に説明する」といった工夫や配慮が必要です。

　また、そのような対立構造が生まれる事例では、逆に管財人としての判断に問題がないかどうか、善管注意義務違反となるような処理がないかどうかという点も厳しい目で評価されることになりますので、よりいっそうケアレスミスに注意するよう意識しなければなりません。

【事例2】

> **【事例2】** 申立代理人において事業停止等に関する告示書を掲示する際の注意点

小売業（食品・雑貨の販売業）	破産財団	100〜500万円
	債権者数	10〜50名
	処理結果	配当

【事例】

　破産会社はショッピングセンター（SC）にテナントとして店舗を構え、食品・雑貨の販売を行っていた株式会社であるところ、破産申立てを決断した直後、申立代理人が店舗のシャッターに代理人弁護士名で営業終了の告示書を掲示した。

　SC運営会社は、申立代理人にSCのイメージダウンになるので弁護士名での告示書を撤去するよう申し入れたが、申立代理人は、破産会社の財産保全のため、管財人が決定するまで告示書を撤去することはできないとSC運営会社の要請を拒んでいた。

【問題点】

(1)　告示書の意義

(2)　告示書を掲示する場合に申立代理人または管財人として配慮すべき点

【処理の経過と結果】

　破産手続開始決定直後、管財人が店舗を訪れたところ、SC運営会社から要請を受けたため、管財人は直ちに申立代理人が掲示した告示書を撤去し、管財人名の告示書を掲示することは控えた。この際、管財人は、SC運営会社の担当者を同行して破産会社の店舗内の在庫商品を確認し、写真撮影をして破産手続開始決定直後の現状を記録すると同時に、SC運営会社に対して破産会社の店舗内に立ち入ることがないよう念を押し、同担当者もこれを了承した。破産会社の店舗にはSC運営会社名で「閉店のお知らせ」と題する貼り紙が掲示された。

【分析と検討】

　告示書は、破産会社の使用していた不動産について、管財人が管理していることを明示するための書面である（BASIC125頁、実践マニュアル587頁）。告示書を掲示するのは不動産の場合が多いが、車両や重機等に貼付する場合もある。告示書を掲示する目的は、主として第三者による不法占有を防止することにある（実践マニュアル104頁）。

　しかし、どのような場合でも、管財人が告示書を掲示すべきとは限らない。たとえば、自然人の居宅の場合、それが借家であろうが、売却予定の持家であろうが、玄関先に告示書を掲示するのは、よほど例外的な事情がある場合に限られる（実践マニュアル105頁）。

　本事例のテナントの場合、SCの共用部分である店舗内通路に面した部分に位置するシャッターの外側の管理権はSC運営会社にあるので、SC運営会社に無断で告示書を掲示してはならない状況にあった。仮に店舗のシャッターや出入口の管理権がテナントにあったとしても、他の店舗を含むSCの営業に配慮し、告示書を掲示するか否か、シャッターの内側に貼るべきか否か等については、SC運営会社と協議することも検討すべきである。また、この協議がSCからの退去時期や原状回復義務の減免についての交渉のきっかけにもなるので、管財人から積極的にSC運営会社に協議を持ちかけることも考えられる。

　破産手続開始決定直後に告示書を掲示するに際しては、破産者のみならず、その周辺の利害関係者にも配慮し、円滑な破産手続の遂行のために、ケース・バイ・ケースの判断が求められる。

破産申立て前の事業譲渡における留意点——申立代理人として

飲食業	破産財団	500〜1000万円
	債権者数	50〜100名
	処理結果	異時廃止

【事例】

破産会社はイタリアンレストラン（2店舗）を経営していた。店舗の改装費用を金融機関から借り入れ、返済を継続していたが、売上げの減少に伴い、徐々に金融機関への返済が厳しくなった。

事業収支は赤字であったが、破産会社代表者の知人が代表を務める株式会社が従業員の雇用を守るためにスポンサー候補者として名乗り出ており、事業の譲受けを希望していた。そこで、飲食業という破産会社の事業の特質から、事業価値の劣化を防止し、かつ、破産会社の従業員の雇用を守るため、破産申立て前の事業譲渡を選択し、実行することとなった。

【問題点】

破産申立て前の事業譲渡を実行するに際しての留意点

【処理の経過と結果】

(1) 事業譲渡の実行方法

破産会社の事業を譲渡する方法として、大きく分けて、①破産申立て前の事業譲渡、②破産申立て後の事業譲渡の方法が考えられる。

破産会社の事業は飲食業であり、一度、破産申立てに伴う事業停止をすれば、顧客離れが進み、著しい事業価値の劣化が発生し、回復することが困難となる。速やかに破産手続開始決定を受けたうえで、管財人が事業継続許可（法36）に基づき事業を継続するという手法も考えられるが、取引先に生じる混乱等を最小限にとどめるために、株主総会の決議を経て（会467Ⅰ①）、破産申立て前の事業譲渡を実行し、その後に破産申立てを行う方針とした。

(2) 事業譲渡実行までのスキーム

破産会社とスポンサー候補者は、直ちに、事業譲渡実行に向けた基本契約書を締結した。

この内容は、次のとおりである。

① 基本契約書締結から1か月後を事業譲渡実行日として指定した。
② 基本契約書締結時には、取引先への未払債務が存在しなかったことから、基本契約書締結日から事業譲渡実行日までに生じる仕入代金等の取引債務は、すべてスポンサーが負担することとした。
③ 事業譲渡実行日の前日までに生じた売上金は、すべて破産会社に帰属するものとし、破産財団の増殖に寄与するスキームを採用した。
④ 事業譲渡対価は、上記②および③を考慮せず、承継資産に、事業価値を適正に評価し算出した価格を上乗せすることとした。

(3) 店舗建物の賃貸借契約の処理

店舗建物の賃貸借契約は、賃借人たる地位を破産会社からスポンサーに移転させる方式を採用し、保証金返還請求権もあわせてスポンサーに承継させた。賃貸借契約を一度解除した場合、保証金返還請求権が現実化し、賃貸人にも相応の経済的負担が生じることから、この点を賃貸人に対して説明をし、理解を得た。なお、破産手続開始決定後、管財人との関係では第三者対抗要件を備える必要があることから、賃借権および保証金返還請求権の譲渡については、確定日付ある証書による通知を実施した。

(4) スポンサー対応

スポンサーは、破産するような会社の事業には価値がないので、事業譲渡対価としては0円または廉価な金額しか支払うつもりがないとの主張であったが、破産手続に関する説明を繰り返し行い、最終的には、上記(2)②ないし④の条件に応じてもらうこととなった。

本事例における事業譲渡対価の設定方法については、承継資産の時価に関する見積書を取得し、次の合計額とした。

ⓐ 承継資産に関する見積価格以上の価格

ⓑ　保証金返還請求権額（ただし、賃貸借契約において定められた返還額から原状回復費用および賃貸借契約の期間満了時までの年数に相当する中間利息を控除して評価）
　　ⓒ　いわゆる暖簾代（公認会計士の意見書あり）
　(5)　取引先対応
　取引先約10社には、基本契約書締結後、破産会社の代表者がスポンサーとともに説明に回り、取引の継続を含めた協力を取り付けた。なお、取引先に対する取引継続依頼を行う際、申立代理人の同行の有無についても、慎重に検討する必要がある。
　本事例では、各取引先との関係が良好であったこと等の諸事情を考慮し、申立代理人は同行せず、法的な説明等が必要になった場合には、あらためて、申立代理人が同行するという方針で取引先に対する取引継続交渉を実施した。この結果、いずれの取引先も申立代理人が同行することなく取引継続の確約を得るに至った。
　このような経緯で破産申立て後も混乱はなく、取引先の協力を得ることで事業の安定的継続を図ることができた。
　(6)　従業員対応
　すべての従業員は、破産会社と同一の雇用条件において、スポンサーにおいて新規雇用され、従業員の雇用確保を実現できた。
　(7)　破産手続との関係で配慮した点
　本事例では、破産申立て前に事業譲渡を実行するにあたって、当該事業譲渡が否認対象とならないように、譲渡対価の設定には配慮をした。
　また、譲渡対価が適正なものであったことを証する資料（意見書、見積書および現場写真等）は保管し、将来、管財人から説明を求められた際に、合理的根拠資料をもって説明ができる態勢を整えた。
　破産申立書にて、破産申立て前に実行した事業譲渡に関する記載を丁寧に行った結果、裁判所から事業譲渡に関する指摘を受けることはなく、また、その後も管財人から特段の指摘を受けることはなかった。

【分析と検討】

　破産申立て前の事業譲渡は、その具体的な手法を誤ることがなければ、有効な事業譲渡の手法の一つであると考える。ただし、破産申立て前の事業譲渡は、破産手続開始決定前に申立代理人の判断で譲渡を実行するものである以上、申立代理人としては、自らが管財人の立場におかれた場合を想定し、破産債権者の利益にも配慮するなど、細心の注意を払う必要がある。

　スポンサー選定の具体的手法はさまざまあるところであり、この選択が破産申立て前の事業譲渡の成否に直結するものである。申立代理人としては、破産申立て前の事業譲渡に限れば、業種、事業内容、事業規模その他の事情を考慮し、事案に則したスポンサー選定手続を検討していく必要がある。ただし、破産申立てを検討する会社には、スポンサー選定に時間をかけるほどの資金的余裕がないことが通常であり、申立代理人によるスポンサー選定を要する事案においては、迅速な対応が特に要求されることには留意する必要がある。そして、破産会社のキャッシュフローの状況等によっては、破産手続開始決定後に事業譲渡を実現する手法も視野に入れる必要が生じる。

　他方で、管財人の立場からすれば、破産申立て前の事業譲渡が実行された事案においては、事業譲渡を必要とした理由・要因、事業譲渡に至った経緯、事業譲渡契約の内容、譲渡対価等を踏まえ、事業譲渡の手法としての有用性を考慮しつつ、債権者を害する不当な事業譲渡が実行されたか否かを調査する必要がある。特に、破産申立て前の事業譲渡は、破産申立書等の一件記録から直ちに明らかになるものと、明らかにならないものがあり、後者の場合には、債権者を害する不当な事業譲渡が実行されたおそれもあるため、留意が必要である。

【事例4】 破産申立て前における乳牛の譲渡

農業（酪農業）	破産財団	1000万円～
	債権者数	10～50名
	処理結果	配当

【事例】

　破産者は、乳牛約50頭を飼育する牧場を個人で経営していたが、乳房炎による死廃牛（死亡または廃用になった牛）が増えたことから、出荷乳量が減り、売上げが約15％減少した。また、飼料代の値上がりも経営を圧迫した。そこで、破産申立てを決意するに至った。

　もっとも、乳牛は毎日乳を搾らなければ乳腺炎に罹ってしまい、搾った乳も腐敗しないよう誰かに引き取ってもらう必要があったことから、そのまま事業を停止することは相当ではなかった。また、手元現預金に乏しく、破産申立費用を工面する必要があった。

【問題点】

　特に保全措置を講ずる必要がある財産が存在する場合における申立代理人による処分の当否および処分すべき時期

【処理の経過と結果】

　破産者の牧場経営は農業協同組合（以下、「農協」という）の支援の下になされていたところ、農協は、次の経営者に引き継いだうえ、牧場経営自体は継続してほしい旨の意向を有しており、その旨、申立代理人に告げてきた。そして、牧場経営を引き継いでくれる人物をみつけてきた。

　申立代理人としては、申立て前に処分する財産は最低限に抑え、財産処分は、できる限り管財人に委ねるべきと考えていた。そこで、後日、牧場自体を引き継いでもらうことを前提に、差し当たり乳牛だけを買い取ってもらい、破産者は、その乳牛の譲受人に雇われる形で、毎日の世話をすることにした。

なお、牧場を引き継いでもらう際、事業譲渡という形をとるのか事業用資産の譲渡という形をとるのかは、管財人の判断に任せる予定であった。当該牧場の不動産には金融機関の抵当権が付いていたところ、上記処理を行うことについては、当該金融機関の担当者とも会って事前に説明をしていた。

申立代理人は、申立て時に以上の経緯を詳細に記載した上申書を提出し、管財人が早期かつ適切な処理がとれるよう、情報提供を行った。

ところが、後日、管財人が実際に当該不動産を任意売却しようとしたところ、売却代金額、農業委員会の許可の要否、融資の可否等について問題が生じ、円滑には進まなかった。最終的には、約1年の時間を費やし、乳牛の譲受人に対して、当該不動産も任意売却する形で解決された。

【分析と検討】

申立代理人として、申立て前に、どこまでの財産を処分すべきかは悩ましい。本事例では、牧場事業まで処分するとなると、事業の評価等が後で問題となりうるため、保管が困難な乳牛だけを譲渡するのが最低限かつ妥当なところであったのではないかと考えている。

もっとも、乳牛だけの譲渡であっても、実質的には、乳牛の譲受人が牧場を経営している状態になっていた。そうだとすると、乳牛の譲受人所有の乳牛が破産者所有の土地上にいる状態になっており（実際は、破産者名義の不動産と破産者の父名義の不動産が混在しており、より複雑な状態であった）、破産者において賃貸借契約を締結することも考えられた。

本事例では、最終的に問題なく終了したが、何らかの事情により当初予定していた乳牛の譲受人に牧場を引き継げなかった場合、事前に売却した乳牛の処理について、問題が発生した可能性も否定できない。本事例では、破産申立費用捻出の必要性があったため、乳牛に限って譲渡したが、手元現預金が十分にある事例であれば、できる限り財産処分は管財人に委ねるべきとの観点から、管財人において、裁判所の許可を得て、破産者の事業を継続したうえで（法36）、事業譲渡する方法もあったのではないかとも考えられる。

【事例5】 農家における農作物の換価に係る留意点（農協との取引の特殊性）

農業	破産財団	100～500万円
	債権者数	10～50名
	処理結果	配当

【事例】
　破産者は建設会社の代表者であり、兼業で農業を営んでいたところ、同社の不振から、申立て直前には相当数のヤミ金融業者が同社の経営を支配している状態であり、破産者にも、建設会社にも流動資産はほぼなく、破産者のための申立費用の捻出が困難な状況であった。

　建設会社はヤミ金融業者への対応に忙殺され、日常業務が滞り、申立代理人の受任時にはすでに取引停止処分を受けていた。

【問題点】
　申立て準備段階における申立費用捻出のための農作物の換価方法、農家と農協との関係の特殊性

【処理の経過と結果】
　破産者は、従前から農協を経由して農作物を出荷していたが、農協に多額の債務を負っており、破産者が農協経由で農作物を出荷してもすべて農協への債務に充当され、現金収入を得ることはできない状況であった。

　また、破産者が経営する建設会社は、複数のヤミ金融業者がすでに経営を支配していたこと等から、混乱が生じており、収入の見通しがなく、事業収入の中から破産者に対して役員報酬を支払うことも困難であった。

　そこで、申立代理人としては、破産者が栽培する農作物中、比較的流通量があり、早期に換価が期待できる米が出荷時期にあったことから、申立費用捻出のために農協を介さず米販売業者に直接売却することとした。

　米については比較的一定した市場価格が存在するため、売却までの時間を

勘案し、当該価格を参考にして適正価額で売却した。

その結果、申立費用は捻出できたが、その後、他の作物の出荷を農協が拒絶したため、農協を通じて他の作物の換価を行うことができなくなった。

破産者は、米のほか、野菜類も栽培していたが、これらは米と異なって出荷に適した時期が極めて短く、農協での販売ができなくなったこと、他の販路がなかったことから、大半を廃棄処分せざるを得なくなった。

【分析と検討】

農協を通じた出荷の場合、その代金は農家が農協に開設した口座に入金されるため、信用不安状態に陥った場合その代金を活用することは困難である。

また、農協との取引では営農貸越制度があり、作付けのための苗、農薬代金が農協口座の貸越しという形で融資される一方、当該口座に入金があった場合には入金された資金（農産物販売代金、水田・畑作経営所得安定対策交付金等）は、借越金残高がなくなるまで自動的に返済に充当されることとなっていることもあるので注意を要する。

また、農業の破産においては、申立て前後を問わず、農作物の換価が必要となる場面があるが、それぞれ収穫時期や出荷に適した時期・期間が異なるため、それぞれに応じた換価を心がける必要がある。

米については、長らく自主流通米の公平・適正な価格形成を担ってきた「米穀価格形成センター」が平成16年の主要食糧の需給及び価格の安定に関する法律（食糧法）改正後、平成23年3月31日をもって解散となっているが、現在でも一定の取引相場が形成されている。そのため、米は大幅な価格の上下動なく常に一定の値段で売れることが一般的で、処分にあたっても必ずしも相見積り等は必須とは思われない。また、年度ごとに農協の買取価格も公表されており、各地の農協のウェブサイトや地方新聞の報道等により情報を入手することができる（米作農家であればこうした情報を得ることは難しくない）。

他方、野菜については出荷に適した時期が米よりも短いのが普通であり、またその年の作柄（出来具合）によっても取引価格の上下が比較的生じやすいという特徴がある。

【事例6】 飲食店のフランチャイジーについて、破産申立て前にフランチャイザーとの関係に配慮し慎重に対処したことによって、保証金その他預託金の毀損を防いだ事例

飲食業	破産財団	100〜500万円
	債権者数	10〜50名
	処理結果	異時廃止

【事例】

　破産者は、フランチャイズ本部（以下、「本部」という）とのフランチャイズ契約（以下、「本契約」という）によりレストランを経営していたが、売上げの減少等から資金繰りが逼迫するようになり、事業停止後速やかに破産申立てを行う方針となった。

　同店舗は、本契約に基づき、本部より許可された商標を使用した看板・ポスター等を設置しており、外観上は、直営店との区別はなされていなかった。

　また、破産者は本契約に基づき、本部からの仕入代金等債務の担保のために、保証金100万円を本部に預託するとともに店舗改装のための積立金を毎月差し入れており（事業停止時の既積立額は約90万円）、両金員の回収を最大限に図ることが破産財団の増殖にとって必要不可欠であった。

【問題点】

　フランチャイザーによる契約解除に伴う看板等の撤去義務と保証金の保全

【処理の経過と結果】

　破産者の店舗が突然事業を停止すると、本部から、チェーン特有の看板等を同店舗において表示し続けることにつき、強い苦情が寄せられることが予想された。しかも、本契約終了後の処置として、看板等を即時撤去することが義務づけられているうえ、加盟店がこれを行わない場合には、本部が加盟店の負担において撤去工事を行うものとされていた。しかし、撤去の時間的

猶予もなく、破産者の資力としては最低予納金を捻出することが精いっぱいであった。そこで、申立代理人は、破産者と協力し、移動可能な立て看板等をすべて店内に収納したうえ、屋根上の看板については、応急処置として、屋根と同色のガムテープを貼り付けて、同フランチャイズの商標を事実上隠す状態にすることによって対処した。なお、仕入先が同店舗の合鍵を保持していたことから、什器・備品等の持出しを防止するために、店内に申立代理人名の告示書を貼り付けたが、店外には、店主名にて、事情により閉店する旨とお詫びのみを簡潔に記載した文書を掲示することにして、破産申立て予定であることや代理人が就任したことについてはあえて触れなかった。

　上記作業後の夜半に受任通知をファクシミリにて本部に送ったところ、本部から、翌朝直ちに申立代理人に対して電話があり、本契約の解除を前提に看板等についての状況報告を求められた。申立代理人より、上記応急処置の状況を説明すると、本部は、同店舗の現状を確認したうえで、あらためて、同処置にて問題ない旨を連絡してきた。また、本部は、ウェブサイトから同店舗の表示を即座に抹消するとともに、翌日付けにて本契約の解除通知書を送付してきた。

　開始決定後、管財人から、本部に対して、保証金および積立金等の精算を求めたところ、未払の仕入代金は控除されたものの、違約金や看板等の撤去費用等の控除はなされず、円滑に支払を受けることができた。

【分析と検討】━━━━━━━━━━━━━━━━━━━━━━━━━■

　フランチャイザーは加盟店の事業停止を知れば、直ちにフランチャイズ契約を解除のうえ、商標等の使用停止を求めてくる場合が多く、これを放置すると、フランチャイザーにより看板等の撤去工事が実施され、その費用が保証金等から控除されるなど破産財団が毀損されるおそれがある。

　申立代理人としては、通常、同契約解除には対抗する余地が乏しいところであるが、応急処置であっても、可及的に、その商標等への配慮を尽くして本部の理解を得るように努め、余分なコストが発生しないようにすることが肝要である。

第2章 破産手続開始決定

【事例7】 連絡先等が不明な債権者の把握と通知

旅行業	破産財団	1000万円〜
	債権者数	100名〜
	処理結果	異時廃止

【事例】

　破産会社は旅行業を営み、主として高速バスや航空機のチケット、ホテルとのパッケージツアー等をウェブサイト等で販売していた。この点、多数の個人顧客がウェブサイト上で申し込み、チケット代金を前払したところで、破産会社が各チケットに対応するバス事業者やホテル等に支払をすることなく事業停止したために、バスが運行されない、ホテルが宿泊拒否をするなどの状況が生じた。そのため、これらの顧客が、破産会社に対して、債務不履行責任に基づくチケット購入金相当額の返還請求権や損害賠償請求権を有していることが想定された。しかし、破産会社のウェブサイトには、氏名入力をすればチケットを購入できる仕組みになっていたものもあったため、破産債権者である顧客につき、氏名（正確な氏名かどうかも不明）しか把握できず、連絡先（電話番号やメールアドレス等）一切が不明の者も大勢いた。

【問題点】

　破産債権者の氏名、連絡先をどのように把握するか

【処理の経過と結果】

　まず、破産会社が契約していたサーバー会社と交渉をして破産会社のウェブサイトを維持し、ここに管財人からの挨拶文を掲載するとともに、破産会社に対して債権を有する場合には所定の書式（ダウンロードできるように設定

を用いて、管財人に対して債権者である旨の申出をするよう告知した。なお、この書式につき、ファクシミリによる提出も可能としたうえで、裁判所に対して行う破産手続上の債権届出とは異なるものであることを明記した。また、管財人に対して顧客から苦情や相談の連絡があった場合にも、適宜同様に当該書面の提出を促し、連絡先の把握に努めた。これらにより連絡先を把握できた債権者を「知れている破産債権者」として扱い、破産法上の通知（法32Ⅲ①）を行った。

ただし、本事例では、債権者からそれほど多くの申出はなく次第に問合せ等も落ち着いたことから、数か月後にウェブサイトを廃止した。

【分析と検討】

破産手続開始決定の後、まず「知れている破産債権者」に対して通知しなければならないが（法32Ⅲ①）、その範囲が必ずしも明らかでない場合もある。本事例のように多くの一般消費者が債権者となっている事案では、消費者保護の観点から、債権者の把握や適切な事情説明に努めるのが望ましく、管財人からの情報発信方法としてウェブサイトの活用は有用である。

なお、破産会社は旅行業者であったことから、顧客らは弁済業務保証金制度における配当を受けることができた（BASIC179、95頁）。弁済業務保証金制度とは、旅行業協会（旅行業者が加入している団体として、一般社団法人日本旅行業協会と一般社団法人全国旅行業協会とがある）の正会員である旅行業者に対して旅行業務に関する取引によって生じた債権につき旅行業協会が国に供託した弁済業務保証金から一定の範囲で消費者に弁済するという制度であるところ、この制度の利用には期間制限もあるため、管財人としては、当該制度を同じくウェブサイトなどで告知し、顧客の速やかな利用を促すことが望ましい。もっとも、管財人としていつまで情報発信の努力を継続するべきかについては、コストの観点からも、破産財団の規模や債権者数、新たに債権者が判明する可能性等諸要素を勘案して判断する必要があろう。なお、本事例は、知れたる破産債権者の通知方法（法32Ⅲ①）自体の工夫を図ったものではないことには留意されたい。

【事例8】 個人再生手続から破産手続への移行時における財産保全の注意点

自然人	破産財団	100〜500万円
	債権者数	100名〜
	処理結果	異時廃止

【事例】

　破産者は、当初個人再生手続を申し立てたが、再生計画案提出を断念し、破産手続に移行することを希望した。破産者は破産手続によって債権者である親族に迷惑がかかることを申し訳なく思い、再生手続廃止決定から破産手続開始決定までの約1か月の間に、破産者が契約していた生命保険を解約して、解約返戻金を親族に債務の弁済として支払った。

【問題点】

(1) 個人再生手続から破産手続への移行
(2) 申立代理人による財産保全の必要性

【処理の経過と結果】

　管財人は、破産手続開始決定後、破産者および申立代理人に対し、解約返戻金によって親族に弁済したことは否認対象行為（偏頗弁済。法162Ⅰ①）であるので、弁済した額を親族から戻してもらう必要があることを説明した。
　破産者は、弁済を受けた親族に謝罪し、弁済した額を管財人に渡すよう依頼し、親族はこれに応じた。

【分析と検討】

(1) 個人再生手続から破産手続への移行時の注意点

　法人が再生手続から破産手続に移行する場合は、通常は、保全管理人が選任され、法人が所有する財産の管理は保全管理人が行う。しかし、自然人が個人再生手続（通常再生手続でも同様）から破産手続に移行する場合、法律上、保全管理人を選任することはできない（法91Ⅰ参照）。

そのため、個人再生手続における再生手続廃止決定から破産手続開始決定に至る約1か月間は、元再生債務者である破産者（以下、「破産者」という）が自らその財産管理を行うことになるので、財産の散逸、費消がなされてしまうおそれがある。

事後の制裁措置はともかく、破産者の財産を散逸等させないための事前の法的手段（財産を保全するための法律上の制度）は乏しいため、事実上、申立代理人が財産保全のための策を講じる必要がある。

(2) **破産者の財産保全に関して申立代理人に期待される役割**

個人再生委員（民再223）が選任されている場合は、特別な事情がない限り、その個人再生委員が管財人となるのが東京地裁の運用であり（破産・民再の実務（民事再生・個人再生編）473頁）、多くの裁判所でも同様の運用である。しかし、破産手続開始決定まで個人再生委員には破産者の財産を管理する権限はなく、破産者への指導助言は事実上のものにとどまらざるを得ない。一方、申立代理人は、再生手続廃止から破産手続開始決定に至るまで、再生債務者（破産者）の財産保全に関与できる。そのため、申立代理人に期待される役割は大きい。

具体的な役割としては、①再生債務者（破産者）に家計収支表を継続的に作成させて収支の状況を記録化する、②保険証券等換価しやすい財産を申立代理人が保管する、などが考えられる。もちろん、これらの方策を再生債務者（破産者）に強制することはできないが、破産手続への円滑な移行と、後の免責手続への影響等を説明し、再生債務者（破産者）が納得して手続に協力するよう申立代理人として尽力すべきである。

(3) **その他の注意事項**

なお、再生手続廃止決定は債権者に通知されない（東京地裁個人再生実務研究会『個人再生の手引』452頁［長屋憲一］）。そのため、申立代理人としては、財産保全だけでなく、債権者への通知とそれ以降の手続についての説明も求められると考えられる。

【事例9】 債権者申立てによる破産手続開始決定と営業終了時の処理

サービス業（ドライブイン）	破産財団	100～500万円
	債権者数	10～50名
	処理結果	配当

【事例】

破産会社は大規模な飲食店を備えたドライブインを運営していた株式会社であったところ、資金繰りに行き詰まり、大口債権者であるリース会社から破産申立てを受けた。破産会社は、破産手続開始には異議を述べない（即時抗告はしない）ものの、自主的に営業を終了することには抵抗を示し、破産手続開始決定時まで営業を継続していた。

【問題点】

自己破産ではなく、債権者により破産手続開始の申立てがなされたことに伴う諸問題

【処理の経過と結果】

(1) 破産手続開始決定前の準備

管財人予定者は、いつのタイミングを破産手続開始決定日時（規則19Ⅱ）にするべきかについて申立代理人と協議した。協議の結果、多くの従業員が出勤しており、しかも来店客が少ない午後4時をもって破産手続開始決定がなされることが相当であるということになり、申立代理人は裁判所に対し、その時刻で開始決定をするよう求める上申書を提出した。その結果、裁判所は、同上申書の趣旨に沿った決定を行った。

また、管財人予定者は、あらかじめ、破産手続開始決定時刻に破産会社へ臨場する際の役割分担を申立代理人と協議して決めた。具体的には、破産手続開始決定と同時に、管財人の指示のもと、申立人であるリース会社の担当者がドライブイン出入口から客が入れないように物理的に封鎖する役割を、

管財人補助者の弁護士および事務職員が破産会社従業員を集めて説明会および解雇通告を行う準備をするとともに、同従業員が破産会社の動産を持ち出さないよう監視する役割を担うこととした。

(2) **破産会社の協力が得られない場合**

　管財人が従業員に解雇を通告したあと、混乱に乗じて破産会社所有の動産が持ち去られることがあるので、管財人とその補助者が監視をすることが必要な場合もある。本事例では、管財人から解雇を言い渡された直後の従業員が私物だけでなく店舗内の商品や備品を持ち帰ろうとしたところを管財人が見つけたため、管財人との間で小競り合いになった。

　また、本事例の申立人であったリース会社は、債権者申立て破産を過去に経験していたことから、同社が所有するリース物件保全のため、破産会社所有建物や敷地への入口に柵を設置するなどして物理的に封鎖したり、移動しづらい態様に自動車を並べ替えたりする作業に協力をしてもらった。これによって、破産手続開始決定を知らずに来店した顧客が店内に立ち入ることをできないようにしたので、混乱を未然に防止できたとともに、破産会社の財産保全作業も同時に行うことができた。

【分析と検討】────────────────────■

(1) **債権者申立て破産の概要**

　債権者申立てによる破産とは、破産会社（債務者）自身ではなく、その債権者が破産を申し立てることをいう（法18Ⅰ）。債権者申立て破産の場合、債務者の協力が得られない可能性があり、申立て時に破産会社の資料が乏しく、破産会社の実情を把握しづらい場合があるのが特徴である（BASIC32頁、実践マニュアル65頁、破産200問46頁）。

(2) **破産会社の営業終了のタイミング等**

　自己破産とは異なり、債権者申立て破産の場合、破産会社の経営陣が破産手続に協力的であるとは限らず、また、破産会社に代理人弁護士が就いているとは限らないことに留意して、管財人としての行動を決めなければならない。

破産会社の営業終了のタイミングは、営業時間内にすると混乱を招くので、その日の営業が終了した直後または営業が開始する直前の時間を選ぶのが一般的である。裁判所との事前の協議で、破産手続開始決定の日時を管財業務が最も円滑に開始できるタイミングにあわせる工夫も必要である。

　たとえば、他の事例（飲食店）では、破産会社が営んでいた店舗がショッピングセンター（SC）内のテナントであったため、SCの他の店舗の営業への影響を避けるために、裁判所の判断により、閉店時刻直後の深夜11時を破産手続開始決定日時とした。

(3)　従業員に対する説明

　従業員に対しては、解雇を言い渡すに際し、破産会社の経営者がその従業員に現状を説明するのが本来の姿であろうが、債権者申立て破産の場合には、自己破産とは異なり、経営者による適切な説明等を期待できないのが実情である。そのため不適切な説明がなされて従業員に混乱が生じるのを予防するため、管財人がすべてを仕切って進めることになろう。もっとも、代表者による説明を求める従業員もいるであろうから、実際にどのように進めるかはケース・バイ・ケースである。

　なお、従業員に対する説明は、営業終了直後に、できるだけ多くの従業員を集めて、解雇通告および解雇された後の諸手続（社会保険の切替え、失業給付の受給手続等）を説明することが望ましいが、混乱が予想される場合は解雇通告だけを行い、従業員への説明は後日に別会場で行うことも想定しておくとよい。

　債権者申立て破産の場合、債務者の協力が得られない可能性があるので、管財人に就任する場合は、特にその初動において、他の弁護士や事務職員も含めたチームで行動することが必要不可欠である。

【事例10】 司法書士の破産に関する問題点

司法書士	破産財団	500〜1000万円
	債権者数	〜10名
	処理結果	配当

【事例】

　司法書士である自然人の破産者の事例であったが、破産者は破産申立て前には複数件の成年後見人等にも就任しており、申立て直前まで通常業務を行っていた。

　債務総額は約1億円以上で、本業による赤字はなく、バブル期の不動産投資等を原因とする債務が大きく破産申立てに至った事例である。

　弁護士や司法書士は職務の性質上成年後見人等に就任している例がみられるが、成年後見人等については破産者であることは欠格事由(民847等)となっている。

　また、事務所内には多数の登記関係書類や記録が保管されていた。

【問題点】

(1)　破産者が破産者であることが欠格事由となっている成年後見人等に就任している場合の対応方法
(2)　破産者が保管していた登記関係書類等重要書類の取扱方法

【処理の経過と結果】

　破産者および申立代理人が、破産申立て時までに家庭裁判所と協議して、成年後見人等に就任していたすべての事案について辞任手続を済ませており、特段問題はなかった。

　司法書士が作成する業務に関する事件簿や登記手続に伴い作成されるなどした資料・記録等については一定期間保存義務がある(司法書士法施行規則30条により作成を義務づけられている事件簿については閉鎖後5年間保存義務があ

る。また、本人確認資料等は会則等により事件終了後10年間保存義務があると規定されていることが多いということである）。

　これらの資料や記録等については、最近の案件については破産手続開始決定前にある程度破産者側で返却ができており、管財人就任後も破産者の協力を得てできる限り依頼者等に返却したが、返却できなかった分についても重要な原本類等については引き続き破産者本人に保管してもらうことにした（BASIC451頁）。

　また、処分可能な書類についても個人情報等の問題があったので、専門業者に依頼し、溶解処理の後、溶解証明書を発行してもらうなどして適正な処分に努めた。

【分析と検討】

　本事例では、破産者および申立代理人により適切な処理がなされていたため大きな問題は生じなかったが、事前の準備や対応によっては受任案件等の処理について支障が生じた可能性もある。

　まず、本事例においては、破産者が破産申立て前に成年後見人等に就任していた事案について、事前に辞任許可の手続（民844）がとられていた。

　また、成年被後見人等との関係でもすでに預かり財産についても適切に返却や引継ぎ等がされていた。

　しかし、破産手続開始決定時において成年後見人等の立場を有している場合には、後任の成年後見人等の就任まで一定の期間が必要となるため、対応に苦慮する部分もあると思われ、早めに破産申立ての準備を行い、事前に辞任手続をとっておくことが重要である。

　登記関係資料等の預かり資料等についても、破産手続開始決定前に依頼者にできる限り返却する手続がとられていた。

　なお、専門士業や個人情報を扱う事業者の破産事件においては、機密情報書類等の処分が問題となることも多い。この点については、専門業者に書類の溶解処理を行ってもらい、適正に処理したことを証明する溶解証明書等を取得しておくことも検討すべきである。

第3章 自由財産拡張

【事例11】 オーバーローン不動産に付保された質権設定のない火災保険契約について、管財人において、自由財産拡張相当であると判断するものの、不動産の任意売却完了まで存続させた事例

飲食業	破産財団	100〜500万円
	債権者数	10〜50名
	処理結果	異時廃止

【事例】

　破産者が所有する自宅不動産については、火災保険が付されていたが、住宅ローン債権保全のための質権は一切設定されておらず、破産手続開始決定前には、破産者本人においても解約が可能な状態であった（解約返戻金見込額約18万円）。

　そこで、予納金を捻出するために、破産者において申立て前に解約することも検討されたが、その余の財産により予納金の最低額を確保することができたことから、迅速性を重視して、解約はなされないままに破産申立てが行われ、その他少額の財産とともに、同火災保険についても自由財産拡張申立てがなされた。

【問題点】

　破産財団に属する不動産に掛けられた質権設定のない火災保険に係る解約返戻金の拡張適格財産該当性の有無、拡張相当とする場合の処理方法

【処理の経過と結果】

　破産手続開始決定後、破産者より、同火災保険の解約返戻金については、生活費に充てる必要があるため、直ちに拡張を認められたい旨の申入れがな

された。

　管財人においては、同火災保険を含めても、自由財産拡張申立ての額は約20万円程度であり、管轄裁判所の運用基準上、定型的には拡張相当であるが（BASIC49頁）、自宅不動産に火災事故が発生した場合に備えて、不動産の売却完了まで同火災保険を破産財団のために存続させることを考えた（なお、不動産については、同運用基準上では拡張不適格とされており、実際にも、拡張が認められた事例は皆無であると思われる）。

　そこで、管財人は、裁判所と協議のうえ、破産者に対し、同火災保険は拡張不相当ではなく、拡張相当とするが、その判断を自宅不動産の売却完了時まで留保することとし、他方、申立て時と売却完了時では、解約返戻金の額に差が生じるため、その差額分については、別途破産財団が負担することによって調整することを提案した（破産財団のために利用する火災保険であれば、保険料も破産財団が負担する必要があるという発想に基づくもの）。

　破産者としては、当初、直ちに解約返戻金を得ることを希望していたが、比較的早期に新しい仕事を確保できたこともあり、管財人の提案を受け入れることとした。

　破産手続開始決定から約6か月後に、自宅不動産の売却が完了したため、管財人において、同火災保険の解約手続を行って解約返戻金を受領したうえで、申立て時における解約返戻金見込額との差額（数千円）を破産財団から加算して、破産者に引き渡した。

【分析と検討】

　以上のとおり、本事例では若干技巧的な方法によって、自由財産拡張による破産者の利益と破産財団の適正な管理との調整を図ることとなったが、各地で設定されている自由財産拡張の運用基準については、そもそも、一定の基準を示すものに過ぎず、例外を認めないものではない。

　本事例においては、自由財産拡張相当とするのであれば、破産者による解約を直ちに許容して、同時に、管財人が別途保険契約を締結することが、理論的には一貫していたものと考えられる（BASIC115、129頁）。破産財団から

新たな火災保険料を拠出することが可能な状況であるかどうかにもよるが、破産者の再生のためには、直ちに解約返戻金を得ることができるような処理を行うべき場合もあろう。

　他方、破産財団に属する自宅不動産を保全する必要性から、火災保険につき拡張不相当とするという処理も不可能ではない（法34Ⅳ）。

　なお、申立代理人としては、オーバーローン不動産を対象とする火災保険についても、当然質権設定があると軽信することなく、事前に調査をしたうえで、的確な拡張申立てを行うことが望まれる。

〔コラム②〕
建物に設定された火災保険の解約に際しての注意事項

　不動産の任意売却（裁判所の許可（法78Ⅱ①）が必要）をした場合には、建物に設定された火災保険の解約を忘れないようにしましょう。

　火災保険の解約に際しては、住宅ローン債権者から当該火災保険には質権が設定されており自らが質権者である旨の申出がなされることがありますが、まず、火災保険の解約返戻金請求権が質権の対象となっているかどうかを保険会社に必ず確認しましょう（BASIC117頁）。解約返戻金請求権が質権の対象となっていないこともよくありますので注意が必要です。

　次に、当該質権設定が管財人に対抗できるものであるのかどうか、つまり対抗要件（確定日付のある通知・承諾）が具備されているかどうかを必ず確認しましょう（BASIC117頁）。対抗要件が具備されていないケースもよくありますので注意が必要です。なお、質権につき譲渡があった場合には、質権設定時に対抗要件がきちんと具備されているかどうかを必ず確認しましょう。

　最後に、当該質権設定が管財人に対抗できる場合でも、別除権（法２⑨）の受戻しとなりますので、受戻し対象となる解約返戻金請求権が100万円を超える場合には裁判所の許可が必要になります（法78Ⅱ⑭・Ⅲ①、規則25）。あわせて注意しましょう。この場合には質権者に対して財団組入れを求めることも忘れずに。

【事例12】 サラリーマンの退職金の組入れの処理

自然人	破産財団	〜100万円
	債権者数	〜10名
	処理結果	配当

【事例】

破産者は、上場企業の会社員であり、勤続年数は15年以上に及び、退職金が破産財団に属する財産であったが、勤務先が「退職給付（一時金・年金）制度」を採用しており、当該制度を前提にした退職金試算表に年金部分が含まれている場合、退職金額をどのように評価するかが問題となった。

【問題点】

「退職給付（一時金・年金）制度」を採用している場合に年金部分を含んだ退職金試算額をどのように評価するか

【処理の経過と結果】

(1) 退職金試算表収集の試み

勤務先が「退職給付（一時金・年金）制度」を採用している場合、①給付の全部を退職一時金として受給する、②給付の一部を年金、一部を一時金として受給する、③給付の全部を年金として受給するという3種類の受給方法がありうる。この場合、いずれの受給方法を採用するかによって、破産者が退職時に受給する一時金の額は異なることになる。破産者の勤務先は同制度を採用していたため、破産者に対して、退職金の評価としては、①の給付の全部を退職一時金で受給した場合の退職金試算表を提出するよう求めた。

しかし、破産者はすでに②を選択している状態であったため、勤務先にあえて①の試算を求めたことにより、勤務先から（破産の）疑いを強くもたれ、結果的には①を前提とした試算表を得られず、②を選択した前提での試算表を取得したにすぎなかった。これによれば、「退職一時金」100万円、「年金」年

額30万円・一時金300万円等の試算がなされていたが、「年金」といっても「標準年金」や「標準付加年金」等種々のものがあり、更には終身年金・有期年金・一時金があるなどその構造は複雑であって、退職一時金のみで受給する場合（上記①）の金額を管財人自ら試算することは困難であった。

他方、企業年金は社会保険制度に基づくものであるとの裁判例（東京地判平成20年3月26日労判965号51頁）もあるが、退職給付（一時金・年金）制度に基づく年金は、社会保険制度に基づく年金とは別物であると考えられ、また、仮に、差押禁止財産であるとすると、破産者による退職給付の受給方法の自由な選択によって、差押禁止財産に該当するか否かを選択できてしまい、破産者の財産管理権を管財人に委ねた破産法の趣旨に著しく反すると考えた。

そのうえで、破産者が提出した一時金と年金双方で受給する退職給付の試算表を前提に、いかなる金額を退職金として合理的に評価するかを検討した。

(2) **本事例の処理**

結局、退職時に受領する「退職一時金」「年金　一時金」等「一時金」とされているものは当然退職時に受給する退職金としたうえで、それに一定の年数の年金額を加算した額をもって全体として退職金の額とすることとし、合計金額が適正か否かについては、厚生労働省の「退職給付（一時金・年金）の支給実態」の「性、学歴、労働者の種類別定年退職者の退職給付額」の統計金額に近い金額であることをもって裏付けることとした。

本事例では、「退職一時金」100万円および「年金　一時金」300万円の合計400万円に、「年金」の年額部分数年分の100万円を加えた合計金額500万円を退職金額と評価し、当該金額は、「退職給付（一時金・年金）の支給実態」の「性、学歴、労働者の種類別定年退職者の退職給付額」から導き出された統計上の平均金額400万円よりも多いので、合理的な退職金額として評価し、その8分の1の金額（62.5万円）が破産財団に属する財産として処理をした。

【分析と検討】

破産者が、退職給付（一時金・年金）制度上、一時金と年金の双方で受給するとの選択を行っているときには、全部退職一時金として受給した場合の試

算表を勤務先から取得することが望ましいが、取得できない場合には、一時金と年金の双方で受給する試算表を前提に、合理的な範囲で、全部一時金として受給する金額を試算するのも一案である。

〔コラム3〕
転送郵便物等の返却方法

　破産者宛の郵便物等は管財人が開披できますが（法82Ⅰ）、破産財団に関しない郵便物等の返却方法については悩ましいところです。

　破産法上も、破産者は「郵便物等で破産財団に関しないものの交付を求めることができる」（法82Ⅱ）と規定されているのみですから、管財人の裁量で判断してよい事柄だと思います。

　①破産者に管財人事務所まで取りにきてもらう方法、②破産者から一定額の郵便切手やレターパックを購入して別途預けてもらい、当該郵便切手等を用いて管財人発信として郵送する方法、③破産財団の負担において破産者に対して管財人発信として郵送する方法、④申立代理人に交付してその処理を委ねる方法、⑤郵便物が少ない場合には、破産者の債権者集会への出頭時に手渡す方法等管財人によって工夫されているところかと思います。

　①の方法は破産者が遠方に居住していたり、破産者が仕事で帰りが遅かったりする場合には不適です。②の方法は郵便切手等を別途預けることについて破産者の理解が得られない可能性もあると思われます。③の方法は破産財団の負担＝破産財団が減少することとなり、すなわち、それは配当の減少をもたらし、債権者の負担になると考えられることから、破産者の便宜のために破産財団（債権者）の負担とすることが許容されるか不明です。④の方法は申立代理人の協力が必要となります。⑤の方法は郵便物が大量にある場合や急を要する郵便物（携帯電話料金の払込用紙や選挙の投票所入場券等）の場合には不適です。

　いずれの方法も一長一短ですので、管財人が状況に応じて適切に判断していくほかないと思われます。

第4章 破産財団の管理・換価

1 調査

【事例13】 会計帳簿が破産手続開始決定前に破棄されている場合の資産調査方法

製造販売業	破産財団	1000万円～
	債権者数	10～50名
	処理結果	配当

【事例】

　破産会社は建築資材の製造販売業を行っており、代表者とともに破産手続開始決定を受けたが、管財人による調査の結果、事業停止の直前期に破産会社と同様の事業を営む会社を破産会社代表者の親族が新たに設立し、営業していることが判明した。

　破産会社の売掛金等の資産流失・隠匿や価値ある事業について相当な対価を受領することなく新会社に対して事業譲渡相当行為が行われた可能性もあったことから、否認対象行為の存否等の検討が必要となった。

　ところが、破産会社の得意先台帳や売掛金台帳等の重要書類が行方不明となっており、資産の流出の有無や親族が代表者となっている会社の事業と破産会社が従前に行っていた事業とが同一であるか否かを判断する資料等が不足していた。

【問題点】

　破産会社の得意先台帳や売掛金台帳等の重要書類が、破産手続開始決定前に破棄されるなどして行方不明となっている場合の破産会社の取引先の特定や取引内容等の把握方法（BASIC107～109頁）

【処理の経過と結果】

(1) データの復旧等

　まず、管財人は、破産会社のかつての顧問税理士に帳簿等の控え等の提出を求めたが、破産手続開始決定の数か月前に委任契約が解除され、その際、破産会社の代表者の求めに応じて書類をすべて返還したとのことであり、確保することができなかった。また、消去されたパソコンのデータの復元を専門業者に依頼したが、パソコン自体の破損が酷く、顧客データや現金出納等の重要な部分が復元できなかった。

　さらに、その専門業者から、意図的に復元しにくい方法でデータを消去している形跡があるとの報告を受けたので、念のため、その旨の報告書の作成も依頼した。なお、データの復元費用等は合計5万円程度であった。

(2) 元従業員からの情報収集

　次に、すでに退職している元従業員に連絡をして複数の元従業員から事情を聴取した結果、破産会社の主要な取引先については特定することができた。

(3) 税務署における調査

　また、管財人は税務署にて破産会社が前年に提出した申告書を閲覧し、添付されている資料から主要取引先を確認し、損益計算書から移転された取引の営業利益を推測することができた。

(4) 主要取引先の訪問と情報開示の交渉

　そこで、管財人は、主要取引先の担当者を訪問し、破産会社との従前の取引と同様の取引を代表者の親族が経営する新会社とも行っているか否か、行っている場合には全く従前どおりの取引の移行であるか否か、破産会社へ支払うべき売買代金等を当該新会社に支払ったことがないかなどについて回答を求めた。

　取引先は、当初は回答することに非協力的であったが、管財人が取引先に対して破産会社代表者との通謀があると判断された場合には、これらの取引先に対しても否認権の行使や損害賠償等の請求をする可能性があること等を丁寧に説明して協力を求めた結果、ほとんどの取引先は回答に応じてくれた。

(5) 結　論

　調査の結果、売掛金の譲渡・隠匿等の事実は判明しなかったが、主要な取引先の一部は事業停止の直前期、破産手続開始決定の数か月前に破産会社代表者の要望によって、破産会社との間で行っていた取引を親族の経営する新会社に付け替えて開始していたことが明らかとなった。事実上の事業譲渡と評価できる事実であったが、新会社から破産会社に対して対価の支払はなされていないことが判明した。

　そこで、管財人は税務署における調査の結果判明した営業利益を参考にして、親族の経営する新会社に破産財団への事業譲渡対価相当額の支払を求めた結果、新会社から一定額の支払を受けることができた。

【分析と検討】

　書類等の資料が少ない場合でも、上述のとおり税務署における調査を行ったり、取引先を訪問して事実関係の聴取りを行ったり、元従業員との人間関係を構築したりするなどにより、情報提供等の協力を得ることができるのである。したがって、破産管財業務の遂行においても、関係者とのコミュニケーションを地道に構築していくことが重要であることはいうまでもない。

〔コラム④〕

申立費用の源泉徴収

　法人である破産者（破産会社）の管財人は、その管財人報酬について源泉徴収義務を負いますが（最判平成23年1月14日民集65巻1号1頁、BASIC249頁）、法人が申立代理人に支払う申立費用についても、当該法人には源泉徴収義務があります。

　そのため、申立代理人としては、申立費用を受領する際には、源泉徴収分を控除した金額のみを受領しておき、破産会社にはその旨の記帳をしておきます。なお、弁護士法人に対する支払については源泉徴収の対象外ですので、控除する必要はありません。

2　売掛金・その他債権

【事例14】 将来の損害賠償を理由とする支払拒絶がなされた場合における多数の売掛債権の回収の工夫

製造業（キッチンメーカー）	破産財団	1000万円～
	債権者数	100名～
	処理結果	配当

【事例】

　キッチンメーカーである破産会社は、民事再生申立てを行い、同開始決定を得て民事再生手続を進めていたが、スポンサーより再生計画を立案するに足りるだけの支援を取り付けることができず、再生手続廃止決定を経て、破産手続開始に至った。破産会社は、商社、卸売業者等、多数の販売先があり、破産手続開始決定時点において200件以上の売掛金（大部分が民事再生手続開始後の取引に基づき発生）があったため、その回収作業を行った。

【問題点】

　将来の損害賠償債権を理由とする支払拒絶がなされた場合における多数の売掛債権の回収方法

【処理の経過と結果】

　破産手続開始決定後、経理担当者の協力を得て売掛先リストを作成し、請求書を送付した。売掛先からは種々の反対債権を主張されていたが、本事例で目立ったのは、売掛先が民事再生手続開始後に破産会社より仕入れた製品につき、破産会社にてアフターサービス（原則2年）ができなくなることにより生じる将来の損害賠償請求権（民再252Ⅵ・119により財団債権となる）の主張であった。売掛先の中には、上記損害賠償請求権を主張して売掛金全額の支払を拒絶する相手方があり、協議を要した。

　この点、将来の損害賠償請求権は未だ発生しておらず、管財人としてはあ

くまで売掛金全額の支払を求めて交渉すべきではあるものの（BASIC179頁）、本事例は、売掛先が多数であり、かつ、破産財団のかなりの部分を売掛債権が占める事案であったことから、破産管財業務の効率的な進行のため、まずは争いのない部分につき早期に回収をして破産財団に組み入れ、争いのある部分については後日個別に交渉しながら回収を図っていくこととした。具体的には、第一段階として、売掛先の主張する反対債権（民事再生手続開始後に破産会社より仕入れた製品につき、各売掛先が過去の取引実績に基づき独自に算出した将来のアフターサービスの）全額につき支払留保を認め、争いのない残額を回収した。そして、第二段階として、上記支払留保額につき、破産手続開始決定1年後をめどに協議することとし（アフターサービス期間は原則2年であったが、アフターサービスの対象事象の大部分は1年程度で現実化すると思われたことや、破産管財業務の早期処理の観点から、1年後をめどとした）、協議時点で現実化した損害を基に、必要に応じて裁判所の許可を得たうえで和解しながら、売掛先の損害を確定させ、残額を回収した。また、請求に対して反応がなかった売掛先に対しては、内容証明郵便にて催告書を送付し、それでも反応がない売掛先に対しては、裁判所の許可を得て、訴訟を提起し、回収を図った。訴訟案件のほとんどは、売掛先から反対債権の根拠資料の提示もしくは証拠提出を受け、根拠のある金額については減額を認める方向で裁判上の和解を成立させたが、判決を得て回収したものもあった。結局、破産手続開始決定後約2年で換価を終了した。

【分析と検討】

　管財人の事務処理量が多くなることが予想される事案では、早期に原則的な処理方針を決め、およそのタイムスケジュールを組んでいくことが重要である。本事例では、請求書を送付した段階で売掛先からの主張の概要をつかみ、二段階で処理するとの基本方針を決めたことで、段階的に、効率良く回収を図ることができた。また、第一段階で争いのない部分につき回収していったことにより、比較的早期に破産財団の規模の見極めをすることができ、他の破産管財業務を処理するうえでも有用であった。

【事例15】 債権譲渡がなされている診療報酬の換価における財団組入額

歯科医師	破産財団	100〜500万円
	債権者数	10〜50名
	処理結果	異時廃止

【事例】

　破産者は元歯科医院の開業医である(破産手続開始申立て前に廃業し、その後は勤務医をしている)。破産者は、歯科医院を経営していたときに、国民健康保険団体連合会(以下、「連合会」という)に対する診療報酬請求権および社会保険診療報酬支払基金(以下、「基金」という)に対する診療報酬請求権を譲渡担保に供しており、当該債権譲渡担保は確定日付ある通知により第三者対抗要件を具備していたが、歯科医院廃業前支払停止後の数か月の診療報酬につき請求書を提出していなかった。なお、債権譲渡担保についてその有効性、否認の問題は生じない事例であった。

　破産手続開始決定後に診療報酬請求書(レセプト)を作成・提出するには、破産者および管財人の協力が必要であり、その協力がなければ、譲渡担保権者としても回収ができないという事情があった。

【問題点】

　診療報酬請求権が債権譲渡担保に供され、第三者対抗要件も具備されているが、レセプトが提出されていないケースで、破産手続開始決定後にレセプトを作成・提出する場合、財団組入れを求めることの是非、財団組入れを求める場合の方法、財団組入額

【処理の経過と結果】

　譲渡担保権者が診療報酬からの回収を実現するには、破産者においてカルテを整理してレセプトと診療報酬明細書(以下、「明細書」という)を作成し、管財人も押印したレセプトを連合会および基金に提出する必要があった。

①担保不動産と異なり、譲渡担保権者側だけで額を確定する術がなく、かつレセプトに管財人の押印が必要であったこと、②破産者の協力を得てカルテを整理させレセプトと明細書を作成させるのに相当の手間を要する事例であり、そのことを譲渡担保権者もよくわかっていたこと、③診療報酬額がそれほど大きな金額ではなかったこと等から、譲渡担保権者と交渉し、回収額にかかわらず請求額の40％相当額の財団組入れを受けることを条件に請求手続を行った。なお、破産財団からの経費負担は特段なかった。

そして、診療報酬の支払は、譲受人である譲渡担保権者の銀行口座に対してなされることから、レセプトと明細書の提出前に、譲渡担保権者から請求額の40％相当額の拠出を受け破産財団に組み入れた。その際、譲渡担保権者との間で、①レセプトまたは明細書に不備等があり、支払額が請求した点数分に満たない場合でも、一切精算を行わないこと、②不備が形式上の軽微な不備で、かつ、当該不備を容易に訂正できる場合に限り、管財人は、当該不備を訂正したレセプトまたは明細書を再提出するが、これ以外の場合は、不備を訂正して再提出するなどの義務を一切負わないことについて合意した。

【分析と検討】────────────────────■

本事例は他の破産管財業務の進捗状況との関係で早期に診療報酬請求権の換価を完了させる必要があったため、譲渡担保権者との間で上記のような内容で合意のうえ、レセプト等の提出前にあらかじめ譲渡担保権者から財団組入れを受ける処理を行った。しかし、連合会および基金からの支払額が請求した点数分に満たない場合がありうることを考えると、時間に余裕がある事例においては、譲渡担保権者の協力を得て診療報酬の振込先を管財人口座に変更し、管財人口座に入金後に、あらかじめ合意していた割合による金額を譲渡担保権者に交付するといったスキームも考えられる。なお、破産財団の増殖も適正に行う必要があるので、不正請求になるようなものが一切含まれないよう注意する必要がある。この点に関し、本事例では、破産者には事実と相違のないレセプトと明細書を作成するよう指示を行った（譲渡担保の処理に関しては、BASIC260頁）。

【事例16】 青果物卸売業者の破産事件において、破産会社が同業者で構成される協同組合に対して有する債権の帰趨

青果物卸売業	破産財団	1000万円〜
	債権者数	50〜100名
	処理結果	配当

【事例】

　破産会社はある中央卸売市場において青果物卸売業を営み、市場を開設している地方公共団体（以下、「市場開設者」という）に保証金を預託していた。なお、卸売市場法15条１項で「中央卸売市場において卸売の業務を行なおうとする者は、農林水産大臣の許可を受けなければならない」と規定されていることを受けて、当該中央卸売市場の中央卸売市場業務規程【条例】（以下、「本規程」という）では、卸売業者は、当該許可を受けた日から１か月以内に市場開設者に対し保証金を預託しなければならないと規定されていた。かかる保証金は、市場開設者の卸売業者（破産会社）に対する使用料請求権等を担保する目的で預託され、市場開設者はかかる使用料請求権等につき、他の債権者に優先して保証金を充当することができる旨が本規程に定められていた。

　そして、保証金の市場開設者の使用料請求権等の充当後は、卸売業者に対して中央市場における卸売のための販売または販売の委託をした者が、当該販売または販売の委託による債権に関し、保証金の残額について、他の債権者に先立って弁済を受ける権利を有する旨、同じく本規程に定められている。

　中央卸売市場内においては、協同組合が結成され、破産会社は、協同組合に対して、組合出資金や仲間取引積立金等（以下、「組合出資金等」という）につきそれぞれ返還請求権を有していたが、一方で、協同組合も破産会社に対して仲間取引金や仲間取引精算手数料等の支払請求権（以下、「反対債権」と

いう）を有していた。なお、仲間取引とは卸売業者間の取引のことをいう。

【問題点】
破産会社の協同組合に対する組合出資金等の回収の可否（BASIC95頁）

【処理の経過と結果】
協同組合が「卸売業者に対して中央市場における卸売のための販売または販売の委託をした者」に該当することから、協同組合は、当該販売または販売の委託による債権に関し、保証金の残額について、他の債権者に先立って弁済を受ける権利を有する。このため、破産会社が受領するべき保証金の残額は市場開設者から協同組合に支払われ、協同組合は当該保証金の残額について他の債権者に先立って弁済を受けることができるという一種の特別の先取特権を有すると解される。協同組合が、これを優先して充当した結果、破産会社は市場開設者に対して預託した保証金の残額の返還を受けられないこととなった。そして、破産会社は協同組合に対して組合出資金等の返還請求権を有していたが、協同組合が破産会社に対してこれを上回る反対債権を有していたことから、組合出資金等返還請求権も相殺により回収不能となった。

【分析と検討】
最終的に、卸売業者（破産会社）の協同組合に対する債権については相殺により回収することはできなかったが、中でも卸売業者（破産会社）が市場開設者に預託した保証金が、協同組合の卸売業者（破産会社）に対する債権をも担保する（他の債権者に先立って弁済を受ける権利を有する）ものであることについては、関係者から事情を聴取するとともに、関係各規程についても十分に精査することが必要である。なお、各卸売市場の開設者は、卸売市場法に基づき業務規程を定めている。また、市場開設者と協同組合との間における契約関係がどのようになっているのかという点や、破産会社と市場開設者との間における債権債務および破産会社と協同組合との間における債権債務それぞれについて、内容をきちんと把握する必要があり、卸売業者については、組合員間の取引（仲間取引）等特殊な取引形態もあるためそのつど取引形態等を理解することが必要である。

下請法違反の疑いがある売掛金額からの継続的な控除について、過去5年間分について親事業者に対して相当額の返還を請求した事例

	破産財団	100〜500万円
製造業（ポンプ・圧縮機器製造業）	債権者数	10〜50名
	処理結果	異時廃止

【事例】

　破産会社は、長年にわたって下請事業者として各取引先から製造委託を受けていたところ、管財人において、破産に至る経緯や未回収の売掛金の有無を聴取した際に（BASIC165頁）、代表者から、破産会社の請求額から毎月何らかの控除がなされており、請求書記載額のとおりには支払われていなかった旨の説明がなされた（BASIC165頁）。

　なお、申立書には、売掛金はすべて回収済みと記載されており、代表者および申立代理人もその認識であったが、各取引先による控除の理由についての代表者の説明は要領を得ないものであった。

【問題点】

　下請法違反がある取引の処理方法

【処理の経過と結果】

　破産会社には、各取引先宛の請求書控えを除き、発注書や支払明細書はほとんど残されておらず、手持資料では全取引を精査することは不可能であったが、趣旨不明な控除が継続的になされていることは確認できた。

　そこで、管財人において、可及的速やかに消滅時効を中断する必要性も踏まえて、取り急ぎ、早期に引継ぎを受けた直近2年分の売掛金額と入金額の差額を集計し、親事業者（下請法2Ⅶ）2社に対してその差額分が未払であるとして支払を請求するとともに、未払理由について照会を行った。

　うち1社の回答では、同社、破産会社および金融機関の三者間によるファ

クタリング（下請事業者が下請代金債権を金融機関に譲渡のうえ、金融機関から、請負契約上の支払期日前に当該下請代金相当額の支払を受ける方法）に基づく期日前割引による控除であるとのことであり、支払期日および割引率等の諸条件について下請法違反（同法4Ⅰ②、4Ⅰ③）は見当たらなかった。

もう1社については、かつて手形払から現金払に変更した際に、一定率を控除することを合意したことおよび振込手数料として一律840円を控除しているだけであること等の回答がなされたが、下請法違反（同法4Ⅰ③）の疑いが強い状況であった（平成15年12月11日公正取引委員会事務総長通達第18号「下請代金支払遅延等防止法に関する運用基準」）。

そこで、管財人はあらためて、同社との取引を過去5年間にさかのぼって精査のうえ、①現金歩引き分の全額（なお、上記運用基準第4の3では、親事業者の短期調達金利相当額を超える額を控除することが禁止されているが、あらかじめ同金利相当額を計算することは困難である）、②特段の合意なく控除された振込手数料相当額、③「協力値引き」等の名目による根拠薄弱な控除額を集計し、合計約210万円の支払を請求した。また、同社の不合理な反論も予想されたため、同時に、中小企業庁宛に下請法違反の疑いのある取引として報告した。後日、同社は下請法上の不備を認めたうえで、一定の減額を求めてきたことから、請求額の約90％にて和解した。

【分析と検討】━━━━━━━━━━━━━━━━━━━━━━━━■

親事業者が何らの合意なく下請代金額から控除したものの、控除につき双方の合意がある場合には、下請法違反（同法4Ⅰ③）に該当するというだけで直ちに同合意が無効となるわけではなく、その不当性が強いときに公序良俗違反として無効となり得るとされている（東京地判平成22年5月12日判タ1363号127頁、東京地判昭和63年7月6日判時1309号109頁）。

そのため、管財人としては、合意の有無と下請法違反の該当性のみならず、その不当性の程度についても立証可能性を検討のうえ、柔軟な解決も念頭において親事業者との交渉に当たることが必要である。

【事例18】 海外取引先からの売掛金回収(元従業員を活用して売掛金の回収に成功した事例)

船舶用資材卸業	破産財団	1000万円～
	債権者数	10～50名
	処理結果	配当

【事例】

　破産会社は、いずれもインド共和国に本拠を有するA社およびB社と取引をしていた。

　破産会社、A社およびB社の関係・取引状況は以下のとおりである。

① 　B社からA社に対して石油プラント金属製部品の購入を目的とする見積りの依頼(当該部品をいくらで調達することができるかについての調査依頼)がなされ、A社は、破産会社の見積り金額(たとえば、100万円)に自らのマージンを上乗せした金額(たとえば、130万円)を(A社ではなく)破産会社の見積金額として、破産会社名の見積書を作成してB社に対して回答(見積書を送付)し、交渉を経て売買代金額が決定されていた。なお、この過程に破産会社は関与しない。

　　その結果、B社は、上記のとおり、決められた条件で石油プラント金属製部品の発注書をA社に送付し、A社からこれを受けた破産会社は、発注書に記載された石油プラント金属製部品を直接B社へ納品する。

② 　B社は、上記のとおり、決定された売買代金額を破産会社に送金する。

③ 　破産会社は、上記のとおり、回答した見積金額を控除した残額(A社のマージン相当額)をA社に送金する。

　管財人が破産会社元従業員より事情を聴取したところ、破産手続開始決定時において、破産会社はB社に対して約1000万円の売掛金債権を有していることが判明した。そして、かかる売掛金を回収した場合には、後に支払わなければならないA社のマージンが約335万円であることもあわせて判明した。

しかし、破産会社はＢ社に対して直接コンタクトをとることができないため、Ｂ社から上記売掛金を回収するためには、Ａ社よりＢ社に破産会社への支払を働き掛けてもらわなければならないことも判明した。また、Ａ社にかかる働き掛けをしてもらう場合には、Ａ社は同社が破産会社に対して有しているマージン相当額合計約800万円の支払を求めてくることが必至の状況であった。

【問題点】

　従前の経過から直接コンタクトをとることが困難な海外取引先からいかにして売掛金を回収するべきか（BASIC169頁）

【処理の経過と結果】

　本事例では当該取引先と今まで直接コンタクトをとったことがないという特殊な事情があった。一方で、取引を仲介していたＡ社に協力を求めたいところであるが、そのためにはＡ社の破産債権を（一部）弁済する必要があるとのジレンマに陥っていた。

　管財人としては、上記売掛金を回収するべく、Ａ社に対して、Ｂ社から破産会社への支払につき何とか働き掛けてもらうよう交渉する必要があったため、管財人は、その意向をＡ社に伝えるべく、Ａ社とも伝手のある破産会社元従業員に通訳業務等を依頼し、Ａ社と交渉することにした。すなわち、Ａ社が破産会社に対して有するマージン相当額の支払請求権のうち、約465万円は今般の上記売掛金の回収とは無関係であり、破産手続開始時点においてすでに発生していたものであるから破産債権であると考えられるところ、Ａ社はこれについての支払も要求していた。もっとも、上記売掛金の回収のためにはＡ社の協力は必要不可欠であったため、管財人としては、上記売掛金を回収するのに必要な約335万円に若干金額を上乗せした360万円をＢ社からの入金後２週間以内に支払うことを約束する代わりに、Ｂ社から破産会社へ約1000万円を支払うよう働き掛けることおよびＡ社が破産会社からかかる360万円を受領した場合には、Ａ社の破産会社に対するその余の請求権を放棄することを求めた。

その結果、A社は、管財人の求めた上記条件を承諾する旨の回答をしてきた。

　以上の次第で、B社から売掛金約1000万円を回収するために、A社に対して同売掛金が入金された後2週間以内に360万円を支払うことにつき、裁判所の許可を得て、無事に売掛金を回収することができた。

【分析と検討】

　海外取引先と直接コンタクトをとることが困難であっても、取引先と伝手のある元従業員を上手く活用することで、コンタクトが可能となることもある。

　また、海外取引先の場合、管財人口座への入金については説明を要するため、従前の破産会社名義の口座を使用するほうが早期かつ確実に破産財団の増殖を図ることができる。

　なお、元従業員とは、管財人が破産会社の海外取引先から売掛金回収を行うにつき必要な補助業務（海外取引先の担当者および連絡先の調査、過去の取引状況の調査等）、管財人が海外取引先とやりとりをする際の通訳・翻訳等の業務およびその他、管財人が依頼し元従業員がこれに同意した事項を業務内容とする業務委託契約を締結して、破産手続開始決定後に管財人補助業務を行ってもらった。特に、海外取引先については、管財人が売掛金回収の交渉をするよりも、従前の信頼関係を利用して元従業員に委託したほうが早期かつ確実に売掛金を回収することができる事例も多いように思われる。

【事例19】 海外（アフリカ・中近東）の売掛先からの売掛金回収と在庫商品の換価

貿易商社	破産財団	500～1000万円
	債権者数	10～50名
	処理結果	異時廃止

【事例】

破産会社は貿易商社であり、日本国内メーカーの自動車、建設用機械等をアフリカ・中近東諸国に輸出していたため、アフリカ・中近東諸国の会社に対する売掛債権を保有していた。

また、機械部品をメーカーから仕入れて、これをアフリカ諸国に出荷しようと準備していたところで、破産手続が開始したため、同部品を在庫として抱える状態になったが、日本国内では需要の乏しい機械部品であった。

【問題点】

(1) アフリカ・中近東諸国への売掛金（3件：日本円にして合計約1500万円）をどのように回収するか

(2) 日本国内で需要の乏しい機械部品（仕入での簿価は500万円）をどのように換価するか

【処理の経過と結果】

(1) 売掛金の回収

破産会社の元従業員で当該売掛先の担当だった者に協力を求め、まずは、元従業員から売掛先に連絡をとってもらった（BASIC169頁）。しかし、破産会社に破産手続が開始したことを知った売掛先からは一切反応がなく、その後も管財人からメールや電話で連絡をとるも、返事すらなく回収手段がなくなった。

そこで、日本国内のサービサーに売掛債権の買取りを打診したが、国外の債権であって回収コストが高くつくこと等から、買取りは拒絶された。

【事例19】

　また、破産者が貿易保険に加入していたことが判明したため、売掛先からの回収不能（信用危険）を理由に保険金を請求できないか検討したものの、貿易保険の運用上、保険金の支払を受けるためには保険契約者（管財人）側で一定の回収努力を行った事実を保険会社に主張する必要があり、求められる回収努力の程度は破産管財業務としては困難なものであった。
　そこで、売掛先各国の訴訟制度を調べ、法的にも回収可能性が乏しいことを確認して、裁判所から許可を得て、破産財団から当該売掛債権を放棄した。

(2)　在庫の換価

　在庫は、出荷を控えていたため港近くの倉庫で保管されており、倉庫業者に破産手続開始後もその保管状態を継続してもらった。
　まず、当初の出荷先（アフリカ）に輸出することを検討したが、1コンテナを埋めるほどの物量はなく運送費が高くつくこと、また関税事務手続等でもコストを要すること、代金の回収リスクがあること等から、当初の出荷先に輸出することは現実的ではないと考えられた。
　他方で、当初の出荷先が当該在庫のメーカーに対して破産会社から納品がないと苦情申入れをしたため、当該メーカーより売却への協力の申入れがあった。そこで、【破産会社→メーカー→出荷先】という商流での処理ができないか協議したものの、結果として、調整が折り合わず頓挫した。
　この状況で、国内の需要もなく換価に困っていたところ、当初の出荷先と取引を開始しようと考えていた日本国内の商社（破産会社の元従業員の転職先であったため、当該出荷先の情報も有していたようである）が、営業上の観点から、【破産会社→当該商社→当初の出荷先】という商流を前提に在庫の買取りを申し入れてきた。
　そこで、価格につき協議をした結果、仕入価格の約4割で売却することとなった。なお、価格の検討にあっては、機械部品であるにもかかわらずメーカー保証が期限切れであること、仕入れてから1年近く経過しており機械部品の性能について不確かであること（破産手続開始時点において荷積みのためにすでに段ボール数箱に梱包されていたところ、これを解いて検品することもなく現

状有姿で納品することを受け入れてもらった）、廃棄費用や国外へ売却するためのコスト等を勘案した。なお、倉庫業者への保管料金は、破産債権部分も含めて、それを被担保債権とする商事留置権の成立が認められるため（商521）、売買代金から優先して保管料金を支払って受戻しをした。

【分析と検討】━━━━━━━━━━━━━━━━━━━━━━━━━━━━■

　海外の売掛金については、言語の問題に加えて、渡航コストや国ごとの破産手続に対する理解の違い等があり、回収の難易度も事案によって異なると考えられる。また、管財人として、どこまでコスト（費用、時間、手間）をかけるかの判断も難しいところである。このような海外の売掛金回収においては、本事例では奏功しなかったものの、まずは売掛先について熟知している元従業員の協力を得ることが重要であろう。また、国外取引の場合には、貿易保険に加入している場合もあるため、その加入の有無、保険金請求の検討も必要である。

　次に、在庫については、販路が限定されていればいるほど、反対にエンドユーザーの購入意欲が強く、また、取扱いが少ない商品であればプレイヤーも少なく見知った中で引き合いがある場合もあるため、メーカー、他の商社等その市場の関係者も換価先の対象として、売却活動を行うことが有益といえよう（BASIC184頁参照）。

【事例20】

【事例20】 破産した海外取引先についての破産債権の届出と処理

貿易商社	破産財団	100～500万円
	債権者数	10～50名
	処理結果	異時廃止

【事例】

　破産会社は、外国製生活用品の輸出入業者であり、ヨーロッパの生活用品の販売会社に対して、約6万2000ユーロ（当時約800万円）の売掛債権を有していたところ、当該会社が倒産し、破産債権の届出をするよう通知がなされてきた。そこで、当該会社の破産裁判所（チェコ共和国裁判所）に対して、破産債権として売掛債権の届出を行うことを検討した。

【問題点】

(1) 破産財団に属する債権の行使先である海外の取引先が倒産した場合、外国の破産手続上の破産債権の届出方法
(2) 海外の破産手続の進行状況の確認方法と届出債権の処理

【処理の経過と結果】

(1) **破産債権の届出書の送付**

　本事例では、通知書はチェコ語であったが、当初は、破産会社の関係者を通じて英語翻訳を無償で依頼することで内容を確認できた。通知書には、届出書取得方法、届出締切日（通知書受領から30日以内）、届出書提出先住所、チェコ語で証拠書類を翻訳して提出すること等の要件が記載されてあった。そこで、記載に従い、裁判所のウェブサイトから債権届出書を入手し、航空便で書類を送付した。送付した書類は、①所定の債権届出書（住所・氏名・債権額記入）、②債権の存在を基礎づける書類一式（英語）、③破産手続開始決定日本語版およびその英語訳（費用対効果の観点から、とりあえず英語版を送付した）。

(2) 破産手続の進行状況の確認方法と最終処理

　日本の破産事件については6か月程度で換価が終了した。他方、チェコ共和国裁判所からはその後何らの連絡もないままに経過し、届出債権の処理を検討するため、同国での破産手続の進行状況を確認する必要があった。

　この点、まず、チェコ共和国裁判所からの通知書に記載されていたメールアドレス宛に英語でメールでの問合せを行ったが、何らの回答はなかった。そこで、チェコ共和国裁判所のウェブサイトの手続の照会ページに破産者の名前を入力して、当該破産手続の進行状況を確認した。ウェブサイトはチェコ語であったが、ネット上の翻訳機能を利用して読み取ったところ、当該破産手続は続行中で、破産財団に属する資産の換価中であるとの情報が報告されていた。報告状況からは換価がまだまだ継続する様子であり、将来の配当可能性も不確定で、通常、倒産により多額な配当は期待しづらいことから、日本の裁判所とも相談のうえ、チェコ共和国裁判所に届出した当該売掛債権は換価困難なものとして、許可を得て破産財団から放棄し、換価を終了した。チェコ共和国裁判所宛には放棄する旨の英文の手紙を念のために送付して処理を完了した。

【分析と検討】

　海外の裁判所の破産手続に参加するためには、現地法に基づき、現地の言語で手続をする必要があるところ、現地の弁護士等に協力を得て適正確実な届出をすることができればよいが、回収可能性や破産財団の状況からそのような対応をとれないことも考えられる。そこで、単純な債権であれば、ネット上の無償の翻訳機能を駆使するなどして届出を試みるのも一つであろう。海外の裁判所では、ウェブサイトから債権届出書類を得たり、破産手続の参加に必要な情報を得たりすることが可能な場合もある。

　海外の裁判所への債権届出をどこまで費用をかけて正式に行うかは債権額、配当可能性等の事情によるが、一定の配当が見込まれる場合には、正式に届出手続を行い、届出債権を債権回収会社等に債権譲渡する方法により換価を図ることも考えられる。

3 不動産

【事例21】 売却困難な不動産の換価と放棄（離島）

自然人	破産財団	～100万円
	債権者数	10～50名
	処理結果	異時廃止

【事例】

　破産者は、その郷里である離島に土地（宅地、固定資産評価額約70万円、担保権未設定）を所有していた。当該土地は流通性に乏しく、通常の方法では売却が困難と思われた。

【問題点】

　流通性に乏しく、遠方にある不動産の換価をどのようにして行うか

【処理の経過と結果】

(1) 換価の可能性の有無（およびその方法）

　本事例の破産者は自然人であり、当該物件を破産財団から放棄すると破産者に帰属してしまうことになる。しかも、当該物件には担保権が設定されていなかったため、破産財団からの放棄は、それが、破産者に帰属することになる点で、債権者の理解を得られにくいこともあり、いかに売却困難とはいえ、このような事態は可能な限り避けるべきと考えられた。

　まず、破産者に対し、親族等から援助を受けるなどして当該物件を買い取る意向がないか確認したところ、破産者は、郷里に戻る予定はなく、買い取るつもりはないとのことであったため、第三者への売却を検討することとした。

　そこで、現地を地盤とするすべての不動産業者（4社）に対して、当該物件の売却について打診を行ったが、いずれの業者からも「無償でも必要ない」

との消極的な回答がなされた。

そのため、破産者の了解を得たうえで、近隣の住民（ほとんどの者が破産者の親族であった）に売却を打診したところ、当該物件の隣接地に住む破産者の親族が、買取りの意向を有していることが判明し、同人と売却交渉を行うこととなった。

(2) 売却価額の決定

当該物件の買取りの意向を有している破産者の親族自身は無資力であったが、別の親族が購入資金を貸し付けてくれることとなり、同人との間で売却価額について交渉を行った。当初は、固定資産評価額（約70万円）程度での売却の提案を行ったが、資金の準備が困難とのことで、最終的に、約40万円で売却することで合意した。

換価にあたっては、できる限り高額で売却することが望ましいのは当然だが、当該不動産を破産財団から放棄し、それが自然人である破産者に帰属してしまうという帰結は避けるべきであることからすると、売却価額の多寡にこだわり過ぎることなく、換価を優先すべき場合もあると考えた。また、上記の不動産業者への売却活動の結果からすれば、上記売却価格は特段、廉価ではないと考えた。

そこで、裁判所の売却許可を得て、当該物件を売却し、その代金を破産財団に組み入れた。

【分析と検討】━━━━━━━━━━━━━━━━━━━━━━━━━■

一見すると売却が困難と思われる流通性の乏しい不動産であっても、隣接地の所有者等利害関係を有すると思われる者に直接打診するなど、工夫次第では売却が可能となる場合もあるので、さまざまな方法を試してみることが重要である（BASIC141頁）。

やむなく破産財団から放棄する場合には、破産者に一定額を財団組入れしてもらうことを検討すべきとされているが、破産者に財団組入れをするだけの資力のない場合には、管財人が隣接地所有者に購入を打診するなど積極的に不動産の売却先を探す努力をすべきであると考える。

【事例22】 売却困難な不動産の換価と放棄（別荘地）

小売業（衣料品販売業）	破産財団	～100万円
	債権者数	10～50名
	処理結果	異時廃止

【事例】

　破産会社は遠方にある土地（別荘地、固定資産評価額約200万円）を所有していた。当該土地は、分譲別荘地のエリア内にあったが、造成されておらず、原野のままの状態であった。また、当該土地には担保権は設定されていなかったものの、市の滞納処分による差押えがなされていた。

【問題点】

　流通性に乏しく、遠方にある不動産の換価をどのようにして行うか

【処理の経過と結果】

(1) 換価の可能性の有無（およびその方法）

　現地の不動産業者に対し、当該物件の情報を提供して売却の可能性を尋ねたが、関心を示す業者は皆無であり、また、当該物件を含む別荘地の管理会社にも断られた。

　ところで、当該土地については、破産会社が多額の固定資産税を滞納していたため、破産手続開始決定前から市が滞納処分による公売手続を何度も実施しており、見積金額は徐々に減額されていったが、結局、買受人が現れる気配はなかった。

　そのため、当該物件は売却困難と判断し、固定資産税の増加の防止および破産手続の早期終了のため、裁判所の許可を得て、破産財団から放棄した（BASIC150頁）。

(2) 放棄後の事情

　ところが、破産手続廃止から約2年経ったころ、市から、当該物件の購入

希望者が現れたので、滞納処分に基づき換価処分をしたいがどのようにしたらよいか、という問合せがあった。

そこで、市に対し、破産会社について裁判所に清算人の選任を申し立てたうえで換価処分する方法があることを説明したところ、市から清算人選任申立てがなされ、元管財人が清算人に選任された。

清算人選任後、市は、清算会社となった破産会社を相手として、当該物件について滞納処分に基づく随意契約による売却(国税徴収法109)を行うことになり、結果、当該物件は約190万円で売却され、代金は、滞納処分費および滞納による徴収として市に配当された。

これによって、予定されていた清算事務は終了したため、裁判所により清算人選任決定が取り消され(非訟事件手続法59Ⅰ)、清算手続は終了した。

【分析と検討】

不動産を破産財団から放棄した場合、当該不動産は破産者に帰属することになるが、破産者が法人である場合と自然人である場合とで、その後の状況が大きく異なる。

まず、破産者が法人の場合には、破産手続開始前の破産者と取締役との委任契約は破産手続開始によって終了するため(民653②)、破産者には代表者が存在しないことになり、そのままでは当該不動産を処分することができず、裁判所に清算人の選任申立てをする必要がある(会478Ⅱ)。もっとも、当該不動産について担保権実行に基づく不動産競売手続がなされる場合には、実務上、清算人選任までは必要なく、担保権者による特別代理人の選任申立てによって対応がなされている。

次に、破産者が自然人の場合には、特に制限なく、破産者自身が当該不動産の管理処分を行うことができるようになるが、特に当該不動産に担保権が設定されていない場合には、このような結果が妥当なものといえるかは疑問があり、可能な限り破産財団からの放棄は避けるべきと考える。

やむを得ず、破産財団からの放棄をする場合には、破産者に一定額の財団組入れをしてもらうことで放棄することを検討すべきであろう。

【事例23】 多数の残余地等の換価処分

不動産業（宅地開発・宅地建物分譲業）	破産財団	1000万円〜
	債権者数	100名〜
	処理結果	配当

【事例】

破産会社は、申立て時の財産目録に記載されたものだけで数百筆の土地を所有しており、管財人が各自治体の固定資産課税台帳を取得したところ、さらに数十筆の破産会社所有の土地が発見された。また、そのうちには過去に宅地を造成した際に生じ、破産会社名義のままとなっていた①分譲地内の道路（自治体に移管されないままの私道）、②宅地と宅地の間に通された里道、③地下水等を排水するために作られた水路、④擁壁、⑤ゴミステーション用地、⑥水道供給施設用地、⑦宅地と宅地の間や、宅地と道路の間に残された狭小な残余地（ヘタ地）等が100筆以上残っていた。

【問題点】

私道や擁壁、ヘタ地等の処分困難な土地をいかにして換価するべきか

【処理の経過と結果】

(1) 所有不動産の特定

破産会社がこれまでに宅地造成・宅地建物分譲を行ったことのある自治体すべてから固定資産課税台帳を取り寄せ、破産会社の所有不動産を特定した。公衆用道路となっている私有地は非課税であるから、課税通知書から特定することができないため、固定資産課税台帳からこれを特定する必要があった。

(2) 所有不動産の場所の特定

次に、所有不動産すべての地図（旧土地台帳付属地図等）を入手し、形状と位置関係を調査した。そのうえで、単独での利用価値のない土地（私道、里道、水路、ヘタ地等）については、隣接する土地の登記情報を入手し、隣接地

の登記上の所有者に購入を打診する文書を送付した。

(3) **自治体への寄付の可否の調査**

(2)と並行して、自治体の道路管理課等と連絡をとり、私道等を自治体に寄付することの可否を確認した。袋地となっている私道やゴミステーションであっても寄付を受ける自治体もある一方、厳格な運用基準に合致しなければ一切寄付を受け付けない自治体もあった。

(4) **現地確認・隣接地等の所有者への説明**

購入打診の文書をみて連絡のあった隣接地所有者等から順次現地を訪問し、土地の形状や利用状況を確認した。分譲地内の道路の大部分が破産会社名義の私道のまま残っている地域等は、関係者の関心が高いため、説明会を開催し、地域のどの部分が破産会社所有の土地であるか、土地が破産会社名義のまま破産手続が終了してしまった場合のデメリット（私道であれば掘削の必要が生じた際に所有者の同意が必要となるが、破産手続が終了した場合、その同意の取得が困難となること、擁壁や水路の補修が必要となった場合の手続上の問題、破産手続終了後購入する場合は清算人選任が必要となること等）、土地を購入する場合の手続等を説明した。

(5) **処理結果**

大部分のヘタ地については、隣接地所有者、あるいは、自治会が設立した地縁団体に固定資産評価額程度で売却することができた。購入希望者がなく、自治体への寄付が可能な土地については、自治体への無償寄付を行った。その余の土地については、やむを得ず破産財団から放棄した（BASIC150頁）。

【分析と検討】━━━━━━━━━━━━━━━━━━━━━━━━━━■

処分が困難であると思われる土地であっても、隣接地所有者や地域の自治会等、粘り強く購入者を探すことで土地を処分することができ、また、現地の形状や利用状況をみることで、購入可能性のある者についてヒントを得られることもある。

【事例24】 市場性に乏しい市街化調整区域内の農地等について、ソーラー事業者への売却によって処理した事例

製造業	破産財団	1000万円〜
	債権者数	10〜50名
	処理結果	配当

【事例】

　破産会社は建築資材の製造業を営んでおり、代表者とともに破産手続開始決定を受けたが、破産会社および代表者名義で数県に跨り資材置き場として広大な土地を複数所有していた。

　しかし、これらの土地はいずれも辺境地に所在する市街化調整区域内の雑種地や農地であり、新たに建物を建築することも困難であって、商業施設や駐車場、住宅地としての利用価値はなく、通常であれば任意売却が困難な土地であった。

【問題点】

　一般的に任意売却が困難と思われる辺境地の市街化調整区域内の雑種地や農地等の売却方法

【処理の経過と結果】

　ここ数年、地方では太陽光発電施設（以下、「ソーラー施設」という）を見かけることが増えたので、ソーラー発電売電事業を行っている事業会社であれば辺境地の市街化調整区域内の土地であっても購入の可能性があるのではないかと考えた。

　そこで、管財人においてソーラー事業会社数社に聴取りを行った結果、ソーラー施設を設置するための土地は、必ずしも事業会社の本社付近の土地でなければならないというわけではなく、購入代金等の投資額と売電による収入との兼ね合いで利益が出ると判断すれば遠隔地の土地であっても積極的に購入しているとのことであった。

本事例においては、どのような土地がソーラー発電用地として適当と判断されるかの判断要素が問題となり、また、適当な土地であったとしても、管財人としていかなる手続が必要となるかを把握しておく必要が生じた。

管財人は、下記のとおり検討して土地の任意売却を行った。

① まず、ソーラー発電システムは通常建物には該当しないため、当該土地が市街化調整区域内にあることは特段問題とならないと思われた。

なお、当該土地が農地であった場合でも、農地転用手続を行うことにより売買をすることが可能である。ただし、農地のうち、第1種農地（10ha以上の規模の一団の農地、土地改良事業等の対象となった農地等良好な営農条件を備えている農地等）の場合には、ほとんど農地転用が認められることがなく売却の対象となりにくいため、注意が必要である。

また、一般的には買手が現れにくい傾斜地でも、地盤に問題がなく南向きであれば、むしろ条件は良いことになる。

その他の注意点としては、付近に送電線網がない場合には、発電しても売電できず、付近にソーラー施設が多く存在している場合には、電気事業者の受け入れのキャパシティを超えているとの理由で、接続拒否をされることがあるなど、ソーラー発電用地として売却にあたっては当事業特有の観点での検討が必要となる。

② ソーラー発電による発電売電事業を行うには、農地の場合は農業委員会の許可ないし届出が必要となり、国（経済産業省）に対して設備認定の申請を行って設備認定を得る必要があり、電気事業者（電力会社）へ接続契約および特定契約の申込みを行い、電気事業者と契約締結をする必要があるなど各種手続が必要となる。

すでにソーラー発電売電事業を行っている事業会社はその手続に精通しているので、管財人としては土地の売買代金の交渉を行えば足りる。しかし、買受希望はあるが、経験がなく、申請手続に精通していない買受人候補については、これらの手続を正確かつ迅速に行うことは困難であるから注意が必要である。

なお、管財人として売買契約書を作成する際には、停止条件として裁判所の許可に加え、農地の場合は農業委員会の許可があること、国（経済産業省）から設備認定を得ること等を停止条件とする旨の条項も付加することを求められることがあるので注意が必要である（BASIC147頁）。再生可能エネルギー買取制度の開始に伴い、ソーラー発電事業という新規ビジネスが興隆したおかげで、これまで売却困難、放棄やむなしと考えられていた土地について任意売却をして、財産組入れができる可能性が増してきている。

しかし、近時、売電価格が著しく低下しており、ソーラー事業のための土地売買が低調となっている。また、電気事業者によっては、設備の許容量の限界等を理由に接続を拒否する事例も発生しているので、電気事業者各社の対応にも注意が必要である。

当該土地の価格については、固定資産評価額以下となる場合も多いと思われるが、ソーラー事業者への売却以外に買い手が現れる可能性が極めて低いことを、抵当権者である金融機関や裁判所に理解してもらい、金融機関の同意や裁判所の許可を得ることも必要となることもある。

【分析と検討】

土地取得の前提となる各種手続にどれくらいの期間が必要かは一概にいえないため、ある案件について迅速に手続が進捗したからといって、他の案件においても同様の期間で手続が進捗するとは限らない。

このため、ある事例を念頭において処理期間を想定していたところ、他の案件について想定していたより手続等に時間がかかり、売買交渉が中止になりそうになったこともあった。

また、取引の決済までに予想外の時間がかかると、予定している財産の換価終了時期にも影響することになるので、その点の注意も必要である。

【事例25】 農地の売却方法について、農業委員会の許可を条件とする売買および仮登記で処理した事例

自然人	破産財団	100〜500万円
	債権者数	〜10名
	処理結果	配当

【事例】

　破産者は親族の経営する会社の事業資金の借入れについて、多額の保証債務を負って破産申立てを行った。破産者が共有持分3分の1を有する土地3筆・建物1棟が存在したが、同土地の登記上地目が農地（いずれも「田」）であったため、農地の売却について問題となった。

【問題点】

　登記上地目は農地であるが、長年現況が宅地となっている土地の売却方法

【処理の経過と結果】

　土地・建物については、実質的な評価額が低額であったため、共有者に買い取ってもらう方向で概ねの合意を得ることができた（BASIC134頁）。

　もっとも、土地の登記上の地目が農地であるため、共有者であっても、所有権移転には農業委員会の許可（農地法3Ⅰ）が必要となるが、購入予定者である共有者自身は他に農地を所有していなかったため、農地の売却としては農業委員会の許可が見込まれない状況であった。

　ただ、同農地上には相当古い建物（工場）が建っており、現況は長年宅地となっていた。そこで、農業委員会と協議をして地目変更が可能であることを事実上確認し、裁判所の許可を得て、農業委員会の地目変更の許可を条件とした売買契約を締結して仮登記で処理することとなった。

　なお、農業委員会との協議において、地目が「田」となっている土地上に、どのような経緯で工場が建設されたのかについての説明文書を提出することを求められた。管財人の調査によれば、工場建設の経緯としては、地元の土

地開発の際に、ため池が埋め立てられ、田である当該土地へ水が引けない状況になったため、当該土地の有効活用をすべく、破産者の亡父が農業委員会と相談のうえで地目変更せずに工場を建設したとのことであった。このため、管財人にて事前に農業委員会との調整をしたうえで、破産者およびその兄弟らにより作成された上記経緯の説明文書を農業委員会に提出した。

また、売買契約書上は、農業委員会の許可が必要であることの確認をするとともに、代金の支払をもって所有権移転の仮登記手続を行い、これらが終了した後の協力義務として、地目変更および本登記手続を行うこととした。

その後、売買代金を破産財団に組み入れるとともに、仮登記手続を行い、これと並行して地目変更手続の申請を行った。

【分析と検討】

時間的余裕がある場合は、地目変更手続を先行させてから売買契約を締結して、登記手続をすればよいが、同地域では農業委員会が月1回の開催であったため、条件付き売買および仮登記という形をとることとなった。

ケースごとに異なる処理にはなろうかと思うが、本事例では、上記事情のほか、他の財産の換価状況や配当予定、破産手続の進行状況等を考慮のうえ、仮登記手続で進めることとなった。

なお、売却対象の農地が農業振興地域等の指定を受けている地域に属する場合は、原則として地目変更の許可がおりないため、長年農地として機能していないようなケースでは、農業委員会で「非農地証明」をとって、農地法上の「農地」から外して売却することも考えられよう。「非農地証明」は、農地法施行日（昭和27年10月21日）よりも前から非農地であった土地や、同施行日以降に農地であった土地でも耕作不適等のやむを得ない事情によって10年以上耕作放棄された等農地への復旧ができないと認められる土地等、対象土地について制限がある。ただし、「非農地証明」の運用については、各地の農業委員会で異なる可能性もあるため、農業委員会における事前の確認が必要である。

破産者の父名義の借地権付き建物を地主に売却することにより配当を実現した事例

製造業（金属加工業）	破産財団	1000万円～
	債権者数	10～50名
	処理結果	配当

【事例】

　破産者が建物賃料を収受していた借地上の建物（以下、「本建物」という）につき、申立書添付の不動産目録および申立代理人作成の上申書において、本建物は未登記であって、破産者の亡父の遺産であり、かつその分割協議が未了であるとの説明がなされていた。ところが、管財人が調査したところ、破産者の亡父が借地上に建築した建物について、父の死亡後、破産者が、他の兄弟の了解を得て（なお、他の兄弟は遠方にて生活していた）、同建物の賃料を収受することになり、その後、10年以上にわたって、賃料を収受しているという事実が確認された。そこで遺産分割協議書は存在しないが、本建物については、すでに、遺産分割がなされ、破産者の所有に属していると判断できるのではないかが問題となった。

【問題点】

(1)　申立代理人が遺産分割協議未了であると説明する建物につき破産者の所有であることをどのように認定して整理するか

(2)　借地権付き建物（賃借人付き）の売却の進め方

【処理の経過と結果】

(1)　**遺産分割未了の遺産と説明された本建物の所有権の確認**

　申立書の記載や申立代理人の説明に加えて、破産者本人およびその兄弟から具体的事情を聴取し、また、破産者が本建物に関する賃料を収受していた事実等を分析して、父の死後、遺産分割協議書は作成されていないが、相続人の間では破産者が本建物を相続する旨の合意が成立していたと認定したう

【事例26】

えで、破産者の兄弟に対しても事情を説明し承諾を得て、破産財団に属するものとして、本建物を売却することにした。なお、申立書上、未登記とされていた本建物について、破産者の亡父名義の保存登記が存在することが判明したので、後記(2)の任意売却交渉によって売却のめどがたった段階で、破産者の兄弟の協力を得て遺産分割協議書を作成し、破産者名義の所有権移転登記を経たうえで、任意売却を実施した。

(2) 借地権付き建物（賃借人付き）の売却の進め方

本建物は、借地権付きの建物であり、しかも、老朽化した賃貸物件であるところ、その特殊性ゆえに、買受人としては、建物の賃借人または敷地の地主が相当であると考えられた。そこで、まず、不動産業者に依頼し、借地権付き本建物の査定を行い、その価額を踏まえ、建物賃借人に対し、本建物の買取りを打診したが、同人との交渉において価額の折り合いが付かなかったことから、次に、地主に対して本建物の買取りを求め、粘り強く交渉した。管財人としては、上記の査定価額での買取りを求め、他方、地主側は、不動産鑑定を取得し、同鑑定額（上記査定額を下回っていた）での買取りを希望したので、交渉を重ねて、最終的に、管財人側の査定額を下回ったものの、地主側の鑑定額よりも約3割増額した金額で妥結し、地主に対し、借地権を含めて本建物を売却した。なお、本建物には担保が設定されていなかったので、売却代金全額を、破産財団に組み入れることができた。

【分析と検討】

本建物の売却代金の財団組入れがなければ異時廃止となる事案であったが、本建物の売却によって、配当率約98％の配当を実施することができた。

管財人としては、申立書の記載や申立代理人の説明を鵜呑みにすることなく、自身でも、権利関係等を調査して、適切な換価処分を行うことが必要である。また、借地権付き建物の場合、市場性が乏しく、任意売却が難しいケースもあるが、地主に対して借地権買取りを求めることで処理できる事案も少なくはない、と思料する（借地上の建物の売却についてBASIC135頁参照）。

借地上の建物を地主である財産区へ代物弁済した事例

飲食業	破産財団	〜100万円
	債権者数	10〜50名
	処理結果	異時廃止

【事例】

破産者は財産区（地方自治法294以下）から賃借した土地上に店舗仕様の建物（以下、「本件建物」という）を所有していた。当該地域は山間部であったところ、従前は高速道路の終点付近にあり、一定の賑わいがあったが、高速道路が延伸して以降、一般道の交通量が激減するとともに過疎化が進んでおり、当該建物の前面の道路の交通量も非常に少ない状況であった。そのため、食堂、仕出しを営んでいた破産者は事業廃止を余儀なくされ、地代（年払）も1年分滞納していた。

【問題点】

(1) 借地上の建物をいかにして処分するか（BASIC135頁）

(2) 当該財産区の権利能力との関係で、同財産区に対して建物の処分が可能か否か

【処理の経過と結果】

(1) **本件建物売却の困難性**

上記のとおり、当該地域は過疎化が進んでおり、破産者としても飲食業以外の業種を行ったこともあったがうまくいっておらず、店舗仕様建物（当時築35年）としての需要は非常に乏しいと判断された。また、不動産業者に査定を依頼したところ、評価がつかないとのことであり、複数の業者に声をかけたが、買受希望はなかった。担保権者も地元の金融機関であり、当該物件の売却が困難であることは理解しており、競売を申し立てる予定はなかった。したがって、地主に買取りを依頼するほかない状況であった。一方、原状回

復費用は約350万円と見込まれたが、それを支弁するだけの破産財団はなかった。

(2) 地主である財産区への処分

地主は財産区（地方自治法により法人格を認められた特別地方公共団体（地方自治法1の3Ⅲ））であり、その所有しまたは設置する財産または公の施設の管理および処分の範囲内において権能を有するに過ぎないとされている（松本英昭『新版逐条地方自治法〔第7次改訂版〕』1569頁）。そのため、当該財産区において自らが事業をする目的で建物を取得することは当該権能の範囲内と認められないと解された。一方で、財産区は、当該財産区の本来の目的および性格に反しない限り、当該財産区が有する財産の管理または処分により生じた現金をもって財産を取得することができる、とされている（行政実例昭和58年3月26日行政課決定）。

そこで、当該財産区においては、自らが事業をする目的として取得するのではなく、その土地の管理のため致し方なく本件建物を取得する、ということで取得してもらうよう依頼した。財産区としては、利用困難な建物であり、取得は困難である旨述べていたが、最終的には、他に解決方法がないため、破産者が負っていた財団債権たる地代債務等約20万円の代物弁済として本件建物を取得する内容の合意ができた（なお、無償譲渡は単なる新たな財産の取得と解されうるため、上記財産区の性質上、法務局において登記が受け付けられないおそれがあったが、代物弁済であれば登記可能とのことであった）。本件建物については、担保権が設定されていたが、上記事情を説明のうえ、無償にて担保解除を受けた。

【分析と検討】

借地上の建物については、売却が困難であることも多く、地主に買取りを依頼することも多々あり、解決の方法もさまざまである。もっとも、本事例では地主が財産区であり、法律上権限が限定されていることから（たとえば、購入代金のために新たに資金調達することはできない）、その処理にさまざまな検討が必要となった。

【事例28】 破産会社所有不動産（建物）の換価のために、底地所有者である子会社の清算人選任のうえ、土地建物の任意売却を行い、換価に成功した事例

製造業	破産財団	1000万円〜
	債権者数	100名〜
	処理結果	異時廃止

【事例】

　破産会社所有の建物の底地を同社の100％子会社が所有しており、破産手続開始決定時点で、土地建物ともに不動産競売手続が開始されていた。建物だけでは任意売却は困難であり、土地建物をあわせて任意売却が実現すれば破産会社の破産財団形成にも寄与できる物件であった。ところが、予納金等の費用が用意できないとのことで子会社の破産申立てはされておらず、また、同社の代表者は連絡もとりにくく処理への協力が期待できない人物であったため、任意売却が困難な状況であった。なお、破産会社が子会社の全株式を所有しており、かつ、子会社は債務超過ですでに事業も停止していた。

【問題点】

　破産会社所有不動産（建物）について子会社所有不動産（土地）と一体でいかに換価をするべきか（子会社の法的倒産手続の方法について）

【処理の経過と結果】

(1)　申立費用不足と主要債権者の不同意

　子会社代表者の協力が得られない状況で同社所有の不動産を任意売却する方法としては、破産手続開始の申立て、特別清算手続開始の申立て、通常清算手続（清算人の選任）等の方法が考えられた。このうち、破産手続開始の申立てをし、選任された管財人による任意売却というのが最も簡便な方法であると考えられたが、子会社にも親会社にも資金がなく、破産手続開始の申立てをすること自体が困難であった。また、申立費用を抑えるため、特別清算

手続開始の申立てをすることも検討したが、主要債権者の同意を得ることができず、実現できなかった。

(2) 破産財団への組入れ

そこで、通常清算手続を選択し、任意売却を進めることとした。具体的には、破産会社の管財人が、子会社の株主たる地位に基づき、子会社の株主総会を開催し、同株主総会で子会社の清算人を選任した。そのうえで、子会社の清算人と協力のうえ、破産会社所有の建物と子会社所有の土地をあわせて任意売却を行った。売却代金については、破産会社と子会社との間で、すでに進行していた競売手続における評価額を基準として按分して割付をしたうえで、破産会社に割り付けられた売却代金の4.75％相当額を破産財団に組み入れることができた。

【分析と検討】

破産会社所有の建物だけでは任意売却が困難であったことから、競売手続によって換価されるのをそのまま静観したとしても、管財人の職務としては特に問題はなかったとは思われる。また、そもそも、管財人が子会社の株主として株主権（共益権）を行使し、子会社の株主総会を開催して清算人を選任することができるのかという理論的な問題も考えられた。しかし、子会社の株式の処理、子会社との間の資金の流れの解明、子会社との債権債務関係の処理等、子会社についても法的倒産手続を開始したうえで処理するのが望ましい事例であり、また、管財人が株主権（共益権）の行使をすることについて、解釈に争いの余地はあるものの、必ずしも否定されるものではないと考えられた（実践マニュアル156頁参照）。本事例では、結果として、土地建物一体での任意売却が実現でき、破産会社と子会社との間の実態の解明等の調査も行うことができた。これらのことからも、破産会社の管財人自らが子会社の株主総会を開催し、清算人を選任するという方法が、本事例全体の解決のための最も合理的な方法であったと思われる。

【事例29】 共有不動産の換価

自然人	破産財団	1000万円〜
	債権者数	10〜50名
	処理結果	配当

【事例】

破産者は、隣接する2棟の建物の共有持分（破産者の持分は各2分の1）と、うち1棟の建物の敷地（1筆の土地）の所有権を有していた。そして、隣接する2棟の建物の共有持分の残り（各2分の1）と、もう1棟の建物の敷地の所有権は破産者の高齢の母親が有していた。

なお、隣接する2棟の建物およびその敷地（2筆の土地）には担保権が設定されていなかった。また、隣接する2棟の建物は、実際には繋がった一体の建物であり、分離して換価することは容易ではなかった。

【問題点】

共有不動産を適正な価格で換価するための方法

【処理の経過と結果】

(1) 一括売却の必要性

本事例では、破産者の所有部分（2棟の建物の共有持分とうち1棟の建物の敷地の所有権）のみを売却して換価することが可能であったが、この場合の売却価格は500万円程度であり、破産者とその母親の双方が所有する不動産（2棟の建物およびその敷地である2筆の土地）を一括売却し、破産者とその母親で売却代金を分割する場合と比較すれば、得られる金銭は圧倒的に少なくなることが見込まれた（BASIC134頁）。

(2) 一括売却の断念

そこで、管財人は、破産者とその母親の双方が所有する不動産を一括売却することを試みた。具体的には、管財人が破産者の母親に対して不動産の一

括売却に協力するよう説得をした。この際、一括売却の協力が得られない場合には、共有物分割請求を行うことを指摘した。

しかし、破産者の母親は、亡夫（破産者の死亡した父親）と手に入れた不動産であるから、売却には絶対に応じない旨を述べるのみであった。

(3) 放棄と財団組入れ

そこで、管財人は破産者に対して適正な金額の財団組入れを求め、財団組入れがなされた場合には破産者の所有部分を破産財団から放棄する旨を提案した。本事例では、破産者には本来的自由財産である小規模企業共済の共済金の受給権があり、この時点では当該受給権が現実化して破産者が多額の共済金を取得していたため、破産者が適正な金額の財団組入れをすることは可能であった。

当初、破産者は、破産者の所有部分は共有持分を含んでいるから、廉価でしか売却し得ないはずであるとしていたものの、財団組入れがなされない場合には共有物分割請求を行うことを伝えて説得したところ、破産者は、破産者の所有部分と破産者の母親の所有部分を一括売却して代金を分割した場合の金額と比較しても遜色がない金額の財団組入れに応じるに至った。

【分析と検討】

本事例では、破産者の所有部分のみを売却する場合の売却価格である500万円を下限としつつ、より適正な価格での換価を模索することとなった。その際、共有者や破産者の親族（さらに、本事例では破産者本人）との交渉によっても適正な価格での換価が困難であれば、多少の時間がかかるとしても、共有物分割請求によって少しでも多くの金額の回収を図ることを念頭において対処したことが、結果的には適切であったと考えている。

管財人は、不動産の共有持分の放棄を回避する方策を検討したうえ、ある程度、破産財団の増殖を見込むことができるのであれば、時間のかかる手続を厭わずに、これをやり遂げる覚悟をもって対処することが必要であるように思われる（BASIC134頁）。

【事例30】 破産会社代表者共有不動産の売却（破産会社代表者は破産申立てをしていない事例）

配管工事業	破産財団	500〜1000万円
	債権者数	10〜50名
	処理結果	配当

【事例】

　破産会社代表者Ａが共有持分を有する土地建物（破産会社代表者の父親名義のままの遺産分割未了の不動産。以下、「本件不動産」という）を、破産会社が賃借していた。その際に、破産会社は、亡父との間で建物賃貸借契約を締結して、保証金を差し入れており、当該保証金は破産会社の決算報告書にも計上されていた。もっとも、亡父の相続人である親族（共有者）が、保証金返還債務の存在自体を認めるのか否か不明であったことから、管財人として、親族（共有者）に対して、保証金返還を求める旨の通知を送付した。しかし、親族（共有者）からは回答がなく保証金につき任意に返還する意向はなさそうであったため、破産会社として保証金返還請求訴訟を裁判所の許可を得て提起したところ（BASIC171頁）、破産会社代表者Ａ以外の親族（共有者）は任意に保証金を返還してきた。このため、管財人は、Ａ以外の親族（共有者）に対する訴えを取り下げた。

　ところが、Ａは、保証金を支払うための手許資金がないとのことで保証金の返還には応じなかったため、結局、判決言渡しにまで至り、管財人が勝訴した（保証金返還請求認容）。Ａの資産としては、亡父からの相続財産である本件不動産（共有）しかなかった。

【問題点】

　Ａの唯一の資産が亡父からの相続財産である本件不動産（共有）であった場合に、いかにしてこれを換価するべきか（BASIC190、134頁）

【処理の経過と結果】

【事例30】

　破産会社管財人としては、保証金の回収は必要な業務内容であるものの、相手方であるAに資力がなければその回収は断念せざるを得ない。しかし、Aは亡父から相続した本件不動産に共有持分を有していたことから、何とかこれらを換価することで、保証金返還のための原資を確保することができないかと考えた。

　破産会社管財人には、その代表者Aの財産に関して管理処分権限はないものの、事実上、知り合いの不動産業者に本件不動産の査定をしてもらい、買受申出をする買受先を見つけた。これを踏まえ、各共有者に、買受先を事実上紹介したところ、共有者の一人が、本件不動産の売却には反対であるが、Aの共有持分を買い取るとの意向を示してきた。破産会社管財人としては、Aから保証金相当額を回収できればよかったため、事実上Aと共有者との間において、Aの共有持分の売買契約を締結してもらい、その代金をもって、Aから破産会社に対して保証金相当額を支払ってもらい、破産財団に組み入れた。なお、Aは共有持分の売買代金から保証金相当額を支払っても余剰が生じたため、この資金をもって自己破産申立てができた。

【分析と検討】

　破産会社代表者であるAについては、破産会社管財人に何ら権限はなかったが、事実上の調整をしてあげることで、Aに保証金返還のための資金を確保でき、また、資金不足でAの自己破産申立てもできていなかったが、これができるようになった。なお、本事例では、後に、Aの管財人にも破産会社管財人が就任した。破産会社管財人としては、Aの財産について管理処分権限がないということで諦めることなく、破産財団増殖のために工夫することが肝要である。なお、管財人において送付した保証金返還を求める旨の通知に対してA以外の親族から回答がなかったことで、管財人としては、早期に訴訟提起の決断をした。その結果、訴訟提起後速やかにA以外の親族からは保証金の返還を受けることができた。訴訟提起の決断を早期に下したことが奏功した事例であるが、訴訟を提起することでかえって感情的な対立を招き紛争が長期化する事例もあり得るため、個別に判断することが肝要である。

【事例31】 オープンハウスを利用した不動産任意売却方法

自然人	破産財団	100～500万円
	債権者数	10～50万円
	処理結果	異時廃止

【事例】

　破産者は、最寄り駅から徒歩20分以上かかる住宅街の一角にある一戸建て住宅（土地および建物。以下、「本件不動産」という）を所有していた。

　本件不動産には第4順位まで抵当権が設定されており、第1順位が政府系金融機関、第2順位が保険会社、第3順位が保証会社、第4順位が保証協会であり、不動産査定額は約2000万円、第1順位の被担保債権は約1200万円、第2順位が約1100万円であったが、第3順位と第4順位の担保権者は抹消料なしの抹消には応じられないとの姿勢を示していた。

【問題点】

　任意売却において、できるだけ高額で売却するため、不動産の売却方法をいかに工夫すべきか

【処理の経過と結果】

　本件不動産については、複数の買受申込みが入っていたが、いずれも金融機関等の査定額以下であったため、担保権者からの担保抹消に関する同意が得られなかった。

　そこで、管財人としてはさらに高額で売却する必要に迫られたが、建物は注文建築によるもので、建物の外観以上に内部の造りが上質であったことから、多数の業者等に内覧してもらったうえで入札を実施したほうが、高額での売却が期待できると考えた（BASIC143頁）。

　上記経緯から、管財人がオープンハウス方式で2日間かけて内覧会を実施したところ、近隣の不動産業者が幟を見て内覧会に参加し、入札の結果、当

日参加した近隣の不動産業者が当初の査定額より高額（2400万円超）での買受申込みを入れた。

　この買受申込金額は別除権者の評価額よりかなり高額であったため、第2順位の根抵当権者の譲歩が得られ、全別除権者から担保抹消に関する合意が得られた（第3順位に50万円、第4順位に40万円の抹消料を支払うことで了承が得られた）。財団組入率は5％であった。

　なお、買受人となった不動産業者から、売買決済の際に情報を収集したところ、その地域は地元志向が強く、地元の住民にとっては、本件不動産の立地は駅に近い地区よりも人気の高い地区であり、結婚等を機に近くに住居を求める安定した需要があるとのことだった。

【分析と検討】

　管財人に対しては、内覧会実施前にもすでに複数の買受申込みが入っていたが、造りに凝った注文住宅であったため、実際に建物内部を見てもらったほうが買受申込価格が上がると考え、内覧会を実施することにした。その際に、閑静な住宅街の一画にあることから、近隣から個人での購入の可能性もあると考えて、オープンハウス形式で2日間内覧会を実施した。

　具体的に内覧会の実施にあたっては、オープンハウスと書かれた幟等を、見やすい場所に数カ所立てた程度の準備だけで、事前に近隣にチラシを配るなどの告知までは行わなかった。

　結果的に地元の不動産業者が急遽内覧会に参加し、入札を実施した結果、その業者が最も高額で買受申込みをした。

　物件に応じた工夫をすれば、換価価値を高めることも可能であり、不動産の換価は、管財人の工夫と努力の見せ所である。

〔コラム5〕
不動産現地確認時の持ち物

　明渡しを要する不動産はもちろん、個人の破産者の居住用物件であっても、現地を確認すると、何らかの発見があったり、資料には表れない物件の状況を把握することで別除権者との交渉材料を得ることができたりということがありますので、財団所属財産たる不動産の現地確認は有用です。

　以下、現地確認の際、持参すると良いものの一例を挙げておきます。

　現場保存の意味でも、必ず外観、内部の写真を撮影し、物品や資料についても、必要に応じて撮影しておきます（ファイル名を工夫して電子データ化しておくとその後の検索等が容易になります）。

　告示書はクリアファイルに入れるか、ガラス戸の内側に貼りつけるようにします。

　付箋は、破産者の所有物とリース物件等破産者以外の所有物との区別等に便利です。

【現地確認ツール（一例）】
- 鍵（複数ある場合には、事前にどれがどこの鍵かを代表者等から聴取しておく）
- カメラ、ビデオカメラ（スマートフォン等も利用し複数の機器で撮影することも検討）
- ダンボール、紙袋
- ガムテープ（養生テープがあると、貼り跡が残らなくてよい）
- 荷造り用ひも
- クリアファイル
- クリップ
- 大きめの付箋（複数の色）
- 軍手
- エプロン
- 懐中電灯
- メモ用紙
- 告示書

【事例32】 取引債権者に対する事業用資産の売却と工場抵当の処理

製造業	破産財団	500〜1000万円
	債権者数	10〜50名
	処理結果	配当

【事例】

破産会社は、織布製造業者であった。破産会社の工場不動産は、同じく破産申立てを行った代表者の個人所有であったが、金融機関の抵当権が設定され、工場抵当（狭義）の登記（工場抵当法3Ⅰ）もなされていた。織機等の工場設備は、相当古いものであったが、メンテナンスが行き届いており、スクラップを前提としない工場設備としての一括売却ができないかを検討した。

【問題点】

(1) 工場抵当の設定がある場合の担保権の内容をどのように確認するか
(2) 工場設備の一括売却をどのように進めるか

【処理の経過と結果】

(1) 工場抵当の内容の確認

工場抵当が設定されている場合には、建物の全部事項証明書において、抵当権設定登記の「権利者その他の事項」に「工場抵当法第3条目録提出」との記載がなされるが、目録の内容は記載されていないことが多い。

まず、工場抵当の内容を把握するため、全部事項証明書とあわせて、いわゆる「3条目録」を取り寄せて内容を確認したところ、対象物は相当古い機械であり、いずれも工場内に残っていないことを確認した。そして、抵当権者にも工場抵当の対象となる機械が工場内に残っていないことを説明し、管財人が機械を売却することの了解を得た。

(2) 工場設備の売却

工場設備の売却については、破産会社の経営を最後まで支援してくれた大

口取引先が設備購入に興味を示したため、一括売却の可能性を留保したうえで、在庫商品、機械工具類、車両運搬具等について個別に入札を募り、個別入札の最高額の合計を上回る金額で知的財産権（商標権および特許権）を含めての一括売却の交渉を行った（実践マニュアル160頁）。交渉の結果、個別入札における最高額の合計金額の約3.5倍の価格にて一括売却ができた。

　代表者名義の工場不動産については、山間部で任意売却が難しい立地であったため、機械を移設するより不動産を購入したほうが安くて済む可能性を示して、一括売却先との間で不動産売却に関する交渉を行った結果、不動産の売却を行うことができ、売却代金の１割につき破産財団に組み入れた。

　以上の経緯により、破産会社の事業用資産が大口取引先に譲渡されたが、破産会社の代表者による技術指導がなされることが前提となっており、代表者の協力が得られたことも大きい。

【分析と検討】────────────────────────■

　工場抵当については、申立代理人が見落としている場合や代表者の認識に漏れがある場合もあるので、管財人として、工場抵当の存在を見落として機械工具類を売却しないよう留意するとともに、いわゆる「３条目録」の確認により、抵当権者が工場抵当を管財人に対抗できる範囲を確認すべきである。

　売却にあたっては、最初の現地確認や代表者との面談の際に、機械をはじめとする事業用資産の売却方法を念頭においた事情聴取を行い、透明性・公平性を確保しつつも、古いものであっても安易にスクラップでの処分とせず、事業価値を生かす形での売却処分を試みるべきである。

　本事例の場合には、事業用資産をより高額で換価するために、事業用動産の一括売却およびその後の不動産売却を行ったが、結果的に、大口取引先による事業継続が図られることで、事業譲渡に近い結果となった。なお、事業用不動産の競売による売却が困難または廉価と見込まれる場合には、破産手続を利用した事業譲渡を念頭に、スポンサー候補者と事前協議のうえで、事業を継続したままでの破産申立ても検討すべきではないかと考える（実践マニュアル165頁）。

【事例33】　キュービクルに含まれる PCB の処分方法

製造業	破産財団	1000万円〜
	債権者数	50〜100名
	処理結果	配当

【事例】

　破産会社は、プラスチック金型製造業を営む株式会社である。

　破産会社所有の工場建物は、破産手続開始決定時には使用されておらず、空き家状態となっていたところ、同建物内にキュービクルがあり、古いコンデンサが存在していた。管財人が現地に赴いて確認したところ、コンデンサは合計4台あり、うち1台は比較的新しいもの（平成10年代製造）であったが、残り3台は、いずれも昭和40年代から同50年代製造のものであった。

　工場土地建物について、複数の不動産業者に依頼し、購入希望者を探したところ、複数現れたので、入札を行い、優先交渉権を有する購入希望者を決定した。

　上記コンデンサ4台の絶縁油中に基準値を超えるPCBが含まれていた場合、撤去費用が高額になるなどの事情に鑑み、これを撤去しないまま不動産を売却することを前提とすれば、売買の実行時期や売買価額に大きく影響するため、コンデンサの処理が換価業務上の大きな問題となった。

【問題点】

　使用していないキュービクル（コンデンサ）にPCBが含まれている場合の処理

【処理の経過と結果】

　コンデンサ4台のうち、メーカーによるPCB不含有の証明が得られなかった3台について、業者に依頼してPCB含有量の検査を行ったところ、2台から基準値を超えるPCBが検出された。なお、PCB含有量の検査を行う

119

際、検査担当者は、当該キュービクルに通電されていないかどうかを非常に気にしていた。通電されている場合は、非常に危険であるため、作業ができないとのことであった。そこで、管財人は、通電確認ができる電気設備業者を当日現地に立ち会わせた。

　検査結果を受けて、自治体の担当部署に問い合わせたところ、ポリ塩化ビフェニル廃棄物の適正な処理の推進に関する特別措置法（以下、「特措法」という）の対象となるのは「PCB廃棄物」であって、現役のコンデンサは「廃棄物」ではないから同法の適用がないとのアドバイスを受けた。

　現役かどうかは、当該コンデンサが電路から切り離されているか否かが重要な基準となる。破産会社の場合、現にコンデンサを使ってはいないが、再び修理等して使用できるのであれば廃棄物とはいえないだろうと考え、担当部署と相談し、そのような状況であれば、廃棄物でないという解釈も成り立つであろうとの見解を得た。

　ただし、担当者からは、破産会社の不動産を売却するのであれば、微量PCBを含むコンデンサが建物内に存在していることを任意売却の買主に十分説明してほしいということと、買主の住所および氏名を知らせてほしいこと等の要請があった。

　そこで、任意売却の重要事項説明の際に、上記の点を重要事項説明書に明記し、口頭でも十分説明し、理解を得たうえで売買契約を締結し、買主の住所および氏名（会社名）を自治体の担当部署に通知し、残代金決済を実行した（もちろん、買主の住所および氏名（会社名）を伝える旨も説明した）。

【分析と検討】────────────────────────■

(1)　**キュービクル、PCB**（BASIC127頁）

　キュービクルとは、閉鎖型受変電設備のことであり、発電所から変電所を通して送られてくる6600Vの電気を100Vや200Vに変圧する受電設備を収めた金属製の箱のことである。

　一般に、キュービクルには、低圧配電盤、遮断器、母線、変圧器、各種計器類等の全部または一部が収容されている。キュービクル内のコンデンサや

変圧器(以下、「コンデンサ等」という)には、絶縁油と呼ばれる油が入っており、古いコンデンサ等自体あるいはその絶縁油(製造された年代によって異なる)には、微量のPCBが含有されていることが多くある。

(2) 破産会社にキュービクルが存在する場合の処理手順

かかる場合には、現地に赴き、キュービクルを開けてコンデンサ等の銘板を確認し、製造年月日、型番、メーカー名を控えたうえで、当該コンデンサ等にPCBが含有されているか否かをメーカーに問い合わせる。

メーカーがPCBを含有しないとの証明書を出した場合は、一般の産業廃棄物として処分することが可能であるが、昭和40年代、同50年代といった古いコンデンサ等の場合、メーカーがPCBを含有しない旨の証明を出せないと回答する場合がある。

その場合、当該コンデンサ等の絶縁油に基準値を超えるPCBが含有されているかを検査しなければならない(当該検査を行ってくれる団体があり、依頼すれば、1検体あたり2万円程度の費用で検査が可能である)。

(3) 基準値を超えるPCBが含有されていた場合

特措法によれば、絶縁油1リットル(1kg)あたり、0.5mgのPCBが検出された場合には、特措法2条2項所定の「事業者」にはPCB廃棄物として自治体に届出をする義務が生じる。そこで、管財人が当該「事業者」に該当するか否かが問題となるものの、管財人が行うのはあくまで破産財団の管理・換価に過ぎず、事業活動ではないことから、管財人は特措法2条2項所定の「事業者」には該当しないものと考えられる(BASIC127頁、はい6民228頁、破産200問114頁)。

したがって、管財人は特措法の定める事業者の責任を直接に負うものではなく、それを負担するのは破産者本人または清算法人の清算人ということになる(BASIC127頁、はい6民229頁、破産200問114頁)。

(4) 管財人のスタンス

管財人は、上記のとおり、事業者としての特措法の定めるPCB廃棄物の保管・処分義務等を負担するものではないが、破産者等による適正な措置が期

待できない場合には、破産財団の管理の一環として可能な限り必要な調査や措置等を行うべきであると思われる（BASIC127頁、はい６民229頁、破産200問114頁）。

　管財人としては、基準値を超えるコンデンサ等があると、すぐに「処理」という発想が出てくるが、現在、微量PCBの処分施設は全国に少なく、引取りや処分に時間を要するうえ、処分費用は１台のコンデンサで数十万円から100万円程度に及ぶといわれている。

　もっとも、特措法はあくまで「PCB廃棄物」を対象とするものである。破産会社がキュービクルの運転を停止していたとしても、それは一時的に使用を停止しているに過ぎず、必ずしもコンデンサ等が物理的に電路から切り離され、「廃棄物」となっているとは限らない。

　このような場合には、自治体の担当部署とやりとりをしながら、当該コンデンサ等を処理せずに不動産の任意売却を進めることも可能である。

　時間と費用に限りのある管財事件において、PCBその他の毒物を、通常の手続に従って処理することは困難である場合が多く、自治体等の監督官庁に管財業務の実情、処理費用等を率直に相談した場合、処理方法を示唆されることがある。本事例もその一例であると考えられる。

クリーニング工場の破産において、土壌汚染のおそれがある場合の処理方法

クリーニング業	破産財団	500〜1000万円
	債権者数	50〜100名
	処理結果	異時廃止

【事例】

　破産会社はクリーニング業を営んでいた法人であり、クリーニング工場として使用していた土地建物（金融機関の根抵当権設定あり）を所有していた。

　債務総額は約3億円で、同業者との価格競争や設備投資（バブル期の従業員保養施設建設）のための多額の借入金返済の負担等による収益の悪化等が主な破産原因である。

【問題点】

　クリーニングに利用する有機溶剤による工場敷地の土壌汚染の問題がある場合の処理方法（BASIC126頁）

【処理の経過と結果】

　所有する工場敷地、建物の任意売却に際して、クリーニングに利用する有機溶剤による土壌汚染の可能性があり、水質汚濁防止法、土壌汚染対策法、生活環境保全条例等による規制等が考えられることから、管轄行政庁と相談した。その結果、水質汚濁防止法2条2項に定める有害物質使用特定施設の届出がなされていたことから、土壌汚染対策法3条の規定により、施設の廃止時には管轄行政庁に対して調査・報告義務があると考えられた。

　管轄行政庁との協議の結果、管轄行政庁から当該土地について土壌汚染の簡易調査をするよう指導を受けたため、専門業者に30万円程度支払い、簡易調査を依頼したところ、やはりテトラクロロエチレン等の有害物質が検出された。土壌汚染を考慮しない土地建物の査定価格は3500万円程度であったが、除染費用の見積りもあわせて取得したところ、除染費用は約1000万円という

見積りがなされた。

任意売却にあたっては、入札手続を利用したが（BASIC143頁）、後のトラブルを回避するため、仲介業者を通じて不動産業者等に限定して募集を行い入札手続に臨んだ。入札結果は除染費用が多額に上ることや開発等が行えるようになるには数年かかるということ等の理由で2200万円程度が最高価額であった。なお、入札手続にあたっては入札参加希望者に対し土壌汚染の可能性等について説明し、簡易調査の資料や除染費用見積り等もあらかじめ入札参加希望者に開示した。

その後、抵当権者である金融機関に対して入札結果を説明し、多数回交渉を行ったが、最終的に「当該金額では担保権抹消に応じることはできないので、競売申立てを行う」との回答であったため、任意売却は困難と判断し、固定資産税の費用負担等も考慮して12月中旬に破産財団から放棄して競売手続に移行した（BASIC150頁）。

競売手続においては執行官から簡易鑑定の結果の資料提供を求められた。最終的には競売による落札価格は私的入札による最高価額よりも低い金額となった。

【分析と検討】

クリーニング工場においては通常有機溶剤を使用しており、水質汚濁防止法2条2項に定める有害物質使用特定施設の届出がなされていることが通常であり、土壌汚染対策法3条の規定により、施設の使用廃止時には管轄行政庁に対して調査・報告義務が生じるところ、クリーニング工場敷地では土壌汚染物質が検出される可能性が非常に高いため、注意が必要である。

また、任意売却の際にも、買受人からの責任追及等のリスクを避けるため、汚染の有無・程度や処理にかかるコストの把握に努め、その情報を買受人にも事前に開示するなど適正に処理する必要がある。

【事例35】 土壌汚染が認められる土地の処理（破産財団から放棄した事例）

水質等調査業	破産財団	1000万円～
	債権者数	100名～
	処理結果	配当

【事例】

破産会社は、土壌・水質・環境調査を主たる業務とする検査会社であったため、本社社屋には、大量の毒劇物が試薬として保管されており、市に対し、有害物質使用特定施設の届出を行っていた。そして、使用廃止に伴い、土壌調査を実施したところ（土壌汚染対策法3Ⅰ）、指定基準をわずかに超過する土壌汚染が判明したため、市により指定区域の指定がなされた（同法5Ⅰ）。また、土壌改良措置には、約3800万円を必要とし、またその際必要となる建物解体工事には約2000万円を必要とすることが判明した。

当時、このような土壌改良措置を実施するだけの破産財団は形成されていなかったが、直ちにこれを放棄することは管財人の社会的責任から許されないと考えられた。

【問題点】

(1) 土壌汚染が存在する土地（同土地上には建物が存在）をどのように任意売却すべきか

(2) 上記土地（建物）に対して金融機関が抵当権を設定しており、管財人による任意売却に同意しない場合、当該土地（建物）を放棄することができるか。放棄するにあたりどのような措置を管財人は講じるべきか

【処理の経過と結果】

(1) 買受希望者の募集

監督官庁（市の環境部等）と協議をしつつ、買受人において措置義務を承継するとの前提で、本件土地（建物）を任意売却することとなり、土壌汚染の

存在および土壌改良に要する費用の見積額（建物解体費用を合わせて約5800万円）を開示したうえで、買受希望者を募集することとなった。その結果、1社から買受希望の申入れがなされ、その買受希望金額も3400万円と、土壌汚染の事実を考慮した場合の市場価格を上回る金額の提示がなされた。

(2) 担保権者に対する任意売却への協力要請

このような申入れを受けて、本件土地（建物）の複数の根抵当権者に対し、配当表を提示したうえで、任意売却への協力を求めたところ、根抵当権者の1社より売却価格が低すぎることを理由に、任意売却に同意できないとの回答がなされた。また、同根抵当権者からは、管財人の社会的責任として本件土地（建物）を放棄すべきではないとして、再度入札を実施し売却代金を引き上げるよう申入れがなされた。しかし、土壌汚染の事実を考慮した場合、買受希望者の提示した価額以上の金額で本件土地（建物）を売却できるとは到底考えられなかったこと、また、すでに当該根抵当権者が本件土地（建物）に対し競売を申し立てていたことから、管財人としては本件土地（建物）を破産財団から放棄する方針を固めた。

(3) 放棄に際しての配慮事項

そのうえで、汚染土壌につきどのような措置を講ずべきかについて、市と協議を開始したところ、市からは、本件土地についての土壌汚染の程度は低いことから、大規模な土壌改良工事を直ちに実施すべき必要性は少ないものの、将来汚染物質が地下水に漏出するおそれがあるとの考えが示された。そこで、放棄に際しては、破産財団の負担で観測井戸を設置することとし、将来、本件土地（建物）の所有者が決定された場合に、定期的な地下水調査の実施が可能となる環境をつくっておくことを提案したところ、市の了解が得られたため、破産財団の負担（約30万円）で、観測井戸を設置し、本件土地（建物）を放棄した。

【分析と検討】

管財人の社会的責任の観点から、土壌汚染が認められる土地を安易に放棄することは許されるものではないが、本件では、汚染の程度が軽微であるこ

と、放棄に際して監督官庁である市と協議しつつ汚染物質の地下水漏出をチェックするための観測井戸を設置するなど汚染の実態に即した最低限度の措置を講じたことで、本件土地（建物）を破産財団から放棄しても、管財人の社会的責任には反しないと考えられた。

限られた破産財団で、どのように土壌汚染に対処すべきかは難問であるが、監督官庁と粘り強く交渉し、解決策を模索することが重要である。

なお、以上は破産会社が施設の使用を廃止する場合の取扱いであり、例外的に、当該土地が引き続き同業の施設として用いられる場合には、その時点での調査の実施は猶予されるとともに、措置命令を回避することができる（土壌汚染対策法3Ⅰ参照）。したがって、管財人としては、事業譲渡や同種事業者への任意売却を最優先に検討すべきである。

〔コラム６〕

汚染土壌の任意売却

不動産から土壌汚染が発見された場合、対策費用等との関係で任意売却が困難となったり、入札後の調査で判明した場合には優先交渉権者から対策費用を盛り込んだ低額な価格への変更要請を受けたりするという事態が生じます。

もっとも、対策のレベルは、法令上の規制のみならず、当該土地について、買受人が買い受けた後にどのような利用を予定しているか、当該買受人の考え方等により異なります。また、土壌汚染の存在する土地を中心に買い受ける業者も存在します。

当初から土壌汚染が判明している場合には、汚染土壌買取専門業者にも声掛けする、優先交渉権者が、完全改良を前提とした極めて低額な買受価格を提示してくる場合には、利用目的等が異なる他の買受人を探索すべく、優先交渉権者の了解を得て、再度入札を行う、次順位以降に打診するなど諦めずに売却活動を行ってください。

【事例36】 廃棄物（鶏糞）が大量に残置された不動産の換価

農業（畜産業）	破産財団	500〜1000万円
	債権者数	50〜100名
	処理結果	異時廃止

【事例】

　破産会社は、産卵鶏の育成・飼育、食用鶏卵の生産販売等を行う株式会社（従業員総数は12名）であり、その所有する不動産上に未処理の鶏糞が大量に残置されていた。

　ところが、この鶏糞の処理には多額の費用が必要となり、それを破産財団から支弁することは困難であった。

　そこで、鶏糞の処理と不動産自体の換価をどのように行うかが問題となった。

【問題点】

　破産財団が限られている事案での、高額の処理費用を要する廃棄物（鶏糞）の処理、同廃棄物が現存する不動産を売却する際の注意点

【処理の経過と結果】

(1) 破産手続内での処理の努力

　破産会社が所有する養鶏場の外に大量の鶏糞が野積み状態で放置されていたため、悪臭や雨による鶏糞の流出により、近隣住民より自治体（市）に対し、苦情申入れが繰り返されていた（破産会社は申立ての相当以前から、市からの鶏糞処理に関する再三の指導にも応じず、放置していたようである）。

　破産手続開始決定後、管財人に対しても市から鶏糞処理の申入れがあったが、破産財団が乏しくかつ処理費用（見積り額で400万円程度）が高額であるため、破産財団にて費用を負担することができる状態ではないことを説明した。

その後、市、県民局と協議を行い、最低限の保全的措置として、近隣の住宅地、農地等への流出を防ぐため、野積み状態の鶏糞を破産財団の負担にて鶏舎内に移動させることで協議がまとまった。

なお、放置されていた鶏糞が大量であったため、鶏舎内への移動だけでも相応の費用が掛かることが見込まれたところ、市に依頼して紹介してもらった業者も含めて費用の相見積りを行い、一番安価であった業者に対し鶏糞移動を依頼した。

そして、移動作業の際には、市および県民局の担当者にも立会いを求め、作業完了の確認をしてもらった。

なお、鶏舎は破産会社の所有であったが、オーバーローン状態であり、鶏糞が残置されていることもあって、任意売却を試みるも買受申出人はその時点では皆無であった。そのため、同物件については最終的に破産財団からの放棄を余儀なくされた。

破産事件については異時廃止で終了した。

(2) 放棄、異時廃止後の処理

破産事件終了から約1年半が経過した後、ある事業者（買受申出人）から管財人に対して「破産会社所有物件を買い取りたい」として問合せがあった（買受申出人は、鶏糞の残置状況や物件の内容等を理解したうえで買受意思を示しており、物件取得後、鶏糞を処理し、鶏舎も取り壊す意思であった）。

当初、買受申出人が担保権者数社との間で任意売却交渉と調整を行ったところ、後順位の担保権者（競売となった場合無剰余見込み）のうち1社（元取引先の会社）から、抹消料（ハンコ代）支払での担保解除に難色を示されたようである。

ところが、任意売却による回収を強く希望する一番抵当権者から「買受申出人の抵当権消滅請求（民379）にも協力する」旨の回答が得られたことから、担保権付きのままでの所有権移転も視野に入れさらに交渉を継続したところ、最終的に後順位担保権者へ支払う抹消料を若干増額することですべての担保権者による担保解除の了承が得られるに至ったとのことであった。

その後、買受申出人による清算人選任申立てがなされ、清算人に選任された元管財人にて物件の任意売却を行うことができた。

【分析と検討】━━━━━━━━━━━━━━━━━━━━━━━━━━■

　畜産業においては畜糞（牛糞、豚糞、鶏糞等）の処理がしばしば問題となる。これらは農業用の堆肥として利用されることがあるが、そのためには通常、加水や発酵等の処理・加工等が必要となり、相応の設備と費用、時間を要するため、破産手続において畜糞の換価や有効利用を行うことは現実的でない場合が多い。

　そして、悪臭や有害虫の発生、周囲の土地・土壌への流入等の被害を防ぐ見地から、できる限り早期かつ適切な処理が必要となるが、大量の畜糞の処理には相応の費用がかかるため、破産財団が乏しい場合、対応に苦慮することが少なくない。

　そのような場合でも、限られた時間と資力の中で、自治体にも協力や理解を求め、可能な限り好ましい方策を考え抜くことが重要であると気づかされた。

　不動産の放棄と異時廃止の後も、管財人が清算人に就任して任意売却を行うことで、結果として鶏糞の処理が達成できた点は幸いな事案であった。

　破産財団が乏しいため不動産上の廃棄物等の処分・処理を十全に行うことが困難という場合は少なくない。もっとも、その場合でも、安易に放棄するのではなく、自治体への相談を検討し、あるいは破産財団から支出できる費用の範囲で周囲に損害が及ばないように可能な範囲の処置を行うよう努力するべきである（実践マニュアル210頁）。

【事例36】

〔コラム⑦〕
破産者が自宅不動産からの退去に消極的な場合の対応方法

　破産財団に属する財産の管理処分権は管財人に専属し（法78Ⅰ）、管財人は、就職の後直ちに破産財団に属する財産の管理に着手しなければならないとされていますので（法79）、万一、居住中の破産者が自宅不動産を毀損するような事態が生じた場合、管財人の管理責任を問われかねません。また、売却前の内覧時において明渡しが完了している状態であると、破産者が居住中の場合よりも高値で売却できる可能性が高まるのが実情です。

　とはいえ、破産手続開始決定時の面談の際に、転居先を探しておくように示唆していても、担保権者が任意売却に同意した時点で転居先すら決まっていないという事例もあるようです。このような事例では、まず、申立代理人による指導、説得を試みてもらいましょう。申立代理人と破産者との間には、一定の信頼関係が構築されているのが通常ですから、その指導、説得に従う可能性が高いと思われます。それでも、退去を頑なに拒む場合には、破産者に対して、引渡命令の申立て（法156Ⅰ）が可能であることや、免責不許可事由（法252Ⅰ⑨）に該当して免責不許可決定がなされる可能性があること、抵抗が激しい場合には職務妨害罪（法272）に該当する可能性もあり得る旨を説明して退去を促すことになるでしょう。並行して仲介業者に、破産者の転居先のアパートを探してもらうなど、管財人の側で早期明渡しのために対応してもよいでしょう。

　明渡しの当日には破産者が翻意しないように管財人自ら破産者の自宅に赴き、直接鍵を受け取ったということもあるようです。

　余談ではありますが、家財道具等の動産類の処分費用を破産者が負担できない場合に、担保権者の了解を得て、売却代金の中から動産類の処分費用を捻出することもありますが、仏壇や位牌、神棚等は購入希望者等が嫌うことが多いので破産者に搬出してもらうべきでしょう。

131

【事例37】 不動産の担保権消滅許可決定後における住宅ローン融資実行の拒絶

自然人	破産財団	100〜500万円
	債権者数	10〜50名
	処理結果	配当

【事例】

　破産者の居住用物件に住宅ローン債権者の抵当権のほか、後順位に商工ローン業者の根抵当権設定仮登記がなされていたところ、任意売却の際に、同商工ローン業者は、完全に無剰余であるにもかかわらず高額な抹消料に固執し続けたため、管財人は、裁判所と相談のうえ、担保権消滅許可の申立て（法186Ⅰ）を行った。同申立てについては、何らの対抗措置もとられることなく許可決定が出されたが、その後、買主に住宅ローンを融資する予定であった銀行が、突然、決済方法に異論を唱え、融資実行を拒絶してきた。

【問題点】

　担保権消滅手続における代金決済および登記手続の方法

【処理の経過と結果】

(1) 代金決済および登記手続に関する通常の任意売却との相違

　通常の任意売却において買主が融資を受けて代金決済を行う場合には、融資を行う金融機関が確実に買主名義となった物件に第一順位の担保権を設定できるように、売主、買主、従前の担保権者、不動産仲介業者および融資金融機関が一堂に会して、融資の実行と売買代金の支払を行い、これと同時に、従前の担保権の抹消登記、所有権移転登記および同融資に係る担保権の設定登記に必要となるすべての書類を司法書士に交付する（BASIC149頁）。その後、直ちに同司法書士において同時に各登記申請を行う。

　ところが、担保権消滅手続（BASIC257頁）においては、同消滅許可決定の確定後に、買主が裁判所に所定の金銭（法190Ⅰ）を納付したときに、書記官

【事例37】

の嘱託によって担保権の抹消登記を行うこととされており（同条Ⅴ）、所有権移転登記や新たな担保権の設定登記と同時に行うことができない。

　(2)　**事前の説明不足による融資銀行の誤解**

　本事例では、融資実行拒絶の連絡を受けた後、管財人において、買主およびその仲介業者の了解を得て、銀行担当者から事情を聴取した。

　すると、同担当者においては、売買契約締結前に、担保権消滅手続の方法によることの説明を受けていたことおよびそれを踏まえて審査を通していたことを認めたが、それは、担保権消滅手続においても、民事執行法82条2項（裁判所が登記嘱託情報を申出人の指定する司法書士等に提供する方法）が適用されると誤解していたためであり、代金支払と同時に嘱託情報の交付を受けられないのであれば、融資の実行は不可能であるとの返答がなされた。

　そこで、担保権消滅手続による決済は断念し、再度、通常の任意売却を試みたところ、商工ローン業者が抹消料を大幅に譲歩したことから調整がまとまり、あらためて、任意売却を完了させることとなった。

　なお、担保権消滅手続については、取下書を提出して終了させた。

【分析と検討】

　担保権消滅手続を利用した場合においても、買主による金銭の納付後に、管財人が買主以外の第三者に所有権移転登記を行うという事態が発生する余地はなく（裁判所の許可が下りることはない）、融資金融機関としては、ほぼリスクなくして、第一順位の担保権設定登記を備えることが可能である。

　しかし、本事例のように、通常の任意売却と異なる決済手順となるため、金融機関の理解が不足していると、融資の実行が不可能となる場合もあり、買主が融資を受ける予定であるときには、担保権消滅手続の利用が著しく困難となることもあり得る。管財人としては、少なくとも、事前に、買主側仲介業者および金融機関と折衝し、担保権消滅手続を利用した場合における各登記手続の具体的な手順を理解させたうえで、買主が確実に融資を受けられるように注意しておくことが肝要である（全国倒産処理弁護士ネットワーク編『倒産手続と担保権』149頁）。

133

4　自動車

【事例38】 タクシー車両の評価・売却方法

一般乗用旅客自動車運送業（タクシー業）	破産財団	1000万円〜
	債権者数	50〜100名
	処理結果	異時廃止

【事例】

　破産会社（比較的小規模なタクシー事業者）所有の営業用タクシー車両が30台残っており、その換価が必要となった。

【問題点】

　営業用タクシー車両の評価および売却方法、売却の際の注意点

【処理の経過と結果】

(1)　タクシー車両の特殊性

　タクシー車両は反復継続して旅客運送に使用されるものであるため、一般の乗用自動車と異なり、年式に比して走行距離がかさんでいるものが多くあり（5年落ちで40万キロ等）、法定耐用年数を大幅に超過して使用に供されているものも少なくない。そのため、「簿価」として資産計上されている額は実質的な交換価値と大幅に乖離しているのが通常であり、換価に際しては現実の交換価値を正しく評価するよう努める必要がある。本事例でも、評価額の算定にあたり、一般財団法人日本自動車査定協会登録の認定査定士に時価額査定を依頼した（その結果、車両の時価総額は破産会社での簿価額の10分の1程度であった）。

　また、営業用車両に付保された自賠責保険の未経過期間分については資産としての評価が可能であるため、上記時価額査定においてはこの点も加算された。

車両本体は破産会社の所有であっても、その搭載物品（タクシーメーター、ボイスガイド、領収書発行機等）がリース物件であることがあるため、代表者に権利関係を確認のうえ、取り外しと返却の処理を適切に行う必要がある。

(2) 売却の方法

車両は相応の価値がある反面、保管の場所をとるほか、使用しない場合バッテリー上がり等の不具合が生じることもある。そのため、可能な限り早急な売却と搬出を心がける必要がある。

売却にあたっては、適正な売却価額設定のため、上記の査定価額を最低入札価額として提示したうえ、入札形式での売却の方法をとった。

もっとも、本事例では入札方式による売却を試みた際、時価額の数倍に達する最高価額で入札した事業者（タクシー事業者ではなかった）に買受意思に疑念を抱かせる不誠実な態度が見られたため、同社を排除してあらためて入札をやり直すことを余儀なくされた（買受人としての地位を次順位の入札者に譲渡しようと目論んでいたふしがうかがわれた）。

【分析と検討】

安価に営業用車両（あるいは部品取りのための車両）を取得できるとして、同業他社よりタクシー車両の一括での買受申出がなされる場合が多く、買受先を探すのにはさほど苦労はないことが多い。

そのため、売却の公正を期し、破産財団をできる限り増殖する見地から、入札形式での売却も積極的に検討すべきである。

この場合、搬出時期の定めや搬出費用は買主負担となること等の条件を管財人において設定し、かつ破産財団・管財人はいかなる瑕疵担保責任も負わないことを明確に表示しておく必要がある。

なお、タクシーの場合、近時、インターネットの中古車販売サイト等で中古車両の売り物件が散見されるが、多数の台数の売却は難しく、まとまった台数を円滑・迅速に換価するうえでは必ずしも適切な売却方法とはいえない。

【事例39】 特殊車両（水槽車、冷蔵冷凍車、フォークリフト）の評価と売却方法

製造業（水産加工業）	破産財団	100〜500万円
	債権者数	100名〜
	処理結果	異時廃止

【事例】

　破産会社は、水産加工品の製造・販売を行う会社であり、加工製造した製品を自ら直接市街地の販売店に配送する業務も行っていたため、自社で水槽車1台、冷蔵冷凍車2台、フォークリフト1台を保有していた。

　これらの車両は、いずれも外観上は格別の劣化はみられなかったものの、4台のうち3台がドライブシャフトの破断等のために自走ができない状態であり、残る1台（水槽車）も水槽が破損しているため本来の営業の用途には使用できない状態であった。

　これらの営業用車両の評価と換価が必要となった。

【問題点】

　水産加工会社所有の特殊車両を評価・売却する際の注意点

【処理の経過と結果】

　4台の営業用車両について専門業者に時価額査定を依頼したところ、車両の不具合の内容やその補修に必要な作業、コストが考慮された結果、それぞれ1万5000円〜35万円と低い査定額にとどまった。

　ところが、財産状況報告集会期日で車両の売却見込額を報告したところ、出席債権者から廉価売却ではないかとの指摘があったため、次回の集会期日にあらためて関係資料を添付のうえ、売却見込額決定の経緯を報告することとなった。

　そして、集会期日において、車両ごとの不具合の具体的内容や修理見積額に関する詳細な資料を作成し、業者による査定額、未修理状態で買主の費用

負担にて引揚げを行うこと、債権者、従業員を含め、上記査定額以上の価額での買受希望がある場合には申し出られたいことを説明した。

その結果、債権者、従業員らからの買受申出はなかったものの、上記車両売却が適正なものであるとの理解を得ることができた。

【分析と検討】

海産品・水産加工品の運搬に使用される営業用車両は、比較的新しい年式のものでも走行距離が相応に上っているだけでなく、塩水や潮風に長期かつ継続的に曝されることによって通常の陸送用車両よりも内部の劣化が進んでいることが多い。

また、水槽、冷蔵・冷凍設備といった特殊な装備を搭載しているものでは、不具合が生じた際の修理費用も高額となるため、会社が破綻寸前の場合には、故障した箇所が修理されずに放置されていることも少なくない。

このような事情により、水産加工会社が商品等の配送に使用していた車両は年式や走行距離、外観と実際の価値とに大きな乖離が生じることが多い。

本事例に示されるように、営業用車両では一般の乗用自動車と異なり、簿価と実際の交換価値の乖離が大きくなる傾向が強く、車両の種類ごとに特殊な減価要因が存する場合がある。

そのため、破産会社の債権者に地場の取引先企業や元従業員等、その保有資産や業務の内容を知り、かつ高い関心をもっている者がいる場合、不当な廉売であるかのような誤解を生じさせないよう、売却に際しては、売却先や売却条件選定の経過、売却条件設定の理由を客観化し、透明性を確保する工夫が必要である。

また、明らかに価値が乏しい物や相場がある程度存在する物を売却する場合を除き、可能な限り入札形式をとることが売却価額の適正や換価の公正を担保するうえで非常に有用である。

【事例40】 破産手続開始決定時においてすでに進行していた債務名義に基づく競売手続を続行することによる換価に成功した事例

自然人	破産財団	1000万円～
	債権者数	10～50名
	処理結果	配当

【事例】

　申立書には記載されていなかったが、破産者所有の高級外国車（以下、「本件自動車」という）について、破産手続の開始前に、一般債権者たる金融機関（以下、「金融債権者」という）から、仮差押命令申立てがなされ、その後、本訴が提起された。

　金融債権者が本件自動車に対して仮差押決定（命令）を得た後、破産者が第三者（業者）に本件自動車を売却し、登録名義が移転された。

　金融債権者が債務名義を取得したうえで本件自動車に対して競売申立てをし、執行官による取上げ保管（民事執行規則176Ⅱ・174Ⅱ類推）がなされた。

　ところが、第三者（業者）からは、本件自動車の売買契約の解除がなされていた（もっとも、本件自動車の登録名義は、当該業者のままになっていた）。

　ここで、破産手続が開始されたことから、本件自動車の換価方法について検討することとなった。

【問題点】

　本件自動車の換価方法につき、競売手続の続行と任意売却とのいずれを選択するべきか

【処理の経過と結果】

(1)　破産財団に属する財産に対する強制競売の効力

　破産手続開始決定までに、第三者（業者）との間の売買契約が解除され、本件自動車の所有権は破産者に遡及的に帰属するに至っており（民545Ⅰ本文）、

破産財団に属する財産となった。したがって、強制競売手続は、破産財団に属する財産に対する強制競売であり、その効力は失効することとなることから（法42Ⅱ本文）、執行裁判所に対して、強制執行停止上申をし、強制競売手続は停止した。

(2) 見積り依頼

強制競売手続においては、最高申出価格での売却許可決定がなされていたことから、当該価格が相当な金額であれば競売手続を続行し、当該価格以上の金額での売却が可能であれば、任意売却での換価をするのが相当であると考えた。そこで、当該価格が相当な金額であるかを検討するため、複数の自動車販売業者に対し、本件自動車の見積りを依頼した。

ところが、本件自動車は相当に特殊な車種であり、業者が在庫として抱えることを嫌ったため、業者で買い取るということは困難であり、転売先がみつかることが前提での話しかできなかった。ところが、ある業者から、転売先をみつけたうえで、上記最高申出価格よりも1割強の高額での購入申出がなされた（他の複数の業者からも購入申出がなされたが、いずれも競売手続での最高申出価格前後の金額であった）。

(3) 登録名義の抹消登録手続

他方、本件自動車の登録名義は、売却先（解除済み）の業者のままになっていたところ、当該業者に対して、登録名義の抹消登録手続をすることの協力を申し入れ、交渉をしたものの、当該業者は不当な要求を繰り返すのみで、直ちに抹消登録の手続をすることに応じなかった。

(4) 競売手続続行の申立て

そこで、本件強制競売手続が売却許可決定まで進行しているため早期の換価が見込まれること、最高申出価格が相当である（少なくとも不相当な金額ではない）と評価できること、任意売却を実行する場合には上記業者の名義を抹消登録することが必須であるが、任意売却ではこれに困難を伴うこと、仮に金融債権者が仮差押命令申立てを取り下げた場合、上記業者による本件自動車の売買契約の解除がなされていなければ、本件自動車が破産財団に属しな

いという結果にならないとも限らないこと等を考慮し、強制競売手続を続行することにより早期に換価することが適切であると判断して、競売手続続行の申立てをした（法42Ⅱただし書）。

(5) 処理の結果

なお、その後、執行裁判所より配当期日が指定されたが、金融債権者が、配当異議の申出を行ったうえで、執行裁判所に対して、配当異議訴訟を提起した。

もっとも、最終的には、金融債権者の請求は棄却され、競売手続による配当金を破産財団に組み入れることができた。

また、金融債権者が強制競売手続のために負担していた費用については、破産手続開始決定前に行われた部分を含めて全額が財団債権として扱われることから（法42Ⅳ）、後日、財団債権として弁済した。

【分析と検討】

本件自動車は相当に高額であったため、それぞれの関係者が、本件自動車自体あるいは配当金を取得しようと画策していた。

結果的に、配当金を破産財団に組み入れることができたが、売却先の業者が売買契約を解除していなければ本件自動車が破産財団を構成することもなかったし、競売申立てをした金融債権者が仮差押命令申立てを取り下げていたら競売自体も効力を失い配当を受けられない可能性があった。

管財人自身も本件自動車の売却に関心があり、また、やりようによっては任意売却の可能性もあり、任意売却が実現できればさらに高額で売却できた可能性もあるが、配当を破産財団に組み入れることができなくなるリスクも大きく、確実かつ早期に破産財団を確保することを選択した。

任意売却ではなく、あえて競売手続を続行した事例（特に、動産の換価の事例）として、他の事例においても参考になると思われる。

5　有価証券

【事例41】 非上場株式の換価（株主名簿閲覧謄写請求権を利用して換価した事例）

自然人	破産財団	1000万円〜
	債権者数	10〜50名
	処理結果	配当

【事例の概要】

破産者は、相続した地方銀行の株式数万株を保有していたが、当該株式は非上場株式であり株式市場で売却ができないことに加え、株式発行会社においても自社株の買取りを予定していなかった。また、定款には株式譲渡制限規定が存在した。そこで株式発行会社に対して株式の買取りを希望する第三者を紹介するよう求めていたものの、当初、株式発行会社は、買取り希望者の紹介に難色を示しており、当該株式の換価が困難になっていた。

【問題点】

(1) 非上場株式をどのように換価するべきか
(2) 非上場株式の譲渡価格

【処理の経過と結果】

(1) 非上場株式の換価の方法

破産財団に株式が含まれている場合、それが非上場株式の場合には株式市場を通じて売却することができない。この場合、株式発行会社に自社株の買取り制度があれば、株式発行会社に買い取ってもらうという方法が最も簡便な換価方法であるし、また、その場合、株式発行会社は、買取価格を算定する社内基準をもっている場合が多く、そのような基準によって定まった買取価格であれば、一般的には、価格の相当性も認められることになる。

これに対して、本事例のように株式発行会社が自社株の買取りを制度とし

て予定していない場合、株式発行会社に対し、買取りを希望する既存株主の紹介を求めることが考えられる。非上場株式の発行会社では、株式の処分を希望する既存株主のために、買取り希望者を紹介する制度を用意しているのが一般的である。

ところが、それは既存株主の便宜を図るための制度であるため、管財人が買取り希望者の紹介を求めた場合に、株式発行会社がその要望に応えてくれるとは限らない。そこで、そのような場合には、株式発行会社に対し、株主名簿の閲覧謄写を請求することが考えられる（会125Ⅱ）。株主名簿には、株主の氏名または名称および住所、株主の有する株式の数等が法定の記載事項として定められているので（会121条）、そこに記載されている既存株主に対して、株式の買取りを打診することになる。もっとも、管財人が株主名簿の閲覧謄写請求権を行使した場合には、株式発行会社において、買取り希望者を紹介してくれることが多いと思われる。

(2) **譲渡価格の設定**

既存株主に株式を譲渡する場合、その譲渡価格の相当性が問題となる。

多くの場合、株式発行会社自身が譲渡価格の算定基準を有しており、その基準で算出された金額で買取り希望者を募ることになり、算出された金額は客観的な価格よりも若干安価であることが予想される（たとえば、同業同規模の上場会社の平均株価から、その20～30％の金額を控除した残額）。その場合、譲渡価格の相当性が問題となるが、そもそも換価が困難となる非上場株式であることを考慮した場合、若干の割引がなされたとしても換価可能性を優先し売却価格の相当性は認められるものと考えられる。

【分析と検討】

株式発行会社との交渉を続けていたが、当該会社が難色を示したため、やむなく株主名簿の閲覧謄写請求権の行使を示唆し、それを梃子として買取り希望者の紹介に漕ぎ着けた事案であった。

6　在庫商品等

【事例42】 大量の在庫商品（バッグ、財布等の革製品）が存在する場合における売却方法の検討・工夫

卸売業（鞄・袋物卸売業）	破産財団	1000万円〜
	債権者数	50〜100名
	処理結果	配当

【事例】

　破産会社は、ハンドバッグ、ショッピングバッグ、財布等の卸売りを行っていたところ、本社不動産内にはその在庫が計約8000個保管されていた。そこで、当該商品を効率的にかつ早期に換価すべき方法を検討することになった。

【問題点】

　大量の在庫商品をいかに早く高く処分すべきか。具体的には、個別に売却するのか、まとめて売却するのか、これらを併用するのか、いずれが妥当か

【処理の経過と結果】

(1)　棚卸し

　破産会社は、破産時においては、在庫管理が十分にできておらず、売却に先立ち、元従業員の協力を得て、棚卸し、つまり現に在庫としてある資産の数量をアイテムごとに確認した。

(2)　売却方法の検討・協議

　当初、外部の場所を借りて、売れ筋商品を小売りし、売れ残った物について業者へ売却することを検討した。そこで、破産会社の代表者および元営業担当者らと複数回協議を行ったところ、小売りを行ったうえで、その売れ残りを業者へ売却すると、売却が困難ないし非常に低額になってしまい、売却総額はかえって低くなってしまう、との見立てで一致していた。理由として

は、破産会社は、申立ての直近には十分な仕入れができていなかった一方、事業継続のために在庫を何とか売ろうとしていたため、売れ筋の商品が乏しい状態となっていたこと、個々の商品は高級品ではないうえ、顧客に対する訴求力が高くなく、特に財布等は安くしたからといって短期で大量にはさばけないこと、商品単価や1回に売れると予測される量に比して、小売りするために行うタグや値札付けのコスト、会場代、人件費、本社と売却会場との間の商品の運送費等が見合わないおそれもあること、同業他社が破産した際にいずれも在庫処分に苦労していたこと、などがあげられた。さらに、念のため、破産会社の取引業者にも意見を聞いたところ、破産会社は少量多品種を扱っていたところ、一つの商品で、特定の色だけ売れてなくなり、品揃えにおいて色のばらつきが生じると（たとえば、売れ筋の黒色がないなど）、買取価格に大きく影響するとのことであった。

(3) **入札による売却**（BASIC143頁）

そこで、最低売却価格を設定したうえで入札を行い、業者に一括で売却することとした。仮に、入札の結果、最低売却価格を上回らない場合は、再度、小売りも検討することとした。なお、当該最低売却価格は、買受けを希望する旨を伝えてきた業者の示していた数字を参考に設定した。入札手続については、買受けの希望先に入札要項を配付し、希望者に内覧をさせたうえで、設定した締切日までに買付証明書の提出を求めた。入札結果は、当初予想したよりも高値の入札が複数あり（入札参加者は約20社）、総額で、簿価の50％程度での売却となった。

なお、早期に在庫の売却ができた結果、その後の本社不動産の売却も早期に行うことができた。

【分析と検討】

在庫商品の販売については、経営的な判断も求められるため、管財人としては、日常の業務における事業者の相談の中でさまざまな知識を得ておく必要があるとともに、管財人に就任した際には、破産会社の事業内容を十分に理解する必要がある。

【事例43】 大量の在庫商品の売却方法

小売業（鞄・小物等小売業）	破産財団	1000万円〜
	債権者数	100名〜
	処理結果	異時廃止

【事例】

　破産会社は、賃借している倉庫において、数千点の婦人物の鞄、小物等の在庫商品を保管していた。商品の価値は、ブランドや販売時期によってさまざまであったが、相応の価値を有すると思われる物も含まれていた。

　他方、破産会社が在庫商品を保管していた倉庫は、相当程度の賃料の支払をする必要があったことから、在庫商品の換価を行い早期に明渡しを完了する必要があった。また、季節物の商品も多数存在し、販売時期を逸するとその価格が大幅に下落するものもあると見込まれた。

　このような状況を踏まえて、より高額かつ早期に在庫商品を換価し、速やかに倉庫の明渡しをなし得るような売却方法を検討した。

【問題点】

　大量に存在する在庫商品を、できる限り早期に高額で売却するための方法として、どのようなものが考えられるか

【処理の経過と結果】

　在庫商品を換価する手段としては、すべてを一括して売却する方法、個々の商品をエンドユーザーに個別に売却する方法等さまざまなものがある。

　本事例では、在庫商品の数量が多く、買受申出のあった同業他社やメーカーの規模が比較的小さいものであったため、一括売却の方法では資金的に買受けが困難な者も多いと思われた。他方、個別売却をするには分量が多いため、売却に時間を要することとなれば、季節物の商品は単価が下がり、かつ、倉庫の賃料負担が過大になると考えられた。

このため、在庫商品全体を入札の単位とするのではなく、一定数量の商品をひとまとめにしてそれを入札の単位として細分化した。具体的には、数十個から数百個の比較的同種と思われる商品を一つにまとめ、これらを入札の単位とし、それぞれ最高価格を提示した者を落札者とすることとした。他方、換価を速やかに行う必要があったことから、これらの細分化された入札単位を前提として、内覧会および入札手続は全体の在庫商品について、一斉に行うこととした。

その結果、入札の単位を細分化したことによって、企業の規模や資金力に比較的余裕のない買受希望者も入札に参加することができ、売却価格が上昇した。他方、入札の単位は細分化したものの、入札手続は一斉に行ったことから、換価完了までの期間も短縮することができた。

【分析と検討】

在庫商品の種類や買受希望者の企業規模、在庫商品を保管している倉庫が賃借物件であり相当程度の賃料が発生していたこと等を考慮し、最善と思われる方法をもって、大量の在庫商品を短期間で売却した。在庫商品の換価は、さまざまな工夫が考えられる場面であり、個別の事案に応じた柔軟な対応が求められる。

上記入札手続に参加した買受希望者と雑談をしていた際に、入札手続ではなく、現地で競り売りをしたほうが、買い手側の購買意欲の関係からは、より高額での商品売却が可能になると思われるという意見もあった。現地での競り売りをする場合には、競り売りにおいて最高価格を提示した者を買主とする旨の裁判所の許可をあらかじめ取得しておけば、換価から引渡しの期間も短縮できるように思われる。

在庫商品の特性をよく知っていると思われる破産会社の従業員や取引先等に対して情報を提供したうえで、売却方法についての意見を聞くことも有用であると考えられる。

なお、倉庫業者に商品を預けていた場合には、商事留置権の問題が生じ得るので注意が必要である。

【事例44】 販売会の実施による大量の在庫商品の売却方法

卸売業（宝石卸売業）	破産財団	500～1000万円
	債権者数	10～50名
	処理結果	配当

【事例】

破産会社は、宝石の卸売事業を展開する株式会社であり、破産会社には、合計600点を超える在庫商品（簿価約500万円）が残存していた。

【問題点】

在庫商品の換価方法

【処理の経過と結果】

(1) 換価方法の確定に至るまでの経緯

破産手続開始後、在庫商品すべてについて型番・品番・簿価・数量を記載した在庫リストを作成し、代表者、元従業員、動産買取業者、同業者等に換価方針に関する意見聴取を行った。その結果、一般のエンドユーザーを対象とする販売会を実施した場合、業者に対する一括売却と比べて 3 倍程度の価格で売却できる可能性があるとの意見が多数を占めた。同時に、動産買取業者複数社に対して査定を依頼したところ、一括売却で70万円～100万円程度との結果が出た。そこで、売却方法については、エンドユーザーを対象とする販売会を実施することとした。

(2) 売却価格の設定、準備等

販売会は、管財人が所属する弁護士会館の一室を借りて実施した。販売会を実施するにあたり、次のように経費支出を最小限にとどめるよう努力した。

① 広告は、管財人事務所で作成したうえ、同会所属の弁護士宛に配付し、その他の広告は行わないこととした。

② 値札の作成、取り付け等の販売準備は、管財人事務所の人員と代表者

のみで実施した。

③ 展示用什器備品は、専門業者から破産手続への理解を得ることで、正規料金から大幅な値引きを受けレンタルした。

また、エンドユーザーが顧客であり、販売会場での値切り交渉がなされることが予想されたことから、裁判所から取得する売却許可は、ある程度の幅のある価格帯で売却を可能とする内容とした。

(3) 販売会の結果、売れ残り品の最終処分

販売会は、午前11時00分から午後8時00分までの間に実施した。

販売会当日には、商品の内容を熟知している代表者も会場に常駐させ、その他の販売スタッフは、管財人と管財人の所属する事務所の人員数名で対応した。また、特に指輪については、サイズ直しを希望する顧客にも対応できるように、希望者には専門業者と直接契約してもらい、管財人がサイズ直しには一切関与せず何らの責任も負わないことを前提として、専門業者の連絡先を伝えるサービスを行った。

販売会を実施した結果、売上げは総額400万円を超えるに至った。売れ残りの数十点の在庫商品（簿価約100万円）は、動産買取業者複数社が参加する形で入札を実施し、最も高額で入札した業者に一括売却することで、在庫商品の換価業務を終了した。なお、入札による売却に関しては、実施前に、破産裁判所から「入札を実施し、最高価格を提示した業者に一括売却する」旨の許可を取得していた。

【分析と検討】

業者に対する一括売却は、簡易迅速な処理が可能となる分、売却価格がエンドユーザーに売却する場合に比して低額になる傾向にあることに留意すべきである。

また、消費者向けの販売会を実施する際には、現金取引であり、来場者の要望等に即時に対応しなければならないため、当日生じ得る事態をあらかじめ想定したうえで、裁判所から取得する許可の内容にも一定の裁量を設定しておく等留意する必要がある。

【事例45】 大量に存在する単価の低い在庫の換価（100円均一ショップ向け卸売業者の事例）

卸売業（雑貨卸売業）	破産財団	500〜1000万円
	債権者数	10〜50名
	処理結果	配当

【事例】

破産手続開始決定当時、破産会社は倉庫を賃借しており、倉庫内には、100円均一ショップに対する卸売商品在庫が合計約15万個存在していた（仕入価格総額は約600万円）。これらは商品の種類ごとに4個ないし100個を1パックとしてビニール袋に封入されており、その総量は約1万3000パックであった。

破産会社は、上記倉庫について、破産手続開始決定当時、すでに3か月分の賃料の支払を遅滞しており、できる限り早期に明渡しを完了することが必要な事例であった。また、これらの大量の在庫を保管するためには相当に広いスペースが必要であり、在庫商品を他の場所に移動することは、費用的にも作業的にも困難であった。

そこで、破産手続開始決定の後1か月以内に倉庫の明渡しを完了するというスケジュールを立て、そのスケジュールのもとで、いかに在庫商品を高額で換価するかを検討した。

【問題点】

大量に存在する単価の低い在庫商品を換価するためにはいかなる販売方法を採用するべきか（販売先、販売価格をいかに設定するべきか）

【処理の経過と結果】

(1) 在庫商品の処分方針

破産手続開始決定の後1か月以内に倉庫の明渡しを完了するためには、早期に確実に在庫商品の全部を売却する必要があり、そのための方法としては、在庫商品を買取業者に対して一括売却する方法も考えられる。しかし、在庫

商品の中には不良在庫商品となっているものも多数含まれ、その保管には相当に広いスペースと保管費用を要するため、買取業者に対して在庫商品を一括売却する方法では、相当に安価な価格での売却しか期待することができないと思料された。

そこで、①まずは、倉庫にて在庫販売会（1日、朝から夕方まで）を実施したうえで、②販売会で残った在庫を買取業者に対し一括売却する、との方針を定めた。

(2) 在庫販売会の実施

(A) 案内先

上記①の販売会については、広くエンドユーザーを対象として実施する方法も考えられるが、倉庫の明渡期限が迫っていたため売却できる数量に限界があると思われた。

そこで、販売会での主たる販売先を、破産会社の従前の販売先および個別に買受申出を行ってきた買取業者と定め、各社に対して案内状を発送した。

(B) 販売価格

販売価格について、販売会では、買受希望が集中する商品と集中しない商品（不良在庫等）とに分かれることが予想され、買受希望が集中する商品については、大幅な値引きをしなくても、相当数量を売却することができるものと見込まれた。

そこで、販売会における販売価格を、一律、破産会社の仕入価格の7割（従前の卸売販売価格の約6割）と定めた。

なお、販売価格の設定については、価格を均一にする方法も考えられるが、100円均一ショップの卸売商品の単価は、数十銭から数十円までと、価格の幅が広い。そのため、価格を均一にしてしまうと、もともとの仕入単価が低い商品の売却が困難になってしまうおそれがあった。このため、上記のとおり、仕入価格に応じた販売価格の設定（仕入価格の7割）とした。

(C) レジ等会計処理

在庫販売会当日のレジについては、事前に、バーコードの読み取りにより

購入商品の一覧・購入価格を表示することができるよう表計算ファイルを作成し、在庫販売会当日には、バーコードリーダー、パソコンおよびプリンターを活用して、会計作業を行った。

破産会社では、商品カタログが作成されており、バーコードでの読取りが可能となっていて、また、申立て段階で、数量・仕入価格を記載した在庫一覧の作成がなされていたことから、上記の表計算ファイルの作成が可能であった。

(D) 販売結果

在庫販売会では、メールおよびファクシミリで注文をした買取業者を含め、合計12社に対して、合計約3万個（合計約2500パック）の商品を、合計約100万円で売却することができた。買受希望が集中する種類の商品については相当数が売却でき、販売会当日に完売した商品は約400種類にも上った。

(3) 残った在庫の処分

残った在庫については、入札方式により買取業者に対して一括売却を行い、破産手続開始決定の後1か月以内に倉庫の明渡しを完了した。

【分析と検討】

大量の在庫がある場合には、迅速に換価を完了するため、一般的な方法として、一括買取りを条件に買取業者に対して売却をする方法も考えられるが、商品の種類や性質に応じて、個々の事例に適した売却方法を工夫する必要がある（BASIC184頁）。

本事例は、多様な種類の在庫商品が大量にあったこと、一括買取りでは相当に安価な価格での売却しか期待することができなかったこと、逆に、個別に商品を売却すれば、買受希望が集中する商品については、さほど値引きをしなくても売却が可能であると思料されたこと等から、在庫販売会を実施するのに適した事例であったといえる。

在庫販売会では、1日で大量の商品の売却がなされることから、場内の混雑の整理やレジを速やかに進める工夫、売却商品の梱包等をも含めた事前準備が肝要である。

貸借建物内の在庫（タイヤ、ホイールその他自動車用品）、動産類（機械・工具類および什器備品）の換価方法

卸売業	破産財団	500～1000万円
	債権者数	10～50名
	処理結果	配当

【事例】

　破産会社は、賃借建物にてタイヤおよび自動車関連部品等の卸売販売をしており、当該建物内には、在庫（タイヤ約230本、ホイール約80個、サスペンションその他自動車用品、申立書記載の簿価約2000万円）、機械・工具類（アライメント機器、リフトその他、申立書記載の簿価約400万円）、および什器備品（申立書記載の簿価約100万円）が存在していた。

　なお、当該建物は賃借物件であり、早期の明渡しが必要であったため、上記在庫等を早期に換価することができるか否かを検討した。

【問題点】

(1)　タイヤ、ホイール等の在庫、機械・工具類および什器備品の換価価値

(2)　タイヤ、ホイール等の在庫、機械・工具類および什器備品の換価方法

【処理の経過と結果】

(1)　換価価値

　まず、申立代理人から資料の引継ぎを受けた後直ちに、同業者に申立書添付の在庫等のリストをみてもらい、在庫等の換価価値について意見を求めた。すると、同業者より、ゴム製品であるタイヤは劣化が早く、また、店頭では半年サイクルで新商品が入れ替わるため古い型は換価価値がないが、当時店頭に並んでいた在庫商品については換価価値があると思われる旨の回答を得た。

(2)　換価方法

【事例46】

　他方、滞納家賃の発生を抑えて差入保証金返還額の減少を防ぐためには、早期の明渡しが必要であったことから、在庫や機械・工具類および什器備品を一括して売却することとした。なお、在庫、機械、工具類を賃借権ごと承継する方法については、明渡しを要しない点、および破産財団増殖の観点からは魅力的に感じられたが、賃貸人の承諾が必要となるし、賃貸人には次のテナントの引き合いが複数あったという事情があり、在庫、機械・工具類および什器備品等の動産類のみの売却とした。

　そこで、この方針のもと、個別に連絡があった業者数社から見積りを得て、裁判所の許可を受け、最も高い評価額を提示した業者へ代金約100万円で売却した。入札手続を経ることも考えたが、時間的制約との関係で、見積りを取得して、売却先を決定する方法を採用した。結局、破産手続開始決定後約1か月で在庫および動産類を売却して引渡し（買主による搬出）を完了することができた。

【分析と検討】

　当初はそもそもタイヤ等の在庫に換価価値があるのか否か自体が不明であったが、同業者の力を借りて、早い段階で換価可能という感覚をつかむことができたため、売却という方向で迅速に処理することができた。また、機械・工具類および什器備品も在庫とセットで売却することで、換価業務を一度に済ませることができ、かつ、かなりの数量の動産類を撤去したことで原状回復費用の軽減を図ることができ、その後の賃貸人との差入保証金返還交渉をスムーズに進めることができた。

　また、売却可能と判断されるとしても、本事例のように簿価と客観的な価額とが乖離していることがあるので、急いで売却する場合であっても、相見積りを取得するなどして価格の相当性を確認しておく必要がある。

【事例47】 倉庫業者に商事留置権を主張されている多数の在庫商品の任意売却

卸売業（鉄鋼製品卸売業）	破産財団	1000万円〜
	債権者数	10〜50名
	処理結果	配当

【事例】

　破産会社は、その在庫商品である鉄鋼製品（鋼板・コイル等）を倉庫業者3社に保管させた状態のまま破産手続開始決定を受けた。そのため、各倉庫業者からは、当該鉄鋼製品の早期の搬出と未払の保管料（約35万円〜約160万円）の支払を求められていた。

【問題点】

(1)　鉄鋼製品の売却先の選定方法
(2)　商事留置権者に対する対応

【処理の経過と結果】

(1)　売却先の選定

　まず、在庫商品である鉄鋼製品の現状を正確に把握するため、各倉庫を訪問して、実態の調査を行った。本事例では、破産会社の廃業時から破産申立てまでにかなりの時間が経過しており、その間、当該鉄鋼製品は倉庫内で放置されていたため、表面が酸化するなどして品質の劣化が著しく、国内での流通は困難な状況であった。また、当該鉄鋼製品を本来の用途に供するためには、専門業者による加工作業が必要であり、現状のままで一般の動産買取業者へ売却する場合には、いわゆるスクラップとして廉価での売却となることが予想された。そこで、破産会社の代表者や倉庫業者の関係者等からの情報を基に、最も高額での売却が期待できる、鉄鋼製品を多く取り扱う専門商社への売却を試みることとし、複数の業者に、当該鉄鋼製品の品名、サイズ、数量および重量といった基本的な情報や、現状を撮影した多数の写真を提供

したうえで入札を実施した。なお、入札にあたって内覧会の開催も検討したが、倉庫業者の協力が得られず、断念した。その結果、情報提供した業者6社のうち4社から入札があり、最高額は約300万円となった。そこで、裁判所の許可を得て、最高額で入札した業者へ当該鉄鋼製品を売却することとなり、商事留置権を有しているため別除権者（法66条Ⅰ）と考えられる各倉庫業者の了承が得られた段階で、正式に売買契約を締結することとした。

なお、売買契約の締結にあたっては、当該鉄鋼製品の搬出費用は買主の負担とするとともに、所有権移転後に生じる保管料も買主の負担とすることを条件とした。

(2) 商事留置権者への対応

各倉庫業者は、当該鉄鋼製品の売却に伴う搬出にあたって、未払保管料を被担保債権とする商事留置権を主張していたところ、商事留置権は別除権（法66Ⅰ・65Ⅰ）となるため、その対処が必要であった（BASIC259頁）。

各倉庫業者のうちA社およびB社については、破産会社の代表者の情報によれば、これら2社に保管されている鉄鋼製品の売却代金が未払保管料を上回ることは確実と思われた。他方、C社については、保管されている鉄鋼製品の量はわずかであり、売却代金も僅少となることが予想された。そのため、まずは当該鉄鋼製品について入札を実施して売却可能な価額を把握し、その後に、各倉庫業者との間で、商事留置権を消滅させるにあたって支払う金額（別除権の受戻価額）について交渉を行うこととした。

A社およびB社については、予想どおり未払保管料が保管中の鉄鋼製品の売却代金を下回っていたため、未払保管料のほぼ全額（ただし保管料の一部および遅延損害金は免除を受けた）を支払うことで合意した。他方、C社については、売却代金が未払保管料に満たなかったが、売却代金の半額を破産財団に組み入れることについて了承を得られた。

その後、最高額で入札した業者と正式な売買契約を締結し、売買代金を受領して、各倉庫業者との間では別除権の受戻しを行った。

その結果、売却代金と別除権の受戻価額の差額の合計額である約200万円

155

を破産財団に組み入れることができた。

【分析と検討】

　在庫商品である動産類を高額で換価するためには、当該商品に関する正確な情報を収集したうえで、最適な流通ルートを選択して売却することが有用である。

　当該動産類に別除権者が存在する場合には、スムーズな換価を実現すべく、当該別除権者とも交渉を行う必要がある。本事例とは異なり、入札に先立って別除権者に公正な入札を実施する旨を説明し、落札金額に異議を述べないことおよび売却代金の財団組入率について別除権者と合意しておくことが有用な場合もある。

〔コラム8〕
廃棄済み自動車の確認方法

　破産者より、従前保有していた自動車については、すでに廃車したので、現存していないなどの説明がなされることがあります。

　その裏付け資料を容易に確認することができれば、特に問題はないのですが、破産者において、書類はすべて捨ててしまったという場合もよくあります。

　そのような場合には、古い自動車検査証や帳簿等により、車台番号と登録番号がわかれば、使用済自動車の再資源化等に関する法律に基づく公益財団法人自動車リサイクル促進センターの自動車リサイクルシステムのウェブサイト（http://www.jars.gr.jp/index.html）にて検索することによって、登録事項証明書を取得しなくとも、同自動車の処理状況を確認することが可能です。

　なお、同システムにより解体報告がなされていることが判明しても、抹消登録が未了の場合がありますので、自動車税の課税を避けるために、速やかに永久抹消登録を行います。

　また、破産手続終了後の名義変更については〔コラム14〕（242頁）を参照してください。

金型(仕掛品)の換価と製造にあたって作成した図面の取扱い

製造販売業	破産財団	1000万円～
	債権者数	50～100名
	処理結果	配当

【事例】

　破産会社は、顧客(発注元)から注文を受けて金型を作成し、これを販売するといった金型製造販売業を営んでおり、破産手続開始決定時点において金型の仕掛品2件が残されていた。また、これら顧客(発注元)の注文に応じて作成した金型の図面が多数保管されていた。

【問題点】

(1)　金型の仕掛品の換価方法と評価額の算定方法
(2)　図面の所有権の所在および図面の処分(換価)方法

【処理の経過と結果】

(1)　仕掛品の換価方法と評価額の算定方法

　仕掛品については、いずれも顧客(発注元)との協議により、完成の程度に応じて、完成品の価額を減価する方法で決定した。

　この点、金型製造の商慣習上、金型製造業者は金型を作成し納品するだけでは足りず、検収、試験運用を経て不具合を微修正するといった一連の作業が求められている。本事例の仕掛品はいずれも完成間近ではあったものの、上記検収、微修正等の作業を破産会社において今後行うことができないことから、発注元がこれを代替業者に依頼する必要が生じていた。同作業は納品後のサービスに過ぎないと整理することも考えられないわけではないが、商慣習等に照らせば、同作業も契約上の義務であり、これらを含めた一連の作業の対価が金型完成品の価格に対応したものであると考えられた。

　そのため、仕掛品2件の価格については、発注元との間で個別交渉を重ね、

完成の程度やその後の作業量、早期回収の観点も加味して、概ね完成代金の8割で合意して、これを破産財団に組み入れた。

(2) 図　面

破産会社においては、発注元のために製造した金型の図面を紙媒体で大量に保管し、この図面を基に発注元の注文に応じて金型を製造していた。そこで、発注元からは、今後は別の業者に金型製造を委託する必要があるため破産会社保管の図面を引き渡してほしい旨の申入れを受けた。

そこで、関係当事者から事情を確認し、図面の所有権としては破産会社が保有していると認定できたものの（図面が著作権法上の著作物に該当するかについては検討の余地がありうるが、仮に著作権が認められたとしても、発注元との契約上その権利譲渡も明確ではない）、破産会社の商慣習上、図面作成も含めての金型製造対価であったことや、破産手続開始決定前も発注元からの要望に応じて無償で図面を交付していたことが認められた。また、発注元に図面を売却するとしても、図面の財産的価値を算定することは困難であり、一方、図面は紙媒体で保管されており交付するとしてもそれほど労力や実費を要しなかったためその実費相当額を請求するというアプローチも困難であった。さらに、図面の保管場所が賃借物件であり速やかに明け渡す必要があったこと等総合的に勘案して、結局、無償で発注元に対して交付することとした。

ただし、上記のとおり、図面の保管場所は賃借物件であり速やかに明け渡す必要があったことから、発注元から申出があった場合に限定し、かつ、効率化のためにまとめて同一日において返還するよう調整をした。

【分析と検討】

小さな商品の仕掛品の場合には、土木工事のように出来高管理がなされているわけではないため、その出来高算定は難しい。破産会社の商慣習等も踏まえて、出来高算定と価格交渉をする必要がある。

また、本事例においては破産会社保管の図面を無償で発注元に交付したが、図面の内容や交付のコスト等によってはその対価を求めることが適切な場合もあるため、商慣習等も考慮して方針を検討する必要があろう。

7　機械・工具類・什器備品

【事例49】 クリーニング業におけるクリーニング未了品の処理と機械管理

クリーニング業	破産財団	～100万円
	債権者数	10～50名
	処理結果	異時廃止

【事例】

　破産会社は、ホテル等にリネン類（シーツやタオル、浴衣等）の貸出しを行うリネンサプライ業者から、リネン類のクリーニング業務を請け負っていたが、破産手続開始決定時、クリーニング未了のリネン類（リネンサプライ業者所有のもの）を多数占有した状態であった。

　また、業務に使用していた洗濯機等も多数所有していた。

【問題点】

　クリーニング未了のリネン等の処理および洗濯機等の資産の売却

【処理の経過と結果】

(1)　クリーニング未了のリネン等の処理

　破産会社の工場に、クリーニング未了のリネン等（浴衣、布団を含む。4トントラックでおよそ3台分）が残置されていた。

　これらは、いずれもリネンサプライ業者の所有物であり、それを預かり保管していたものであった。

　管財人としては、これらの物品に所有者であるリネンサプライ業者の取戻権（法62）があることは争うものではなかったが、予納金約20万円のほかには破産財団の増殖は期待できず、その返還のための費用を捻出することはできない状態であった（返還のための費用について業者に問い合わせたところ、予納金の範囲では困難との回答であった）。

そこで、リネンサプライ業者にリネン等の引取りを交渉した。

上記のとおりリネン等は相当の量があり、リネンサプライ業者も自社での費用負担による引揚げに難色を示していたが、破産財団からの返還費用の支出が困難であること等を粘り強く説明した結果、リネンサプライ業者においてリネン等の引揚げを行ってもらうことができた。

なお、破産手続開始決定から引揚げ完了まで約1か月を要した。

(2) 洗濯機等の資産の売却

破産財団に属する財産として水洗機3台、乾燥機2台等が存在した。

ところが、破産会社の所在地が寒冷地であり、また申立てが冬季であったにもかかわらず、事業停止の時点での処置が十分でなかったことから、内部に残っていた水が凍結して水洗機の大半が故障し無価値となっていた。

管財人が調査したところ、機械類のうち乾燥機については数万円程度での売却が可能な見込みであった。

ところが、乾燥機のみを売却すると故障した水洗機が残されることとなり、買取業者の査定ではその処分費用は到底数万円では足りず、破産財団からの支弁も困難であった。

結果的にリネンサプライ業者に処分が必要な機器も含め無償で引取りに応じてもらうことで解決した。

【分析と検討】

破産会社の業務内容が、リネンサプライ業者1社からの受注のみであったため、クリーニング未了のリネン等の引取りについては比較的スムーズに行うことができた。

洗濯機については、その性質上、内部の水が凍結して故障に至ることはあらかじめ予測が可能であったことから、管財人としても、裁判所から打診があった段階で早急に機械の処置を考慮すべきであった。

買取業者に依頼をしても換価が困難な物品や破産財団の状況から処分費用を捻出できない無価値物が存する場合、管財人としては、同業他社や取引先業者の協力を求めるなどして、可能な限り処理を検討する必要がある。

顧客が使用中の事業資産（トンネル工事等に使用される振動計測機器）の換価

土木・建築関連業	破産財団	1000万円〜
	債権者数	10〜50名
	処理結果	配当

【事例】

　破産会社の主たる事業は、トンネル工事等の際の振動を計測する機器（もととなる汎用型の計測機器に自社が開発した通信機器を組み合わせて、遠隔地からインターネット回線を使ってデータを送信する機器）をトンネル工事等の現場に設置し、工事が終了するまで24時間計測を続けるというものであった。

　破産会社は、施主である顧客からトンネル工事全体を請け負った元請事業者の下請事業者であり、元請事業者からの支払は、全体の契約金額を工事期間で割った金額が毎月支払われるものや、前払がなされているもの等多様であった。また、トンネル工事は、何期かに分かれて工事を行うため、同一の現場において、何度も同一の内容で受注していると思われるものや工期が予定よりも延長しているものについては、契約関係が明らかでないことが多かった。

　現場に設置される計測機器一式は、従前、工事の終了とともに現場から引き揚げ、振動計測機器本体（自社所有とメーカーからのレンタル品の両方あり）については、メーカーにてメンテナンスをしたうえで、別の現場に設置するということを繰り返していたため、破産手続開始時点では、メーカーに預けられたままの機器も存在した。また、工事現場への機器の設置や終了時の回収の他にも機器の故障時には、全国に点在する工事現場における現地確認および取替え等の対応等が必要であった。これらの対応は、自社の元従業員が5年ほど前に立ち上げた別法人が下請けしているものも多数存在した。

【問題点】

(1) 遠隔地の工事現場で稼働中の機器の換価方法
(2) メーカーから賃借した機器を工事現場に設置している場合において、メーカーが工事業者（元請事業者）に対して直接請求をしてきた場合におけるメーカーとの調整方法

【処理の経過と結果】

(1) 自社所有計測機器

計測機器が自社所有のものであっても、契約を解除したうえで計測機器を回収し売却処分することは、工事現場全体への影響を考えると、元請事業者や施主である顧客の理解や協力が得られる可能性は低いため、回収自体が容易ではない。そこで、回収の手間、回収した場合に予想される換価価値よりも工期の残期間にかかる契約金額が高い場合には、残期間の契約金額を基準に、①元請事業者であるトンネル工事業者に売却（元請事業者との従前の契約は合意解除）、②元従業員が設立した別会社に元請事業者との間の契約上の地位を譲渡するなどして、機器がそのまま現場で使用されるようにした。また、工期の残期間が短い等など、予想される機器自体の換価価値のほうが高いものについては、③上記②と同様に機器自体の換価価値も含めた価格で元従業員が設立した別会社に譲渡するか、④機器を回収のうえ売却するかのいずれかの処理を行った。

なお、元従業員が設立した別会社に対しては、破産会社が開発していたソフトウェア（実際の開発者は別会社の元従業員）についても、買取りを依頼した。譲渡金額については、開発には相応の費用がかかっていたが、市場性に乏しいため、10万円で合意した。

(2) メーカーからの賃借機器

メーカーからの賃借機器については、契約期間の残存期間における破産会社の収益相当額（「元請事業者からの回収額」－「メーカーに支払う機器の賃料」）を基準として契約上の地位をメーカーに譲渡する和解を行った。

【分析と検討】

換価業務については、当該対象物を最も必要としている相手への売却を試

みることにより高額での売却が期待できる。本事例では、当該計測機器を現状使用している顧客がそれに当たる。特に本事例では、工事現場が全国各地に点在しており、工期の途中で契約の解除を選択した場合には、元請事業者が機器の返送等の対応をしてくれるとは考えにくく、機器自体を回収するために一定の費用がかかることから、対応すべき選択肢は限られていた。ただ、本事例では、元従業員が設立していた法人からの協力が得られたことで今後のメンテナンスの対応が可能となったという事情があったことから、顧客等への売却交渉でも、それほどの価格劣化を生ずることはなかった。さらに、計測機器自体の価値だけではなく、「今後も計測機器をそのまま稼動し続けることにより得られる利益」の一部も破産財団に組み入れることができた。

実質的な換価終了まで7か月ほどを要したが、破産財団としては、放棄するよりも550万円ほど増殖した。

〔コラム⑨〕

善管注意義務

　管財人は善良な管理者の注意をもって職務を行わなければなりません（法85）。

　たとえば、管財人の和解処理や放棄等に関し、債権者が不満を抱いた場合、後日、債権者から、管財人が善管注意義務違反を理由に損害賠償請求されるケースも考えられます。管財人としては、裁判所に対する許可申請をする際、その合理性を示したうえで、それを根拠づける資料等を提出するとは思いますが、上記損害賠償請求訴訟になった場合、その内容について詳細に検討されることがあります。

　管財人としては、迅速にさまざまな判断を求められることが多いため、必ずしも後日の合理性の立証という観点からの証拠化が十分になされていないケースも考えられますが（たとえば、一人で交渉を行っている場合、メモを十分にとれないこともありますが、後日、そのときの協議内容が問題になることも考えられます）、高度な善管注意義務を負う管財人としては、かかる証拠化も意識したほうがよいでしょう。

8　船　舶

【事例51】 小型船舶について、専門業者への委託販売によってエンドユーザーへの高価売却を行った事例

建設業	破産財団	500〜1000万円
	債権者数	10〜50名
	処理結果	配当

【事例】

　破産会社は、小型船舶（以下、「本件船舶」という）を所有し、駐艇契約を締結していたマリーナにて保管していたが、破産手続開始決定時においては、駐艇料2年分を滞納し、本件船舶を風雨に晒された状態で残置していた。

　同船舶の処分状況については、破産債権者が強い関心を示しており、管財人としては、説得的な説明が可能となるように換価すべき状況であった。

【問題点】

　小型船舶の登録等に関する法律上の小型船舶の売却方法

【処理の経過と結果】

(1)　小型船舶総論

　本件船舶は、総トン数20トン未満の船舶であり、「小型船舶」に該当するプレジャーボートであるが、その所有権の変動は、小型船舶登録原簿への登録が第三者対抗要件となる（小型船舶の登録等に関する法律2〜4）。

　なお、総トン数20トン以上の大型船舶については、船舶法に基づく船舶登記と船舶原簿への登録が必要であるうえ、その所有権の変動は、登記とともに船舶国籍証書への記載が第三者対抗要件となり（商687）、小型船舶と取扱いが異なるので注意が必要である。

　小型船舶の譲渡に必要な書類は、船舶検査手帳、船舶検査証書、譲渡証明書および管財人の印鑑証明書であり、裁判所の許可書は必要的ではない。

(2) 売却経過

　本件船舶の簿価は、本体およびエンジンを合わせて約360万円であったが、動産買取業者2社の査定では、13万円、35万円との評価であった。

　他方、破産会社が従前から本件船舶の修理等を依頼していたという修理業者から聴取したところでは、およそ、本件船舶のようなプレジャーボートについては、自動車のように流通市場が発達しておらず、買取りを行う業者自体がほとんど存在しないこと、買取りを行うとしても不良在庫となる危険性を踏まえて相当低額となること、そのため、高価売却を望むのであれば、買取りではなく、エンドユーザー向けに仲介や販売委託の形態にて、販売活動を行うことが相当であるとのことであった。

　また、本件船舶が残置されているマリーナに対しては、換価作業に尽力している旨を十分に説明して理解を求めたところ、当分の間、搬出を求められないこととなった。

　そこで、インターネット上の情報も参考にして、複数の中古ボート専門業者を抽出したうえ、当業界でのシェアや同修理業者の意見も踏まえて、うち1社に本件船舶の販売を委託することとした。

　その際には、同社と交渉のうえ、鍵や重要書類は管財人が保管すること、販売委託手数料は定額5万円とすること、移転登録の費用は買主負担とすること等を確認して、委託契約書を取り交わした。

　その約3か月後に、価格130万円での購入希望者が確保できたので、裁判所の許可を得て売買契約を締結し、代金決済および引渡しを完了させた。

【分析と検討】

　本件船舶のように、エンドユーザーや市場が限定されている動産については、破産者の関係者の外、販売業者や管理業者等の知見も活用して、その特殊性を踏まえた販売方法を模索することが高価売却につながることになる。

　保管状況や保管費用によっては、一般的な動産買取業者に速やかに売却せざるを得ない場合もあるが（BASIC187頁）、そのような場合でも、可能な限り、当該動産に精通した者の意見を聴取することが肝要である。

【事例52】 漁船の共有持分の評価と換価

漁業	破産財団	〜100万円
	債権者数	〜10名
	処理結果	異時廃止

【事例】

　破産者は漁師であり、3隻の漁船について「漁船原簿」に公示される共有持分を有していた。破産手続開始決定時、それらの共有持分には換価価値がないとして自由財産拡張の申立てがなされていた。

　そこで、漁船（共有持分）が自由財産拡張の対象となりうるのか、また、換価を要する場合にはどのように評価を行うかが問題となった。

【問題点】

(1) 漁船の自由財産拡張適格の有無
(2) 漁船の評価方法と換価の工夫

【処理の経過と結果】

(1) 漁船の自由財産拡張適格の有無

　漁船は「漁網その他の漁具」（民執131⑤）と考えることは困難であり、本来的自由財産（差押禁止動産）には当たらない。また、漁船は定型的な拡張適格財産にも該当せず、破産者がすでに漁業を廃業していることも考慮すると、漁船共有持分については拡張適格を有しないと考えられた。

　以上の点を破産者に説明すると、自由財産拡張の申立ては取り下げられた。

(2) 漁船の評価方法と換価の工夫

　申立書添付の財産目録では、漁船の共有持分の換価価値は、いずれも0円とされていた。いずれの漁船も、進水年から長期間が経過していること、5分の1の共有持分に過ぎないことがその理由であった。

　ところが、疎明資料の「漁船原簿」では、いずれの漁船も「船齢」（船体の

進水からの経過年数）は20年以上であったが、漁船に関する損害保険の「引受通知書」では「機齢」（エンジンを中心とする機関部分の製造年数）が10年弱で比較的新しいことが判明した。

　そして、漁船保険の資料を確認したところ、いずれの船も船体価額は各400〜800万円、機関価額はそれと同額以上あり、漁船全体の保険価額はそれぞれ800〜2000万円とされていた。また破産手続開始以前に、債権者（漁業協同組合）に漁船の共有持分が差し押さえられた経緯があることも判明し、5分の1の共有持分であっても一定の資産価値が存することが見込まれた。

　そのため、他の共有持分権者のほか、かつて差押えを行った債権者に共有持分の買取りを打診したところ、債権者からは買受希望はなかったものの、共有持分権者の一人から数十万円程度での買受希望が出された。上記のような漁船全体の価額に比して買受申出額が低廉であったことから他の買受希望者の模索も行ったが、結局新たな買受希望はなく、買受けを申し出た共有持分権者と協議・交渉のうえ、若干の増額を得て共有持分の売却を行った。

【分析と検討】

　漁船の価値は、船体の状態・船齢のみならず、エンジンを中心とする機関部分の価値や過去のメンテナンス歴、魚群探知機等の電装品の装備状況によっても大きく左右される（特に、船齢と機齢が区別されている点に注意）。

　通常、漁船の売却を行う際は、中古漁船の専門業者（買取業者）が売却先の第一候補となるが、取引市場が限られる中古漁船にあっては、中古自動車に比べ取引価額に幅がある印象であり、船齢と機齢、装備から算出される漁船保険の保険価額は適正な売却価額を探るうえで一定の指標となる。

　進水年は漁船原簿から、また機関部分の製造年数は（漁船原簿には記載がない）漁船保険の資料から知ることができる。進水年数が古くても、漁船保険で機関部分の製造年数や電装品の評価額を知ることが有用である。

　もっとも、本事例のように、自動車と異なり漁船は複数の漁業者が共有して事業に使用している場合があり、専門業者への売却が困難であるため、他の共有持分権者との間で柔軟に換価を図ることも検討する必要がある。

9 その他資産

【事例53】 死因贈与契約に基づく受贈者たる地位の換価

不動産業（不動産賃貸業）	破産財団	100〜500万円
	債権者数	10〜50名
	処理結果	配当

【事例】

破産者は、配偶者（夫）名義の収益物件（土地2筆および同土地上の4階建て建物）の一室に居住していたが、配偶者との間で、破産手続開始決定の約6年前に、配偶者の死亡を始期として同物件の贈与を受ける旨の死因贈与契約を締結していた（なお、同契約は公正証書による）。

そして、同物件には破産者名義で上記贈与契約を原因とする所有権移転仮登記が経由されていた（ただし、先順位の抵当権の設定あり）。

そこで、そのような死因贈与契約に基づく受贈者たる地位を換価することができないかを検討することとなった。

【問題点】

(1) 死因贈与契約に基づく受贈者たる地位の換価可能性
(2) 売却価額の算定方法（特に、優先する抵当権の設定がある点を、資産価値上どのように考慮すべきか）

【処理の経過と結果】

(1) **換価の可能性の有無およびその方法**

破産者の有する契約上の地位は、始期の到来時期が不明であること、贈与に優先する抵当権の実行により覆滅されるおそれがあることから、換価が困難ではないかとも思われ、当初、裁判所も同見解であった。

もっとも、仮登記で上記地位は保全されており、また、当該物件は年額

1000万円の賃料収入があり、現在の所有者（配偶者）が被担保債権の約定弁済を問題なく継続するものと見込まれたことから、上記契約上の地位も権利として相応の価値を有するものと考えられた。そこで、その契約上の地位自体の売却処分が可能であると考え、換価を行う方向で裁判所と協議を進めた。

なお、換価による権利の移転については破産者名義の所有権移転仮登記に付記登記を行う方法によることとなる。

(2) 売却価額の算定方法

上記契約上の地位は権利としての実現可能性に不安定な要素があるため、換価の際にも売却価額の算定は慎重に行う必要があった。

そのため、換価に際しては、まず簡易な収益還元法により求めた物件価額（収益率（表面利回り）を年10％とし約1億円弱と見積もられた）から被担保債権額（当時の現在額で約6200万円）、将来賃借人への返還が必要となる保証金総額（約2000万円）を控除した残額（約1800万円）を算出した。

そして、上記契約上の地位の不確実性等を考慮してここから相応の減額を行い、最低売却価額を100万円と設定した。この最低売却価額は上記残額とかなりの開きがあるが、担保権実行により権利自体が覆滅されるおそれが存すること、現実的な売却可能性等も考慮し、裁判所の意見も取り入れつつ決定した額である。

そして、この最低売却価額を示し、破産債権者等関係者（買受けの可能性のある一部の不動産業者を含む）に告知して、入札形式で買受申出を募った。そして、最高価額（約110万円）での買受申出人に対し、裁判所の売却許可を得て売却し、付記登記を行って処分を完了した。

【分析と検討】━━━━━━━━━━━━━━━━━━━━━━━━━━━■

ある程度の資産的価値が観念でき、かつ明確な形での権利移転が可能である限り、契約上の地位であっても換価は可能である。

もっとも、上記契約上の地位は一般に市場性がなく、権利の不確実性が伴うため、適正な処分価額の算定と売却の実現の両方に配慮して、慎重に処理を行う必要がある。

第5章　事業の継続

1　自然人の事業継続

【事例54】　法人代表者が法人の事業停止後に法人と同種の事業を開始していた場合の諸問題

卸売業（宝石卸売業）	破産財団	500〜1000万円
	債権者数	10〜50名
	処理結果	配当

【事例】

　破産会社は、宝石の卸売業を営む株式会社であるが、その代表者についても同時に破産申立てが行われ、法人と代表者の双方の管財人に就任した。

　破産会社は、破産申立ての約2か月前に事実上事業を停止し、同時に代表者が個人事業として、同種の事業を開始していた。なお、同事実については、破産手続開始決定後、転送郵便物の記載から財産目録に記載のない預金通帳の存在が明らかとなり、調査を実施した結果判明した事実であって、申立代理人も把握していなかった。

【問題点】

(1)　破産会社の破産財団に帰属すべき財産の不当流出の有無
(2)　事業譲渡の存否および無償行為否認該当性
(3)　買掛債務の弁済に関する偏頗行為否認該当性
(4)　代表者個人の財産目録に記載のない財産の処理

【処理の経過と結果】

(1)　破産会社の破産財団に帰属すべき財産の不当流出の有無

　代表者は、破産手続開始決定時に、破産会社と同種事業を個人事業として

開始していた事実を隠匿していた。

　そのため、破産会社の在庫商品等が不当に流出している可能性が高いと判断し、棚卸しリストと売掛明細等を照合するなどして調査を開始した。その結果、数点の高額商品（合計約30万円）が代表者の近親者に贈与されていた事実が判明したため、売価を基準として価格賠償を求め、これを回収した。

　その他に、売掛金等が代表者個人によって不当に回収された等の事実は確認できなかったが、本事例では、近親者に対する贈与の事実が確認されたこともあり、破産財団に属すべき財産の不当流出が他にも存在する可能性も否定できないと判断し、請求書、売掛金の入金口座、在庫商品リスト等の資料を基に厳格な調査を実施した。

(2)　事業譲渡の存否および無償行為否認該当性

　破産会社は、もともと、他に従業員がおらず、役員も親族のみであったことから代表者個人の信用をもって取引先との関係を維持し、事業を継続している状況にあった。調査した結果、個人事業の規模は、破産会社が事業を行っていた当時と比べ5分の1に縮小され、また、個人事業として使用していた屋号はなく実名で事業を行っていたこと、その他、破産会社の施設、什器備品、在庫商品等が流用された事実も存在しなかったこと等から、代表者個人の能力をもって同種の営業を行っているに過ぎず、事業の譲渡を受けたと評価することは困難であるとの結論に至った。

　他方、破産会社の取引先に対する買掛債務は、ほぼ全額弁済されており、同弁済は支払停止後も行われていたことから、これらの弁済行為に対する否認の問題として調査をすることとした。

(3)　買掛債務の弁済に関する偏頗行為否認該当性

　破産会社は、事業を廃止し支払停止に陥った後、取引先約15社に対して合計数百万円の買掛債務を弁済期に従って弁済し、代表者個人の事業として同種事業を開始していた。これは、代表者個人が個人事業として同種事業を開始するためには必要な行為であったものと推測し、取引先も支払停止の事実を知りながら、破産債権の回収を図ったのではないかとの疑いが生じた。

そこで、各取引先に対して、照会文書を送付し、回答を求めたところ、全取引先から、事業規模を縮小することや今後個人事業として行っていくことの説明を受けていただけであり、破産会社の資金繰りや破産予定であったこと等は知る由もなかったとの回答を受けた。

その後、破産会社の売掛先に対しても事実確認を行うなどの調査を継続したところ、各取引先からの上記回答は、真実であると認めざるを得ず、取引先の主観的要件の立証が困難であり、取引先に対する否認権行使は断念した。

(4) 代表者個人の財産目録に記載のない財産の処理

代表者の個人事業に関しては、破産手続開始決定後、管財人の調査によって判明した事実であったことから、財産目録には個人事業に関連する財産の計上がなく、自由財産拡張申立てもされていない状況であった。

代表者は、個人事業に関して、当初から隠匿する意思があったことを認めたこと、かつ、代表者としても同事業を継続する意思がなかったことから、個人事業に関する在庫商品、売掛債権すべてを調査し、破産財団を構成する財産と認められるものについては換価した。

【分析と検討】

法人の代表者が法人の事業停止後に法人と同種の事業を開始していた場合には、管財人として慎重に調査を実施する必要がある。

事業譲渡ではなく、単純に代表者個人の今後の生活のために、同人の技能等を生かして同種の事業を新たに開始すること自体は否定すべきではないと考えるが、中には、本来の意味での事業譲渡に該当する行為を隠匿する意図で行われている事例もある。

また、事業譲渡と評価されない場合であっても、代表者個人の申立て時に、財産目録には個人事業に必要な財産が計上されて然るべきであるが、正確にあるいは全く記載されていない事案も散見される。このような場合、管財人として、当該不正確な記載ないし記載漏れが、財産隠匿の意思で行われたのか否か等を適切に調査し、そのような意図がない事例については、財産目録の訂正を促すなどの事例に応じた柔軟な処理を行う必要がある。

【事例55】 法人の事業停止後に代表者が同種事業を行っている場合の売掛金等の峻別

造園業	破産財団	～100万円
	債権者数	10～50名
	処理結果	異時廃止

【事例】

　破産手続開始決定の後、破産会社の債権者から、破産会社の事業停止後に、破産者たる代表者個人に対する業務委託を行っているが、その買掛金をどう扱えばよいかとの連絡を受けた。事実関係を確認したところ、当該買掛金は開始決定前の代表者個人との契約に基づくものであり、従前の破産会社への委託内容と、今回の代表者個人への委託内容は同種である、代表者からは現金で支払ってほしい旨の要請を受けているとのことであった。

　代表者による同種事業の継続について、申立書類には全く言及がなく、面談時にも何ら説明を受けていなかった。管財人が代表者に経緯を確認したところ、一度は当該債権者からの依頼を断ったが、当該委託業務の一部については、一年の中で作業できる期間が限られており、依頼を受けた時点で、他の業者を紹介するなどの時間的余裕がなかったことから、やむを得ず個人として受託したとのことであった。

　代表者の生活状況に鑑み、当初、同売掛金について自由財産拡張申立ての検討も促したが、回答はなく、その後、開始決定後に行った業務の対価を近々受領予定であること等、生活に若干のゆとりが生じていることも判明した。

【問題点】

　断続的な業務の対価たる売掛金の取扱い

【処理の経過と結果】

　代表者や当該債権者からさらに詳しく事情を聴取したところ、委託業務は、

いくつかの段階に分かれるものであり(ただし、各業務と収益との対応関係は明確ではなかった)、上記売掛金に対応する業務の大半は開始決定前に行われたものであったが、一部の業務は開始決定後に行われていることが判明した。なお、自由財産拡張の申立ては結局なされなかった。

そこで、開始決定後の業務に対応する売掛金の額を日当換算にて算出し、これのみを新得財産として破産者に返還し、残額を財団に組み入れた。

上記売掛金についての報告漏れについては、代表者には悪意がなかったと考えられたこと等から、処理にあたっては代表者の生活状況にも配慮しながらバランスをとることを心がけた。

【分析と検討】

法人の代表者が破産し、個人事業として法人と同様の事業を行う場合、その経済的更生の観点から、従前のノウハウ等を活かし、開始決定後に事業を行うこと自体は否定されるわけではない。

もっとも、申立てないし破産手続開始決定をまたぐ業務については、その収支等の切り分けが必要になるところ、本事例については、報告が一切なく、かつ、収益がほぼ開始決定前の業務により生じるものと評価し得たことから、全額を破産財団に組み入れることも十分可能であったと思われる。なお、代表者の生活状況から、同売掛金につき、自由財産拡張の申立てがなされた場合には、相当額の拡張を検討する余地もあると思われる。

なお、代表者による同種事業の継続が実質的に破産会社から代表者個人への事業譲渡・承継と同視し得る状態である場合には、営業権の評価の検討や資産の切り分け、使用を継続する事業用什器・備品の評価および法人資産(破産財団)への返戻等の措置を講じる必要があるところ、法人の什器・備品類が何らの手当てもなく継続利用され、あるいは、取引先が全く同一であるにもかかわらず、開始決定(申立て)の前後で、売掛金等の資産につき何らの切り分けもなされないまま、また「営業権」の評価も検討されないまま、事業が継続されている事例が散見されるため、注意が必要である。

【事例56】 個人で診療所を経営する歯科医師の破産において、事業価値を算定して事業を継続したまま、長期の分割で財団組入れを行った事例

歯科医師	破産財団	1000万円～
	債権者数	10～50名
	処理結果	配当

【事例】

　破産者は診療所を経営する個人の歯科医師であるが、本業（歯科医師業）の事業自体は年5000万円以上の診療報酬があり、相当の利益を計上し、年1500万円以上の所得があった。

　一方、破産者は20年以上も前に知人から依頼され、その保証人となったが、知人が破産することにより、遅延損害金も含めて3億円以上もの巨額の保証債務を負うなどして大幅な債務超過に陥っていた。

　破産者は当初個人再生手続等の利用を希望していたようであるが、個人再生手続は債務が多額であるため利用できず（民事再生法221条1項により、個人再生手続を利用できるのは再生債権の総額が5000万円以下とされている）、通常再生手続についても予納金等が準備できないうえ、診療報酬も一部債権者の譲渡担保に供されており、運転資金のめども立たないため破産申立てに至ったという事情があった。

　本人は従前の場所において継続的に診療業務を行うことを希望していた。

　なお、医師・歯科医師は破産しても資格上の制限がない。

【問題点】

　個人事業主である医師・歯科医師が事業を継続することの可否およびその方法

【処理の経過と結果】

　勤務医師・歯科医師の場合には、医師・歯科医師としての業務を継続する

ことができる場合がほとんどであると考えられるが、個人事業主である医師・歯科医師であっても、親族や知人からの賃借物件で業務を行っており、当該親族や知人が賃貸を継続することに理解があり、かつ、診療器具等も親族や知人が所有し、使用継続を認めるなどの事情があれば、破産者が従前の診療所において継続して業務を行うことが可能となる場合がある。

　なお、医師・歯科医師の診療器具等は、本来的自由財産に該当する可能性もあり、診療器具についても破産財団で管理することが難しいという問題もあった（BASIC47、59頁）。

　しかし、医師・歯科医師が破産後も破産前と同一の場所で同一の事業を継続し、破産手続開始決定後の収入についてはすべて新得財産として多額の収入を得続けることについては、債権者の納得が得られない部分もある。

　そこで、歯科医師業の事業価値を中立的な第三者たる公認会計士に依頼して算定し、当該事業価値分を破産財団組入（分割可）することにより、事業継続を認める取扱いをした。

　事実上、破産手続において民事再生手続類似の取扱いを行ったことになる。

　組入方法については、破産者の現実の支払能力を考慮し月々の支払額を決定したこともあり、分割支払期間が3年を超えた。そこで、破産財団への組入れ確保のため、診療報酬について譲渡担保権を設定しておいた。

　また、分割支払期間が3年以上に及んだため、管財業務の長期化という懸念があったが、主要債権者の意見を聴取したうえで、中間配当を利用するなどして管財業務を行った。

　主要債権者に対しては、サービサー等に債権を売却するなどして早期に破産事件を終結させるか（BASIC175頁）、管財人において最後まで債権回収に努めるかどちらの手続を希望するかなどについて書面により意見を求めるなどしたが、回答があったすべての債権者が管財人において最後まで債権回収に努め、配当額の極大化を図ることを希望した。

【分析と検討】

　診療器具等は、破産財団を構成するのか、それとも本来的自由財産か問題

となったが、念のため破産者との間で売買契約を締結して破産者に対して売却する扱いとした。

実質的に民事再生手続類似の手続を破産手続で行ったという印象があるが、費用の点では民事再生手続よりも低廉で行うことができた。

反面、破産者との和解・財団組入れという処理方法については、法的な根拠が曖昧なところがあり、悩ましい部分もあったが、破産者本人があくまで組入れについて拒否した場合にとるべき対応について難しい判断が必要となると考えられる。

また、財団組入れを長期の分割で行うとすれば、破産手続の長期化が避けられなくなるという問題が生じる。

その際には、収支が当初見込みより下振れするなどの理由から、組入条件を見直さなければならない状況が発生し、当初計画よりさらに手続が遅滞するリスクがあることも問題点と考えられる。

これらの問題については、和解手続後、債権を早期にサービサーに売却すること等の手法を利用することにより回避することも可能であるが、反面、財団回収額・配当額が減少する可能性も高いため、裁判所とも協議のうえ、慎重に手続を進める必要がある。

〔コラム⑩〕
管財人による市販医薬品等の売却の可否

　薬局の管財人等に就任した場合、管財人は薬剤師等の免許を所持していないことから、その売却等の処分方法について悩ましいところもあります。

　この点について、一般的な個人経営の薬店の管財人が、ある都道府県薬務課に、管財人による市販医薬品等の売却の可否について問い合わせたところ、以下の条件において、売却が可能であるとの回答を得ましたので、ご紹介します。

　当該薬務課の回答では、破産者の各都道府県における医薬品等販売業許可について、廃止等がなされていないことを条件として売却が可能とのことでした。

　医薬品等の販売について許可制がとられている趣旨は、管理外の医薬品等の流通を阻止するためであるところ、管財人が管理処分権を有する医薬品等は、もともと販売の許可を得ていた医薬品等であり、管財人が売却をしても上記趣旨を害さないこと、また、管財人の行う売却は、「業として」行うものではないこと、の2点がその根拠と思われます。

　実際に、管財人が医薬品等取扱業者に販売したケースがあるようです。

　ただし、都道府県ごとに運用等が異なる可能性があり得るため、管財人としては、対象となる都道府県の管轄部署に問い合わせるなどの適切な措置を講じる必要があると思われます。

　また、申立代理人においても、事前に医薬品等販売業の廃業届を提出することは避けておくべきであると思われます。

【事例57】 破産手続開始決定後の事業継続（美容師）

美容師	破産財団	～100万円
	債権者数	10～50名
	処理結果	異時廃止

【事例】

　破産者は個人事業者の美容師であり、申立て直近では売上げは減少傾向にあったが、わずかながらの黒字を維持していた。しかし、知人から借りた数百万円を融資詐欺により騙し取られたことや、美容室の店舗改装のための借入金等から合計約2000万円の負債を負い、支払不能となった。営業は賃借物件の自宅兼店舗で行っていたが、賃料の滞納はなかった。

　破産者は、美容師以外の職業に就いたことがなく、また年齢的にも他の就業先をみつけることが困難な状況にあったので、破産手続開始決定後も生活をするために事業継続を強く希望していた。

　なお、美容師は、破産手続開始決定によっても免許取消し等がなされないため（美容師法10参照）、美容師業務を行うこと自体は可能である。

【問題点】

(1) 破産手続開始決定後の事業継続をどのような条件で認めるか
(2) 事業価値分を破産財団に組み入れることで事業継続を認めるとした場合、当該事業価値をどのように算定するか

【処理の経過と結果】

(1) 破産手続開始決定後の事業継続の条件

　まず、美容師業務に使用する店舗内の什器備品等（ローラーボール、エステベッド等）の財団帰属性について検討するに、これらは「技術者……のその業務に欠くことができない器具その他の物」（法34Ⅲ②、民執131⑥）に該当するとまではいえず差押禁止動産には当たらないと考えられた（BASIC59頁、東

179

京地決平成10年4月13日判時1640号147頁参照)。

　次に自由財産拡張につき検討するに、定型的な拡張適格財産とはいえないものの、美容師である破産者の経済的再生の機会を確保するために必要であり、また、当該什器備品は無価値である一方で、他の現金を含めた本来的自由財産および拡張適格財産の合計額が99万円を超えなかったため、自由財産としての拡張を認めた。

(2)　**事業価値の算定方法**

　他方、美容師が破産手続開始決定後も従前の事業を継続して、新得財産として収入を取得し続けることは、破産者が当該事業の事業価値を不当に取得すると評価することも可能であり、債権者の納得が得られない場合もある。

　そこで、裁判所と協議のうえ、当該事業価値分の破産財団組入れをすることを条件として、破産手続開始決定後の事業継続を認めることとした。

　株価算定方法としては、DCF方式、収益還元方式、純資産方式および類似会社比準方式等があるが、当該事業が小規模な個人事業であることや算定費用等を考慮して、収益還元方式を参考に価額を算定した。具体的には、過去3事業年度の営業利益や税金負担等を考慮して税引後営業利益の平均値を算出し、将来利益を現在の価値に割り戻す必要があるものの、売上げが減少傾向にあること等を総合考慮して、事業価値は数十万円程度と判断した。

　以上より、破産者が数十万円を破産財団に組み入れることで、破産手続開始決定後の事業継続を認めた。なお、組入金の支払は分割支払であった。

【分析と検討】

　事業継続の条件として事業価値相当額の破産財団への組入れを求める場合、債権者の納得が得られる事業価値算定を行うことが重要である。破産財団が潤沢にある場合には公認会計士等専門家に依頼してDCF方式等により事業価値を算定することが好ましいといえるが、本事例のように、予納金が最低額である場合には、費用面でも事業価値の算定は難しい。債権者の納得を得るためには、債権者集会における債権者の動向等にも注意し、事業継続に法的な問題はなく債権者を害さないことを十分説明する必要があろう。

【事例58】 破産手続開始決定後の事業継続（結婚相談所）

結婚相談所	破産財団	～100万円
	債権者数	10名～50名
	処理結果	異時廃止

【事例】

破産者は、結婚相談所を長年運営していた。

結婚相談所の事業には、国内結婚相談と国際結婚相談があり、破産者の事業のメインは国際結婚相談であった。国内結婚相談については、相談者の希望を聞き、破産者が入会している相談所ネットワークから相談者の希望に沿った相手を見繕い、紹介をしていくということが業務となる。また、国際結婚についても基本的な流れは同じで、相談者の希望（国籍等）を聞き、対象国の同業者と連絡をとったうえで、相談者とともに当該国に行き、お見合いをしてくることとなる。

【問題点】

(1) 破産者に、これまで他の仕事をしたこともなく、夫もすでに仕事ができないなどという事情がある場合、生計を立てていくためこの事業の継続を認めることができるか

(2) 事業の継続が認められた場合、破産手続開始前に実施した事業のアフターサービスの実施が認められるか

【処理の経過と結果】

(1) 結婚相談所の継続

破産者が行っていた事業形態としては、使っていた商号はそれほど重要ではなく、個人的なつながりが重要であるため、代表者を夫として、商号も変えたうえで事業を再開することを認めることとした。

また、相談所ネットワークに加入するには、原則として数十万円の加盟金

が必要となるが、破産者自身は、相談所ネットワークが設立される以前から結婚相談所を営んでおり、当初より加盟金を支払っていなかったことから、特にのれん代等を支払うこともなく、登録の変更を行い、事業の継続を行った。

(2) 従来の顧客に対するアフターサービスの実施

このように代表者を夫として登録の変更を行ったものの、破産手続開始決定前の旧事業に関するアフターサービスの実施が問題となった。

具体的には、破産手続開始決定前にお見合いを経て結婚相手が決まったことから顧客から報酬を受領していたが、結婚相手の日本への渡航許可が下りなかったことから、破産者が他の相手を紹介する必要が生じたところ、その時点で破産者が破産手続開始決定を受けたという顧客への対応方法である。

破産者としては、顧客から報酬を受領しているので、旧事業との関係では、不完全履行もしくはアフターサービスということになり、破産債権ということも可能であるが、破産者本人の希望もあり、渡航費用や現地における交通費および宿泊費といった実費のみを受領し、依頼者と渡航したうえで、再度の現地でのお見合いを実施することを認めることとした。

【分析と検討】

本事例における破産者の事業内容は、破産者の個人的な人的ネットワークと相談所ネットワークへの加盟、換価価値のない古いパソコン等の事務機器のみであった。そして、破産者が相談所ネットワークに加盟するにあたり加盟金を拠出していないことを考えると、破産者が事業を継続したとしても、破産財団が毀損されるおそれは認められないと考えられた。また、同じ商号等を用いれば第三者であっても破産者と同様の収益を上げられるといった事情もないことから、のれん代といった事業価値も勘案することなく、事業継続を認めることができると考えた。ただ、このような事例においても、商号や代表者の変更といった形式面の整備にはできるだけ配慮する必要はあろう。

2 法人の事業継続

【事例59】 管財人による事業継続と民事再生申立ておよび免許の確保

製造業（清酒製造業）	破産財団	1000万円～
	債権者数	10～50名
	処理結果	その他

【事例】

　破産会社は日本酒製造会社であり、数年は販売を継続し得る在庫があったが、当時の日本酒市場の状況に鑑みれば、一括売却をしてもほとんど値段が付かないと考えられた。そこで、当面の間、在庫商品の販売の継続を考えたところ、大口取引先の関係者から破産手続中の会社の酒は販売できないが、民事再生手続ならば販売を継続することはできるであろうとの回答を得た。

【問題点】

　管財人の申立てによる民事再生手続をどのように進めるか。

【処理の経過と結果】

(1) 1回目の民事再生申立て

　代表者に破産会社の経営を委ねることが難しい状況であったため、管財人の申立てにより、民事再生手続開始決定と同時に管理命令を受けて、管財人として事業を継続することとした。

　スポンサー候補者として名乗りを上げた会社等はいくつかあったが日本酒製造免許を新規で取得することは極めて難しく、また破産手続開始決定前の醸造年度の製造数量が酒税法規定の最低製造見込数量に達していなかったことから、会社分割や事業譲渡での事業承継はできず、繰越欠損金が少ないため減増資方式を用いた場合には多額の債務免除益課税が生じる懸念が生じたこともあり、スポンサーが決まらなかった。その結果再生計画案が否決され、

183

民事再生手続が廃止されることとなった。

(2) 2回目の民事再生申立て

　1回目の民事再生手続が廃止される時点では、スポンサーとの具体的な協議が進んでいた。裁判所からは、上記の経緯に鑑み、過半数の債権を有する債権者の事前の了解がないと管財人による再度の民事再生申立ては受けられないとの方針が示された。そこで、スポンサーに大口債権者に対して予定している再生計画案の概要を説明するなど、直接働きかけを行ってもらい、裁判所の事前協議にも、スポンサー関係者のみならず、大口債権者の担当者が出席して民事再生手続に賛成する方針である旨の発言を得ることができた。

　民事再生手続開始決定時までにスポンサーによる経営としておく必要があったため、方針が固まった時点で、破産会社の全株式（株主は代表者の家族のみ）を備忘価格でスポンサー側に譲渡してもらい、株主総会に代わる総株主の同意により取締役等を新たに選任しておいたうえで、管財人が裁判所の許可を得て民事再生手続開始の申立てを行い、開始決定を得ることで、あらかじめ選任していたスポンサー側の役員に業務執行権が生じることとなった。

　その後、民事再生手続は順調に進み、再生計画認可決定も得ている。

【分析と検討】

　管財人による民事再生手続開始の申立ては、先例が少なく、同一事件で管財人が2回の民事再生手続の申立てを行った例は、ほかにはないと思われる。

　破産手続開始決定の時点で事業継続しなかった場合には、製造設備の金属スクラップ程度の破産財団しか存在せず、事業継続により破産財団を毀損することはないとの判断があり、事業継続には躊躇がない事例であった。

　1回目の民事再生手続においては、大口債権者が棄権するとは思っていなかった。大口債権者に対しては、スポンサー候補者との交渉状況等再生型の手続に移行できる具体的な可能性を事前に説明すべきであったと考える。

　2回目の民事再生手続については、申立て前に株式譲渡をしたうえで、株主総会に代わる総株主の同意による役員選任手続を行ったが、許認可等の関係で法人格を存続する必要がある場合の再建手法として有用であると考える。

【事例60】 管財人による事業継続（飲食店）と事業譲渡

飲食業	破産財団	1000万円〜
	債権者数	10〜50名
	処理結果	配当

【事例】

　破産会社は、焼肉店とピザ店（賃借物件）を運営していた。焼肉店は閉店を余儀なくされたが、ピザ店は、輸入した石窯（リース物件）で焼き上げるピザが高い評価を受けており、単体の店舗としての収支は黒字であった。

【問題点】

　事業継続の検討方法並びに事業継続および事業譲渡の処理方法

【処理の経過と結果】

(1) 破産手続開始決定前の検討

　管財人による事業継続は、破産手続開始決定とあわせて裁判所の許可を受けることになるので、あらかじめ申立代理人や裁判所と協議を行った。

　事前準備として、事業譲渡によるメリット、事業継続による収支、事業継続するために必要な従業員（人）、設備（物）、許認可（法令）の確保ができているかなどの検討を行った。事業譲渡によるメリットについては、事業停止した場合には、設置された石窯の撤去その他の原状回復費用がかかるため敷金の返還が受けられないのに対し、無償でも赤字さえ出さずに事業譲渡できれば、少なくとも敷金の返還を受けることができるため、破産財団の増殖に寄与すると判断した。事業継続にあたっては、既存の従業員と業務委託契約を締結し、収益が出た場合には管財人と受託者が折半し、損失が出た場合には受託者が全部負担することで合意を得た。また、許認可については許可の内容や関係法令を調査した結果問題はなかったが、責任賠償保険については失効していたことから、破産手続開始決定前に再加入させた。材料の仕入れ

について買掛金がないこと、賃料未払その他賃貸借契約が破産を理由に貸主から解除される懸念がないことも確認した。

(2) **破産手続開始決定時の対応**

裁判所からは、破産手続開始決定と同時に、事業継続および親族との業務委託契約の締結について許可を得た。事業継続許可の期間は、上記の三者協議を踏まえて、破産手続開始決定の翌月末まで（約50日間）とした。なお、許可申請の理由においては、留意事項として、①赤字による破産財団の毀損リスク、②第三者損害発生のリスク、③営業許可、④仕入継続、⑤店舗の使用継続、⑥資金繰り、⑦店舗運営の人員確保等の事業環境を記載した。

店舗の運転資金については、引継現金を充てることとした。

破産手続開始決定直後、保健所に代表者変更の手続を行い、原状回復を含むメリットを説明し賃貸人からも理解を得るなどした。

(3) **事業譲渡に向けての対応**

石窯をはじめとする店内の備品は、大部分がリース物件であったが、リース会社から低額で買い取ったうえで、事業譲渡を行うこととした。

事業譲渡は、スポンサー候補者を探すところからのスタートであったが、地元の飲食事業者を中心に声をかけ、また新聞報道をきっかけに問合せ等もあり、最終的に、事業譲渡代金、敷金（全額）、リース物件買取費用を合わせ、総額約500万円の破産財団の増殖を図ることができた。なお、事業継続中の営業でも若干の黒字が出ている。

【分析と検討】────────────────────────■

管財人による事業継続は、破産法上あくまでも例外的な位置づけであるが、清算処分よりも高額の換価を可能にし、破産財団の増殖に寄与するほか、従業員の雇用の維持、事業解体による社会的損失の防止等、非常に有益な場合があり、短期間で事件の処理が進む（上記事案では配当率は約4.5%、破産手続開始決定から簡易配当期日までは6か月未満、第2回債権者集会で破産手続終結に至っている）ことから、破産手続の迅速処理にも資するため、事例によっては積極的に利用されるべきである。

【事例61】 債権者による破産申立てがなされた宗教法人の事業継続および事業譲渡

宗教法人	破産財団	1000万円～
	債権者数	10～50名
	処理結果	配当

【事例】

破産法人は、宗教法人であったところ、納骨堂の建設代金の未払により債権者が破産申立てを行い、破産手続開始決定を受けた。寺院の住職でもある代表役員も同時に債権者申立てによる破産手続開始決定を受けている。

破産手続開始決定直後に寺院の封鎖を試みたが、すでに予定されていた法要等に加え、檀家等から新たな葬儀や法要の依頼もあるため、これらへの対応が必要であった。

【問題点】

(1) 宗教法人の事業を管財人がどのように継続するか
(2) 宗教法人の事業譲渡をどのように進めるか

【処理の経過と結果】

(1) 事業継続

当初は、寺院の事業を一度停止させようと考え、破産手続開始決定直後に寺院に赴いて告示書を貼付したが、当日や翌日の葬儀や法要の予定を変更することができないため、双方未履行の双務契約の履行選択と整理したうえ、代表役員に対応させた。

破産に至る経緯に鑑み、代表役員を寺院の運営から除外することも検討したが、代表役員でよいので予定どおり行ってほしいとの依頼も多くあり、他の寺院から僧侶の派遣等を受けることもできなかったため、結果的に、代表役員に引き続き法要等の対応に当たらせざるを得ないとの判断に至った。

ちなみに宗教法人の代表役員の地位と、寺院の住職の地位は法的に別であ

り、宗教法人ないし代表役員が破産手続開始決定を受けても、代表役員が住職の地位に基づく宗教活動を行うことは可能である。破産法人が得ていたお布施等の収入は、代表役員が檀家を回って行う活動に基づくものがほとんどであり、破産法人として事業を継続しなければ、お布施は、代表役員の寺院の住職としての新得財産となる。そこで、お布施等を破産財団に組み入れ、代表役員には日当を払うこととした。

(2) 事業譲渡

墓地や納骨堂の運営には、墓地埋葬法上の許可（墓地埋葬法10）が必要であり、破産法人の境内墓地は、墓地埋葬法施行前からの墓地であったことから、みなし許可（墓地埋葬法26以下）がなされていたが、破産法人の法人格が消滅すると、墓地の運営主体が不存在となるほか、地域で一定の信仰を集める伝統ある寺院であり、寺院としての存続が望ましい状況であった。

墓地埋葬法上の許可を得られる主体は、県の条例に基づき宗教法人、地方公共団体等に限定されており、新規に宗教法人を設立するための要件も近年きわめて厳しく、任意団体としての相当期間の活動実績が求められる運用となっているため、受け皿となる宗教法人を立ち上げたうえでの事業譲渡は難しく、既存の宗教法人への事業譲渡に向けて協議を進めることとなった。

事業譲受の申出はいくつか受けたが、事業継続を進める中で、代表役員の協力なしに従前からの宗教活動を継続することは困難であるという事情も踏まえて、破産法人との関係が深く、かつ代表役員の関与を認める寺院に対する事業譲渡を進めることとし、墓地埋葬法上の許可を停止条件として事業譲渡を行った。事業譲渡代金は、交渉の結果、関係寺院の協力も得て出せる資金の状況を踏まえて1000万円弱となった。

【分析と検討】──────────────────────────■

境内墓地が維持され、寺院として存続することができるとともに、債権者からも、ある程度納得の得られる配当ができた。本事例は宗教法人としての特殊性のほか、債権者申立ての破産手続という代表役員との対立関係がある中で、関係者の利害を調整することが極めて困難であった。

第6章 労働債権

【事例62】 一部の従業員から未払時間外労働手当の請求がなされた場合の対応

小売業（鞄・小物等小売業）	破産財団	1000万円〜
	債権者数	100名〜
	処理結果	異時廃止

【事例】

　破産会社においては、時間外労働が常態化していたものの、時間外労働手当等の支払は一切なされていなかった。破産手続開始決定後、一部の従業員から管財人に対し、未払時間外労働手当等の請求がなされた。

　管財人において、破産会社の代表者等に対し、時間外労働の実態を確認したところ、相当程度の時間外労働があったことは事実であるものの、使用者においてタイムカードの管理等を厳密に行っていたわけではないため、終業後も雑談等をしてタイムカードが打刻されていない場合が往々にしてあるということであった。

【問題点】

(1) 時間外労働時間の把握方法
(2) 未払の時間外労働手当等の請求権を有する従業員が多数存在する場合の弁済方法

【処理の経過と結果】

(1) 従業員に対する情報提供

　管財人は、破産債権である給料の請求権または退職手当の請求権を有する者に対して、情報提供義務を負うとされ（法86）、当該情報には、出勤日数・時間外労働時間等が典型的なものとして含まれるとされている（BASIC217頁、

189

条解破産672頁)。

　そのため、未払時間外労働手当等の請求をしていない大多数の従業員の分も含めて、人事・総務を担当していた破産会社の元従業員の協力を得て、時間外労働時間や未払時間外労働手当等の額を算出した。

　なお、実際には時間外労働をしていないものの、タイムカード上は時間外労働が発生しているかのようにみえることがある点については、業務に従事していた時間と従事していなかった時間とを明確な基準をもって区別することは困難であるし、仮に基準を設けることができたとしてもその立証は困難であることから、タイムカードに打刻された時間に基づき、時間外労働時間を算出した。

　また、どの時点までさかのぼって時間外労働手当の支払義務を認めるかについては、給料の請求権の時効期間が2年であることから、破産手続開始決定日の2年前から破産手続開始決定日までとした。

(2)　労働者に対する弁済の方法

　上記時間外労働手当等の計算の結果、財団債権となる未払時間外労働手当(破産手続開始前3か月分。法149Ⅰ)は全額弁済できるものの、優先的破産債権となる未払時間外労働手当の全額について弁済することは不可能であった。

　このような場合、配当を受ける可能性がないにもかかわらず、破産債権者に対して債権調査の労力と費用を負担させることは好ましくないと考えられるため、破産法101条1項に基づく弁済許可によって、債権調査手続を経ずに弁済することが認められている(BASIC431頁)。

　同項に基づく処理のためには、従業員による債権届出が要件となることから、管財人において債権届出書に未払時間外労働手当の額等を記載し、各月の時間外労働時間等を記載した書類とともに交付して、従業員に債権届出を促した。このうち、少額の債権しか認められない若干名については、届出がなされなかったが、これらの者に対して複数回にわたって届出を督促したこと、算出されたこれらの者の未払時間外労働手当の額が合計で10万円前後(弁済対象額は5万円程度)であったこと等から、当該若干名の者を除いて、破

産法101条1項に基づく弁済許可を得て、按分弁済を実施した。

なお、債権調査に伴う債権者の負担を回避する方法としては、従業員との間で個別に和解契約を締結する方法もある（BASIC431頁）。

【分析と検討】━━━━━━━━━━━━━━━━━━━━━━━━━━━■

(1) 従業員に対する情報提供

中小企業においては、時間外労働手当が支払われず未払となっている場合が頻繁に見受けられる。破産法86条は従業員に対する情報提供を努力義務として課しているところ、相当程度の破産財団が形成され、未払時間外労働手当に対する弁済がなされうるような事案では、関係者からのヒアリング等に基づき、積極的に時間外労働手当の額を計算し、時間外労働の申告をしていない従業員に対しても周知したほうが望ましいと考えられる。

なお、破産法86条に基づき情報提供努力義務が課されるのは破産債権に相当する部分のみであるが、財団債権に相当する部分についても同様の取扱いをすることが望ましいとされている。

(2) 労働者に対する弁済の方法

給料の請求権等のうち、優先的破産債権部分について破産法101条1項に基づく弁済許可を利用する場合には、債権届出が必要となる。管財人から当該債権届出を督促したにもかかわらず届出がなされない場合、当該債権者を除外して按分弁済を行ってよいのかという点が、本事例では懸念材料であった。債権届出がなされなければ、同項に基づく弁済許可の対象とならないため、当該債権者に対して供託をすることもできないと考えられる一方、一部の元従業員の債権届出の懈怠を理由に債権調査を行うことになれば、同項が機能する場面が限定されるように思われる。なお、和解契約による方法を採用した場合でも同様の問題が生じる。

本事例では、債権届出を行わなかった従業員が少数で、かつ、債権額が少額であったため、これらの従業員を除外して按分弁済を実施したが、どの程度の手続を経ればどの程度の債権を弁済対象から除外することが許容されるのか（それとも許容されないのか）が検討される必要があるように思われる。

形式上請負契約となっている人員の労働者性と立替払制度の利用

一般貨物自動車運送業	破産財団	100〜500万円
	債権者数	50〜100名
	処理結果	異時廃止

【事例】

　破産会社は、百貨店商品の配送を主たる業務とする運送会社であった。

　運送業務の労務対価が未払となっていた債権者が約20名存在したが、申立て時の債権者一覧表ではこれらは請負代金債権とされていた。ところがこれらの債権者から管財人に対し、破産会社との関係は実態的には労働契約に相当するものであったとして、独立行政法人労働者健康安全機構の実施する未払賃金立替払制度利用のための未払賃金の証明をされたい旨の申出があった。そこで、管財人において、それらの者の労働者性の有無の精査・検討を行うこととなった。

【問題点】

　破産会社との関係が「請負契約」とされていた個人ドライバーを労働者（労基9）と評価する余地があるか。その場合の考慮要素や管財人が注意すべき点はどのようなものか

【処理結果】

(1) 労働者性の有無判断の際の検討要素

　未払賃金立替払制度の対象となる労働者（労基9）に当たるか否かについては、雇用や請負といった契約の形式や賃金台帳・労働契約書の有無といった形式的な事項のみからではなく、実質的に判断しなければならない。

　そして、この「労働者性」の判断に関する一般的な基準として、①「使用される＝指揮監督下の労働」という労務提供の形態、②「賃金支払」という報酬の労務に対する対償性の有無の二点が挙げられる（旧労働省の研究会にお

ける昭和60年12月19日付労働基準法研究会報告「労働基準法上の『労働者』の判断基準について」)。

具体的には、①については、仕事の依頼、業務従事の指示等に対する諾否の自由の有無、業務遂行上の指揮監督の有無、拘束性等の有無が、また②報酬の性格が使用者の指揮監督の下に一定時間労務を提供していることに対する対価といえるか、といった点が検討すべき要素として問題となる(立替払ハンドブック46頁)。

(2) **具体的検討**

本事例では、未払賃金立替払制度を利用する意思を示した債権者(個人ドライバー) 20名について、それぞれ、破産会社との従前の契約の実態を調査した。その結果、これら債権者のうち10名については、以下のような事情が認められた。

- 自らは配送車両を所有せず破産会社のものを使用し、配達時は同社から貸与された制服を着用していた。
- 毎日、破産会社の定めた時間(定時)に出社して朝礼に参加し、破産会社からの業務指示を受けたうえ、配達完了後は帰社して伝票整理と配送運行記録(日報)の提出を行っていた。
- 自分の判断で配送経路、配送時間等を選択できなかった。
- 誤配・遅配等のミスについて破産会社に報告書の提出を義務づけられ、朝礼の際には配達経路・時間等のシミュレーションをさせられていた。
- 休日は破産会社の定めたシフト制であり、その了解なしに休めなかった。
- 一部の者については以前雇用されていた別会社との雇用契約の条件が、破産会社との契約においてもそのまま引き継がれ、破産会社までの交通費も支給されていた。
- 他の荷主の配送業務を受けることは認められていなかった。
- 報酬が出来高払ではなく拘束時間に応じた日当の形で支払われていた。

(3) **管財人による未払賃金の証明**

管財人としては、上記の事情が認められた10名について、破産会社による

指揮監督関係や報酬の労務に対する対償性が認められるとして、労働者（労基9）に該当するものと判断し、未払賃金の証明を行った（他方、以上のような事情が認められなかった残りの者については、労働者に当たらないとして証明を行わなかった）。

なお、未払賃金証明書の交付の際、管財人にて調査した業務の実態、労働者性を認定した根拠に関して作成した詳細な報告書をあわせて交付し、その後、それらの労働者10名から労働者健康安全機構に立替払の請求が行われた結果、いずれの者についても立替払が行われた。

【分析と検討】

一般に、形式上請負契約となっている債権者（下請負事業者）の場合、労働者であるとの判断が困難な場合が多いといえるが、本事例は形式に反して実質的には雇用契約に相当する関係があったというやや特殊なケースである。管財人としては、労働者（労基9）に当たるか否かの判断に際し具体的判断基準（立替払ハンドブック208頁）の正しい理解と適切なあてはめが求められる。

〔コラム⑪〕
「破産者の従業者」の説明義務

破産者やその代理人等には、管財人等の請求があったときは破産に関し必要な説明をしなければならないという説明義務が課せられています（法40Ⅰ）。

他方、「破産者の従業者」に対しては、裁判所の許可（法40Ⅰただし書）があってはじめて説明義務が課されることになりますので、管財人が「破産者の従業者」に対して説明義務を盾に事情聴取等を行う場合には注意が必要です。ただし、通常は、任意に事情聴取等に応じてもらえる場合がほとんどですので、この場合に、裁判所の許可を求める必要はないかと思われます。

※「破産者の従業者」とは、「雇用その他の契約により事業に従事せしめた者であることを要しないのみならず、名称のいかんを問わず、事実上その法人（または人）の組織内にあって、直接または間接にその業務に従事する者」（条解破産332頁）をいうと解されています。

【事例64】 破産会社の従業員の労働者性と就業規則（賃金規程・退職金規程）や賃金台帳等の客観的資料が存在しない場合における未払賃金の証明

建設業（土木・解体業）	破産財団	～100万円
	債権者数	50～100名
	処理結果	異時廃止

【事例】

破産会社は、土木、解体業を主たる業務内容とする有限会社であったところ、破産会社では、解体業務の受注があった場合、そのつど、作業員を集めて解体作業を行っていた。

破産手続開始申立書の労働債権一覧表には、このような作業員らにつき未払賃金が存するとして具体的金額が計上されていたが、破産会社では、就業規則、賃金台帳、給与明細書等の資料は作成されておらず、また、給料も現金支給であって口座振込の履歴もなかった。

以上の事実関係のもと、労働者健康安全機構の未払賃金立替払制度の利用を検討することとなった。

【問題点】

(1) 破産会社の作業員の労働者性
(2) 未払賃金に係る客観的資料が存在しない場合の未払賃金額の証明方法

【処理の経過と結果】

(1) 破産会社の作業員の労働者性

管財人が調査したところ、破産会社が作業員らに対して指揮命令することは原則としてなく、作業は作業員各自の判断に委ねられている部分が大きく、作業員らが他社から仕事の依頼を受けることが許容されていたこと、作業に必要な備品の一部を作業員らが持参していたことが確認できた。この点、作業員らの作業時間は概ね午前8時から午後5時30分までと決まっており、破

産会社の什器・備品を使用していたことが確認できたものの、全体として労働者性は希薄であり、作業員らの労働者性は認められないものと考えられた。

(2) **未払賃金に係る客観的資料が存在しない場合の未払賃金額の証明**

本事例では、上記のとおり、未払賃金に係る客観的資料が存在せず、破産申立書の労働債権一覧表記載の金額も試算額にすぎなかった。

そこで、管財人は、作業員らに対し、労働者性判断のため就労実態を申告し、未払賃金が存するとの主張の場合には具体的な金額と期間を特定したうえで根拠資料等を提出してほしい旨記載した連絡文書を送付した。もっとも、未払賃金額の裏付けとなり得る程度に客観的な根拠資料は提出されず、未払賃金額も不明瞭な状態であった。

そこで、管財人は、労働者健康安全機構に対して相談したうえで、最終的に、未払賃金立替払制度利用のための証明はできないとの結論に至った。なお、管財人は、作業員らに対して、管財人として未払賃金額の証明を行うことはできないものの、これとは別に作業員ら自身にて労働基準監督署長に対して確認申請を行うという方法もあることを説明した。

【分析と検討】

本事例では、破産会社の作業員らに労働者性は認められなかったが、労働者性の判断基準については労働者健康安全機構「未払賃金立替払制度の概要と管財人等が証明する際の留意事項および記載要領」(http://www.johas.go.jp/Portals/0/data0/kinrosyashien/pdf/1207ryui_jiko.pdf) 10頁以下、および、立替払ハンドブック46、208、221頁以下にまとめられている「労働者」の判断基準が、定期賃金の証明については立替払ハンドブック64頁以下が、それぞれ参考になる。

管財人としては労働者保護と不正防止の観点から、客観的な根拠資料による事実確認、労働者健康安全機構への事前相談等によって適切に対応する必要がある。

【事例65】 労働者健康安全機構の立替払についての証明方法の一例

ソフトウェア開発業	破産財団	100〜500万円
	債権者数	10〜50名
	処理結果	異時廃止

【事例】

　破産会社は、コンピュータソフトウェア開発業を営む従業員5名の株式会社であったが、業績不振のため、従業員の同意を得て、事業停止の約1年前から給与の20％減額を行っていた。他方、取締役1名も、同様に減額支給されていたが、20％減額分が経理上は未払金として処理されていた。

　また、破産会社は、事業停止の約1年前に、上記取締役1名から200万円、取締役でない従業員1名から100万円の借入れをしていたが、事業停止直前の3か月分の給与の支払が、それぞれ借入金の返済として経理処理されており、給与台帳上は未払として処理されていた。

【問題点】

(1) 破産会社が従業員から借入れをしており、従業員に対する給与支払の経理処理が「借入金返済」等となっている場合の未払賃金額の確認方法
(2) 従業員兼務役員の労働者性

【処理の経過と結果】

(1) 未払賃金額の確認方法

　破産申立書添付の決算書が作成されたのは事業停止の半年以上前であったが、それ以降の会社の帳簿関係がほとんど存在しないなか、破産申立書記載の労働債権の債権者および債権額は、破産会社の給与台帳と一致せず、従業員からの債権調査票に添付された破産会社作成の「賃金未払証明書」の数字も、給与台帳とも破産申立書とも一致せず、根拠が不明であった。

　そのため、破産会社代表者から経理ソフトごと会計データの状態で引継ぎ

を受け、管財人において内容を検討し、銀行口座の履歴から給与支払と思われる数字を拾い上げ、経理担当者ほか複数の従業員（3名）から事情を聴いて、未払の労働債権の範囲を確認した。

　そして、破産会社が事業停止直前に一部の従業員への給与相当額の支払を借入金の返済と経理処理していた点については、①従来の従業員への給与支払と同じ金額が、②他の従業員への給与振込みと同一の機会に、③従来の給与振込口座へ振り込まれていることから、実質的には賃金の支払であるとして、未払賃金とは認めなかった。

(2) 従業員兼務役員の労働者性

　登記簿上取締役となっていた者については、①取締役就任の前後で破産会社から受け取る給与の額も仕事内容も変わらなかったこと、②取締役会が開催されたことはなく、経営には関与していなかったこと、③破産会社代表者の指示のもとでシステム開発業務に携わっていたことから、労働者性を認めた。そのうえで、給与の20％減額分が未払で経理処理されていた点については、他の従業員と同様に減額に対する合意があったと認められたので、この部分については未払額であるとの証明を行わなかった。

【分析と検討】

　財団が乏しく（引継予納金約200万円で換価対象財産なし）、退職前3か月間の帳簿上の労働債権として申立書記載のものだけで500万円超であったことから、当初より労働者健康安全機構の未払賃金立替払制度の利用を検討した（制度の内容と留意点は、BASIC201、214頁）。

　資料が乏しい事件においても、管財人には労働債権者に対する情報提供努力義務もあることから（法86）、可能な限りの調査をして、労働者に対して情報提供できるよう努力するべきである（BASIC217頁）。

　なお、労働者健康安全機構の未払賃金立替払制度利用にあたり、管財人が未払賃金額を証明するにあたっては、労働者該当性を詳細に調査するなどして、不正請求とならないように細心の注意が必要である（BASIC219頁）。

【事例66】 長距離トラックドライバーに対する割増賃金の計算と立替払の可否

一般貨物自動車運送業	破産財団	1000万円〜
	債権者数	10〜50名
	処理結果	異時廃止

【事例】

　破産会社は、一般貨物自動車運送業を営んでいたところ、就業規則において、従業員である運転手に対する特別手当（長距離手当の趣旨）の支給の定めはあったものの、これが時間外・休日勤務手当に充当されるとの定めはなかった。そのため、破産手続開始以前に、労働基準監督署から、各人の勤務時間から時間外・休日勤務手当を算出し長距離手当との差額を上乗せして支給する必要があるものの、このような計算をせずに長距離手当の支給のみを行っているとして、是正勧告がなされていた。

　未払の時間外手当は財団債権にも該当しうるものであることから、その調査方法等の検討が必要となった。

【問題点】

　時間外手当をどの範囲でいつまでさかのぼって計算するべきか、また過去の時間外手当の算出につきどのような方法をとればよいか、さらに労働者健康安全機構に対して立替払請求するにはどのような資料を揃える必要があるか

【処理の経過と結果】

　労働基準監督署より是正勧告があったことから、未払の時間外・休日勤務手当が発生していると認められた。そして、その算定にあたって、上記のとおり労働基準監督署が示した、長距離手当を時間外・休日勤務手当に充当するという計算方法に従うこととした。

　他方で、調査する時間的範囲として、本事例では財団規模との関係で時間

外手当の額によっては財団債権の弁済も困難となることから、差し当たり労働者健康安全機構により立替払の対象となりうる退職前6か月間に限ることとした。この範囲でも、対象となる従業員全員の勤務実態を認定するために、タコグラフ、業務日誌等（中には、勤務実態について自分の手帳に手控えを残していたとして、これを提出する元従業員もいた）を精査する必要があり、勤務時間（拘束時間）を把握することには大変な労力を要した。

　そのような作業によって金額をいったん算定したものの、未払の時間外・休日勤務手当が一人あたり平均約50万円と極めて多額であって事実認定について慎重な判断をせざるを得ないため、労働者健康安全機構との協議によって、本事例は管財人の証明による立替払請求ではなく労働基準監督署長による確認通知で進めることとなり、労働基準監督署もその進め方を承諾した。

　そこで、労働基準監督署において事実関係を再度精査し、合計15名から確認申請を受けて同署長が確認通知を行い、確認申請がなかった2名については労働基準監督署による事実認定を前提に労働者健康安全機構とも事前調整のうえ管財人による証明で対応をし、合計約880万円の立替払が行われた。

　なお、税金の還付も含め他の管財業務は破産手続開始後約6か月で完了したが、これらの調査があったため事件終了までには約2年を要した。

【分析と検討】

　本事例では、破産手続開始前から、従業員が労働基準監督署に対して相談をし、労働基準監督署の是正勧告がなされていたという経緯があり、労働基準監督署も労働者保護の観点から積極的に破産手続に関与し、その指導を受けることができた。ところが、それでも、立替払の対象金額が多額であり事実認定等には慎重にならざるを得ず、最終的には労働基準監督署による確認通知によってようやく立替払を受けることができた。

　一般的には、未払の時間外手当等については、まずは管財人において証明活動をするべきであるが、事案によっては、本事例のように、各機関との連携によって解決に至ることもありうるところである。

第7章 契約関係の処理

1 売買契約

【事例67】 宅地建物取引業法に基づく苦情についての解決の申出がなされた場合の対応方法

不動産業（分譲住宅建築販売業）	破産財団	500〜1000万円
	債権者数	50〜100名
	処理結果	異時廃止

【事例】

　破産会社は、分譲住宅建築販売業を営んでいたが、破産手続開始直前に手付金のみ受領していた不動産売買契約が存在し、買主から宅地建物取引業法64条の5第1項に基づき、苦情についての解決の申出がなされた。

　苦情解決申出制度は、消費者が公益社団法人全国宅地建物取引業保証協会（以下、「宅建業保証協会」という）に対し、同協会会員業者の取り扱った宅地建物取引に関する苦情についての解決を申し出るもので、宅地建物取引業法上の取引により生じた債権がある場合に、同協会における認証審査を経て、当該債権の存在およびその額が認証された場合に、申出をした消費者は、同協会から弁済業務保証金の還付（弁済）を受けることができるという制度である（詳細は、同協会のウェブサイト http://www.hosyo.or.jp/jigyo/kujo.php を参照）。

【問題点】

(1)　破産会社が、破産手続開始前に不動産売買契約につき手付金のみを受領していた場合、管財人として当該売買契約をどのように処理するべきか

(2)　買主が宅地建物取引業法64条の5第1項に基づき、苦情解決の申出をし

ていた場合に、管財人としてはかかる申出をどのように処理するべきか

【処理の経過と結果】

(1) 双方未履行の双務契約の処理

　破産会社は、破産手続開始前に、不動産売買契約を締結し、手付金のみ受領していたものの、破産会社は当該不動産の所有権をいまだ移転していなかったため、当該売買契約は、破産法53条1項所定の双方未履行の双務契約であるものと考えられた。

　破産手続開始前に買主から当該売買契約の解除がなされていれば、買主の破産会社に対する手付金返還請求権は破産債権になると一般的には考えられているが（大コンメ破産215頁）、本事例では、破産手続開始時において、買主から解除の意思表示はなされていなかったため、管財人において当該売買契約を解除した。その結果、買主の破産会社に対する手付金返還請求権は財団債権となった（法53Ⅰ）。

(2) 苦情についての解決の申出の処理（宅地建物取引業法64条の5Ⅰ）

　買主が宅建業保証協会に対して、宅地建物取引業法64条の5第1項に基づき、苦情解決の申出を行っていたため、管財人としては、手付金返還請求権を財団債権として弁済するべきか、苦情解決申出制度における認証審査・還付（弁済）を待つべきかにつき、決定しなければならなかった。

　苦情解決申出制度における認証審査については結果が判明するまで数か月を要するとのことであり（実際に、約7か月を要した）、管財人としては、管財業務の早期処理を優先して買主の破産会社に対する手付金返還請求権を財団債権として弁済（按分弁済）し、残額を宅建業保証協会の苦情解決申出制度にて処理した。

　本事例においては、財団債権の按分弁済後、買主の破産会社に対する手付金返還請求権は、その存在および額につき認証されたため、弁済業務保証金が買主に対して還付（弁済）された。

　なお、管財人が当該売買契約を解除した当該不動産は、別途任意売却することができた。

【分析と検討】

　宅建業保証協会における苦情解決申出制度について理解することが必要であるとともに、これに要する期間等を考慮した管財人としての判断が求められる。

　なお、宅地建物取引業者の破産事件については換価に時間を要することもあるため、あらかじめ処理の方針および見通しを立てておく必要があるし、特に、弁済業務保証金（BASIC95頁）の取戻しについては6か月以上を要するので注意が必要である（宅地建物取引業法64条の11Ⅵ・30Ⅲ、宅地建物取引業者営業保証金規則8）。

〔コラム12〕
止めればよいというものではない

　言うまでもなく、管財人は財団債権の無用な増加を放置することは許されませんので、不要な継続的供給契約は速やかに解除する必要があります。

　もっとも、破産者の所有不動産として古いビルがある場合、電気の供給契約を停止する際、エレベーターによっては、いったん作動（通電）を中止すると、再稼働する際に多大な費用や手間がかかるものがありますので、当面のエレベーターの利用の必要性の有無等を確認・検討することが必要です。通常、エレベーターには、パネル付近に連絡先等が記載されていますので、再稼動する場合の段取り、費用等を問い合わせるとよいでしょう。

　その他、所有不動産について電気の供給を止める際には、その後の警備方法、不動産内の動産類の有無、ある場合の処分ないし換価方針等を十分に確認、検討のうえ行ってください。

2　賃貸借契約

【事例68】 転貸事例における敷金返還請求権と未払賃料との相殺

不動産業（不動産賃貸業）	破産財団	1000万円〜
	債権者数	100名〜
	処理結果	配当

【事例】

　テナントビルの転貸人が破産した事例において、テナントとの賃貸借契約書上に破産申立て等がなされた場合等には敷金返還請求権と未払賃料との相殺を可能とする旨の条項が存在していた。

　テナントは賃料の寄託請求をすることなく、上記契約条項に基づき敷金額に充つるまでの賃料の相殺を主張し、その後、破産会社に対して解約申入れを行い、退去時期が間近に迫っていた。

【問題点】

　賃貸借契約中の敷金返還請求権と賃料との相殺合意の効力

【処理の経過と結果】

　本事例はいわゆるサブリースの事案であり、対抗要件を備えていたテナント（転借人）との賃貸借契約を解除することはできなかったところ、賃料（転貸料）未払発生の当初は、賃貸人が契約の承継を望んでいたため、テナントに対し未払賃料の支払を求めつつ、並行して賃貸人への契約の承継の協議も行っていた。このうち、未払賃料の支払請求に対しては、テナントより上記契約条項に基づく相殺主張がなされた。なお、この間、テナントから寄託請求はなされず、管財人からも特段の示唆は行わなかった。

　もっとも、その後、当該テナントから賃貸借契約の解約申入れを受け、原状回復の交渉と並行して、上記相殺主張にかかる協議を行った。

同協議において、破産申立てを理由とする相殺を可とする契約条項の効力、破産法70条との関係が問題となった。

　管財人としては、同契約条項の効力を全面的に認めることは相当でない旨伝えるなどして、テナントと交渉した結果、管財人は未払賃料の半額の支払を受け、残り半額については差入敷金額から控除することで和解が成立した。

【分析と検討】

　敷金返還請求権は、賃貸借契約終了後、明渡完了の時において賃貸人が賃借人に対して有する一切の債権を控除した残額につき発生するもの（賃貸借契約終了後明渡し時に、未払賃料等を控除しなお残額があることを停止条件とする債権）とされ、明渡し前においてはその発生および金額が不確定である。

　停止条件付き債権については一般に条件成就前にこれを自働債権とする相殺は認められないものとされ、この理は破産手続開始後も妥当する。

　したがって、相殺を可とする上記条項は、当事者間で敷金返還に係る停止条件を明渡し時ではなく、これに先立つ破産等の申立て時に前倒しで成就させる特約として有効となるのではないかととらえた。

　もっとも、これを前提としても将来の明渡し完了までに発生する賃借人の債務額を相殺時にどのように定めるのかが規定されておらず、相殺可能となる範囲が全く不明となるため条項としては不十分であると評価した。

　また、いわゆる倒産解除特約の効力に関する議論との関係上、同特約に管財人が直ちに拘束されることの妥当性も疑問があった（BASIC293頁）。

　賃貸人の意向に対する配慮、テナントとの間で問題意識を共有することに時間を要した結果、未払賃料の額が、仮に原状回復費用が０円であっても敷金返還請求権が発生しない額に達する状態となり、かつ解約申入れにより、明渡時期が間近に迫っていた。

　当該テナントについて、もともとは賃貸人が契約関係の承継を望んでいたため、交渉開始当初は強く出ることで退去されても困るという状況にあり、また、解約申入れ後は、原状回復の範囲・程度について交渉する必要があり、交渉の進め方にも苦労した。

製造業	破産財団	1000万円～
	債権者数	50～100名
	処理結果	異時廃止

【事例69】 破産手続開始決定直前に事業用賃借物件に関する保証金の返還請求がすべて棄却されていたが、控訴期限までに和解により解決した事例

【事例】

　破産会社は、賃借する事業用物件について、破産申立て前に賃貸人に対して保証金返還請求訴訟を提起していたところ、破産手続開始決定直前に破産会社の請求を全部棄却するとの内容の判決が出ていた。

　同訴訟においては、破産会社による建物の明渡し・原状回復が完了していたか否かが争点となっていたところ、裁判所は、賃貸借契約書ではスケルトンの状態で返還する合意になっているにもかかわらず破産会社が設置したダクト・フードが撤去されていなかったことを理由に明渡しが完了していないと認定した。その結果、破産会社が賃貸人に対して差し入れていた保証金の全額が未払賃料および賃料相当損害金に充当され、返還すべき残額は存在しないと判断されていた。また、未払賃料・賃料相当損害金の合計額のほうが保証金よりも多額になっているため、破産会社は超過部分の支払義務があることも判決理由の中で述べられていた。

【問題点】

　財団債権に該当する可能性のある原状回復ないし明渡し未了に伴う賃料相当損害金債務が増加するリスクを抱えつつも控訴を提起して争うべきか、早期に和解により解決するべきか

【処理の経過と結果】

　破産手続開始決定時において、ダクト・フード以外の動産類は、すべて撤去が完了していた。建物明渡しの大部分が完了しているにもかかわらず、わ

ずかに一部分のみが残存するというだけで賃料相当損害金が発生するという結論が妥当なのか、残った部分を撤去する費用相当額だけが敷金から控除されるべきであり継続的に賃料相当損害金が発生するというのは不相当な結論ではないかという問題意識があった。

他方、建物明渡し未了と判断される場合、明渡し未了時の賃料相当損害金が財団債権となることには争いがないため、継続的に財団債権が発生して既存の破産財団が不当に減少するというリスクがあった。

第一審（地方裁判所）は、ダクト・フードが比較的容易に取り外し可能であったこと等を考慮して、原状回復が未了という状態ではなく明渡し自体が未了であると判断していたところ、その結論は、控訴をすれば必ず覆されるという内容とも考えがたいところであった。

わずかな残置物でも賃料相当損害金が継続的に発生するという結論の妥当性には疑問があるものの、賃貸人側からすると撤去をするには訴訟・強制執行を経なければならないこと、形式的には明渡し未了と判断せざるを得ないこと、その結果信義則等民法の一般条項の適用によらなければその結論を否定するのが困難と思われたこと等の事情から、控訴によって破産財団が増殖する可能性は低く、むしろ破産財団を毀損するおそれが高いと判断した。

これに対して、控訴を提起しても明渡し未了と判断された場合には財団債権が増加してしまうため、このリスクの大きさに照らすと、賃貸人との間で交渉により解決をするのが相当と判断した。控訴しない場合に判決が確定してしまうリスクに鑑み、鋭意交渉し、控訴期限までに、賃貸人との間で、債権債務なしの合意を成立させることができた。

【分析と検討】

控訴を提起することで破産財団が増殖する可能性もあったが、むしろ財団債権が増加して破産財団を毀損するおそれのほうが高いと判断したため断念した。

控訴の提起を検討する以前の問題として、賃貸借関係を適切に処理することが重要であることはいうまでもない（BASIC286頁）。

[第2部] 第7章 契約関係の処理

【事例70】 老朽化し換価価値が乏しいうえに化学物質が残存する借地上の工場の処分方法

製造業（ゴム製品製造・加工販売業）	破産財団	500～1000万円
	債権者数	10～50名
	処理結果	異時廃止

【事例】

　破産会社甲の本店所在地には代表者乙（同時に破産手続開始決定を受けた）名義の建物（事務所兼工場）が存在したが、極めて老朽化しているうえ、内部構造も複雑で、工場としての買受希望は見込み難い物件であった。

　この建物は、異なる所有者Ａ、Ｂの所有する土地上にあり、地主Ａは甲と、地主Ｂは乙と、それぞれ賃貸借契約を締結していた（Ａからの甲賃借土地は建物所有者である乙へ転貸される形態となっていた）。同建物内にはゴム製品の原料となる化学物質が大量に残置され、ＰＣＢ（ポリ塩化ビフェニル）を含むトランス（変圧器）も複数台存在していた。また、甲、乙とも、破産手続開始決定時、多額の地代を滞納していた。

　なお、建物には、甲の取引先を根抵当権者、甲を設定上の債務者とする根抵当権が設定されていた。

　そこで、甲乙両方につき選任された管財人として、こうした建物の換価もしくは処分を行うこととなった。

【問題点】

　換価見込みが乏しい借地上建物の換価方法

【処理の経過と結果】

　まず、Ａ、Ｂの内諾を得たうえで、根抵当権者である取引先に建物を譲渡することを検討し交渉を行うこととした。結果として、同社からは建物の譲受けを拒否されたが、建物収去も視野に入れ、根抵当権を放棄する旨の同意書を作成してもらうことができた。

建物の収去と化学物質やトランスの処分・廃棄には、双方の破産財団の額を大幅に超える費用が必要となる見通しであったが、地主や周辺地域への影響に鑑み、そのまま建物を乙の破産財団から放棄する処理を行うことはためらわれる状況にあった。

そこで、地主への譲渡による解決を試みることとし、A、Bとの交渉の結果、Aとの間で、Aが建物を無償で譲り受け、内部の化学物質、トランス等の処分や建物の収去をAの負担で行うとの内容の合意に至った。

Aと甲および乙管財人の間で、Aの設定した借地権を甲の破産財団から放棄すること、土地上および建物内の動産（トランスを含む）をAが処分することに異議を述べないことを確認する覚書を作成した。その際、開始決定時以降の滞納賃料および建物収去費用（上記PCB処理費用を含む）をAの財団債権として認め、前者を「破産財団の管理に関する費用の請求権」（法148Ⅰ②）として優先的に支払うこととした。具体的には、異時廃止事案であったため、開始決定時以降の滞納賃料全額をAに支払ったうえで、破産財団の残金を建物収去費用（見積額）と公租公課等で按分弁済することとなった。

Bと乙管財人の間でも、Bの設定した借地権を乙の破産財団から放棄すること、Aの建物および残置物等の処分についてBが異議を述べないことを内容とする合意書を作成した。乙の破産事件においては十分な財団が形成できなかったため、開始決定時以後の滞納賃料を財団債権としてBに支払う処理を行った。なお、建物を譲り受けたAは、Bとの関係では不法占有となるが、A、Bの間での協議による解決に委ねることとなった。

【分析と検討】

本事例は、化学物質やPCBを含むトランスが残置された建物であったことから、破産財団からの放棄を行わずに処理を行えるような方策が求められた事例であったといえる。

利害関係者と精力的かつ粘り強く交渉を続けることによって、限られた財団の中で可能な限り適切な処理を模索することが求められよう（BASIC126頁以下参照）。

【事例71】 賃借物件に関する破産法53条1項に基づく解除と保証金没収条項・違約金条項の適用

卸売業	破産財団	500～1000万円
	債権者数	10～50名
	処理結果	配当

【事例】

破産会社は、賃借建物にてタイヤおよび付属部品等の卸売販売をしていた。破産会社は、当該建物を賃借する際、賃貸人に対し500万円の保証金を差し入れていたが、同賃貸借契約書上、①契約締結後10年以内に解約された場合には保証金全額を返還しない、②賃借人都合で中途解約された場合は賃料6か月分（約250万円）の違約金を支払う、旨の各条項があった。なお、当該建物は、破産会社が借り受ける際に破産会社仕様で建設されたものであった。そして、破産手続開始決定時点で、賃貸借契約締結から6年が経過していた。

管財人は就任後直ちに、上記賃貸借契約につき破産法53条1項に基づき解除し、保証金の返還請求をしたものの、賃貸人側は保証金没収条項ないし違約金条項の適用を主張し、かつ、滞納家賃および原状回復費用の支払を求めてきたため、協議を要した。

【問題点】

賃借物件に関する破産法53条1項に基づく解除と保証金没収条項・違約金条項の適用の可否

【処理の経過と結果】

まず、賃借建物内の在庫、機械工具および什器備品を一括して売却することとし、同売却先が決まった後、本格的な保証金返還交渉に入った。

管財人は、破産法53条1項に基づく解除権は民法上の解除原因や契約当事者間の合意内容いかんにかかわらず行使しうるものであって、法によって管財人に与えられた特別の権能であるから、管財人は賃借人に不利な条項に拘

【事例71】

束されないという見解（運用と書式116頁、はい6民239頁以下、BASIC294頁）に基づいて、保証金没収条項も同様である旨主張したが、賃貸人側より異論が出たため、協議を要した。

保証金没収条項の適用の有無につき判断した裁判例は見当たらず、また、破産手続開始後の未払賃料・原状回復費用（なお、破産法53条1項に基づく解除の場合の原状回復費用の法的性質を破産債権と解することにつきBASIC292頁参照）はもとより破産手続開始前の未払賃料も保証金に当然に充当されるものであり、さらに破産手続開始後の賃料・賃料相当損害金はいずれも財団債権に該当し保証金の額を超える部分は破産財団の負担となる。これらを総合考慮して、保証金から控除されるべき原状回復費用を比較的広く認める方向での和解を提示し、協議した。

結局、差入保証金から未払賃料および原状回復費用見積額を控除した約40万円を回収する内容で、裁判所の許可を得て和解した。この結果、破産手続開始決定日の翌月末まで（約40日後）には賃借建物を明け渡すことができ、保証金の一部を破産財団に組み入れることができた。

【分析と検討】

本事例では、賃貸人側と密にコンタクトをとりながら、賃借建物内の動産売却作業、原状回復範囲の確認作業等を行い、その過程で現地立会を数回行った。このように現地立会のつど、賃貸人に対し、早期明渡しの姿勢をみせ続けることで誠意を感じてもらえたのか、保証金返還交渉を比較的スムーズに進めることができたとも評価できる。

賃借物件に関する破産法53条1項に基づく解除に際し、管財人が賃借人にとって不利な条項に拘束されるか否かについては、裁判例上、上記見解とは異なる結論もあり、本格的に争うとなると紛争が長期化する可能性が高い。したがって、早期解決を指向するのであれば、裁判所の許可が得られる枠組みの範囲で（本事例では、あくまで未払賃料および原状回復費用のみを控除した保証金残額を返還する内容となっている）、柔軟な解決を図ることが望ましいと考えられる。

211

【事例72】 抵当権が設定された建物に関する管財人の担保価値維持義務

製造販売業	破産財団	100～500万円
	債権者数	10～50名
	処理結果	配当

【事例】

　破産会社は、材木を加工して木製建築資材を製造する会社であった。破産会社は数十年前に工場敷地を近隣の土地所有者から賃借して、その上に工場建物を建築し所有していた。

　破産会社は、破産手続開始決定がされる数年前に金融機関から、事業資金の融資を受け、工場建物に抵当権を設定していたことから抵当権者の担保権の効力が借地権にも及んでいると考えられた。

　なお、破産手続開始決定時点で、破産財団がほとんど形成できていない状態であり、地代の支払や撤去費用の負担が困難である一方、建物は古く損傷が激しくほとんど市場価値がないことが明らかであった。

【問題点】

　抵当権が設定された借地上建物が存在するが、財団が乏しいため地代の支払や建物撤去費用の負担が困難である場合の処理方法

【処理の経過と結果】

　管財人は担保権者の担保価値を正当な理由なく毀損してはならない義務を負っていると考えられるため（最判平成18年12月21日判タ1235号148頁）、借地上の建物に抵当権が設定されている場合、担保権の効力が及んでいると考えられる借地権についても配慮が必要となると考えられる（BASIC137頁）。

　この点、破産財団が潤沢である場合には、管財人において破産財団から当面の地代を負担しつつ、建物の任意売却を行うこともできる。

　しかし、本事例の場合には財団が極めて乏しく地代の支払は困難で、また、

建物自体の価値も乏しい事案であり、借地権付き建物の任意売却も困難であった。

そこで、まず、管財人は建物抵当権者である金融機関に対して借地上の建物抵当権実行の意思の有無を確認したところ、抵当権者の回答は「建物の競落人が現れるとは思われないので、実行はしない」というものであった。

次に、管財人は、建物抵当権者である金融機関に対して、破産財団が乏しく地代の支払が困難であり、借地権が解除される可能性があることを説明し、借地権を維持するために抵当権者において地代の立替払（地代等の代払許可につき、民執188・56Ⅰ参照）をする意思の有無について確認したが、抵当権者の回答は「建物の価値が乏しいこともあり、地代の立替払の意思はない」というものであったため、その旨を確認し書面化してもらった。

そこで、管財人は建物を破産財団から放棄することも検討したが、土地所有者が老齢であり、建物が放棄された後、建物の撤去や抵当権者である金融業者との交渉をすることが極めて困難であると考えられる事情もあったことから、関係者の調整を図り、管財人が土地の買受希望者等を募るなど努力した結果、工場建物が解体収去されることを条件として土地の購入を希望する者が現れた。

管財人は土地所有者に対して、管財人が建物を放棄した場合の手続等を説明したうえで、解体費用を負担して建物を収去することに経済的合理性があること等を説得し、破産手続開始決定後の地代支払の免除を求め、土地購入希望者も説得して解体費用と抵当権者に対する担保抹消料の合計を土地所有者と土地購入希望者とで共同で負担することで合意してもらった。

土地の売却代金は約2000万円、建物解体費用は約500万円、担保抹消料は100万円となった。

なお、担保抹消料については、当初、抵当権者は借地権の価値を主張して300万円程度を要求してきたが、当該購入希望者以外には購入希望者が現れにくく、そもそも抵当権者自身が抵当権の実行による回収を困難と考えていたこと、抵当権者自身が地代の立替払の意思もなく借地権の解除もやむを得

ないと考えていたこと等を指摘するなどして交渉した結果、抵当権者は100万円で抹消に同意した。

管財人が土地の購入希望者を募ることに尽力したこと等から、破産手続開始決定後の地代については土地所有者から免除を受けることができ、財団債権の負担を軽減することもできた。

【分析と検討】━━━━━━━━━━━━━━━━━━━━━━━━━━■

借地上の建物の所有者である者が破産した場合には、同建物の担保権者との関係に配慮することが必要となる。

破産財団が乏しい場合等において破産財団による地代負担が難しい場合においても、抵当権者が立替払を希望する場合もあることから、抵当権者に対しても事情を説明し、地代の立替払の機会を与えることも検討すべきである。

なお、抵当権者から立替払を行わないという意思が表明された場合には、口頭による確認だけで手続を進め、賃貸借契約が解除された場合等のトラブルを避けるためにも、できる限りその意思確認は書面化しておくべきである。

また、管財人が建物を財団から放棄した場合に、土地所有者や抵当権者等関係者に過大な不利益が生じないかも検討する必要があり、管財人としては、安易に建物を財団から放棄することなく、できる限り問題が残らない方法を模索する姿勢・視点が必要である。

【事例73】 飲食店設備の換価と居抜きによる賃借人の確保

飲食業	破産財団	～100万円
	債権者数	～10名
	処理結果	異時廃止

【事例】

　破産者は、洋食店を営む自然人（個人事業者）であり、店舗用の物件として、スケルトンの状態でビルの一室を賃借し、同物件内にカウンター・テーブル・厨房・業務用冷蔵庫等の設備を設置して洋食店を営んでいた。

　賃貸借契約書上、店舗の明渡し時には同物件をスケルトンの状態に戻さなければならない旨、また、造作買取請求権がない旨の条項が定められていた。

　破産者は、事業開始後10年以上が経過した時点で支払不能となり、破産申立てに至ったが、その間、厨房設備等の改装・買換え等をしたことはない。

　スケルトンの状態に戻して明渡しを実現するためには店舗に固定して設置されているカウンター・その他の厨房設備等もすべて撤去する必要があるところ、その費用が相当高額となるのに対して、店舗内の可動性のあるテーブル等動産類の換価価値は非常に低かった。

　なお、明渡し後、100万円を超える敷金の返還が見込まれる状況であり、明渡しおよび原状回復に要する費用の額はこの敷金返還額を超えることはない見通しであった。

　もっとも、この明渡し・原状回復のための費用支出を抑えることができないかを検討することとした。

【問題点】

　既存の飲食店設備等を有効利用することによって、明渡し・原状回復の費用の負担を抑え、破産財団が減少するのを避けることができないか

【処理の経過と結果】

スケルトンの状態に戻して物件を明け渡すために必要となる額を試算したところ、これが物件内のテーブル等動産類の換価価値を上回ることが判明し、不足する部分については破産財団より支弁しなければならない見通しとなった。そこで、既存の設備を有効利用し、かつ、破産財団をできる限り維持する方法として、賃貸人に対し、本事例店舗を「居抜き」の状態で使用してくれる者が現れ、その者が破産者の差し入れている敷金と同額の敷金を差し入れた場合には、明渡義務を免除したうえで契約上の敷金を全額返還するように求めることとなった。

　これと並行し、類似の飲食店を営んでいる知人に問合せを行い、店舗内に存するテーブル等動産類を無償で引き継ぐことを条件に、本事例店舗を「居抜き」の状態で継続して利用してくれる者がいないかを探すことになった。

　その結果、賃貸人の同意を得て、新たな賃借人が「居抜き」の状態で店舗を引き継ぐことになり、明渡し・原状回復費用の支出を伴うことなく敷金全額の返還を受けられ、破産財団の減少を避けることができた。

【分析と検討】

　飲食店に限らず、賃借物件の明渡し時には、原状回復費用を全部もしくは一部でも免除してもらい破産財団の減少をできる限り抑えるための工夫が必要になる（BASIC292頁）。飲食店の場合、新たな賃借人による「居抜き」処理をしやすい業種であり、破産財団を維持するために賃貸人と十分に協議をすることが必要である。

　「居抜き」による処理をする場合、新たな賃借人に対して既存の賃借権および資産を譲渡（売買）するという法律構成も考えられる。事案に応じて、賃借権および資産の譲渡（売買）とするのか、賃貸人との間における賃借物件の明渡しおよびそれに伴う敷金の返還という枠組みの中で処理をするのかを判断していくことになる。

【事例74】 賃借物件たる歯科診療所の明渡しおよび敷金返還請求権の処理

歯科医師	破産財団	100～500万
	債権者数	10～50名
	処理結果	配当

【事例】

　破産者である歯科診療所（個人事業者）は、診療所を賃借（オフィスビル地下1階）していたが、破産申立て前に賃料未払に基づく解除を受けており、明渡し未了のまま破産手続開始決定が出された。

　このまま、原状回復をせずに明渡しを行うと、敷金（約840万円）から、未払賃料等（共益費、光熱費含む）、賃料相当損害金および原状回復費用が差し引かれ、さらに破産債権（破産手続開始決定前に賃貸借契約が解除された場合において、原状回復費用が破産債権となるとする見解に立った場合）400万円程度が発生する状態であった。

【問題点】

　歯科診療所の明渡しをどのように行うか

【処理の経過と結果】

　明渡しおよび原状回復を行うと、レントゲン機器、歯科用ユニット（診察台）、および医療系廃棄物等の処分費用・撤去費用を主とする原状回復費用（賃貸人側の業者による見積では900万円、管財人側の業者による見積では104万円）が高額にかかる。また、明渡し未了であるため、高額な賃料相当損害金（破産手続開始決定後は財団債権となる）が発生し続けていたため、明渡方法を早期に決定する必要があった。

　原状回復を行うと、高額な原状回復費用がかかることから、賃貸人の同意を得て、同業者に対して居抜きでの譲渡を行うこととした。

　まず、管財人は、破産手続開始決定日翌日に賃貸人に面談に行き、ともに

賃借物件を確認し、管財人から上記方針を伝えた。その一方で、破産者に居抜きで引き受けてくれる同業者（以下、「新賃借人」という）を探すよう依頼した。破産者は、申立て前から知人の歯科医師に打診していたため、早々に新賃借人候補の紹介を受けた。

その間、個人情報保護の観点から、診療所内のカルテを別の場所に移動して保管し、また、感染性廃棄物を廃棄物の処理及び清掃に関する法律に従い処理し、いつでも明け渡せる状態になった段階（年末年始休暇を挟んでいたこともあり、破産手続開始決定日から2週間程度）で、賃貸人に状況等を報告した。その結果、賃貸人は、この報告日を明渡日と認め、賃料相当損害金を計算するよう譲歩してくれた。

その後も、賃貸人に対し、新賃借人を紹介して新賃貸借契約の交渉を行ってもらい、同時に、管財人は、新賃借人とレントゲン機器等の機材を設置したまま居抜きで引き取る前提で診療所内の動産類の譲渡について価格交渉を行った。また、管財人と賃貸人との間で、保証金の返還の金額についても交渉を行った。

三者間のそれぞれの交渉が整った状態で、各契約を同日に締結した。

以上の結果、管財人は敷金約840万円から未払賃料等約100万円、賃料相当損害金等約330万円を差し引いた残金約410万円と、動産類の売却代金3万円を回収することができた。

【分析と検討】

診療所にはレントゲン等の撤去費用がかさむ機材等が多いが、本事例では、申立代理人および新賃借人の協力もあって、居抜きによる同業者の引受先をみつけることができ、破産財団の増殖に成功した。管財人が特段の配慮をすることなくそのまま明け渡すのみでは破産財団の増殖はなく、逆に財団債権・破産債権が発生していたのであるから、その差異を考えると影響は大きい。診療所に限らず、飲食店等、特殊な内装を要する事例では同業の後継テナントを探すことが有益である。

【事例75】

【事例75】 港湾施設に関する自治体の占用許可を名義変更手続で処理した事例

製造業（水産加工業）	破産財団	100～500万円
	債権者数	100名～
	処理結果	異時廃止

【事例】

　破産会社は水産加工会社であったが、漁港内に保有していた水産加工場建物の換価を進める際、同加工場の付属設備である排水設備が建物と海との間の自治体所有土地上に設置されている事実が判明した。

　そこで、水産加工場の換価の際、上記排水設備を撤去するか否か、また撤去を回避する場合、自治体所有土地の利用権限をどのように維持するかの処理・検討が必要となった。

【問題点】

　港湾部に加工施設を置く水産加工業における契約関係処理の注意点

【処理の経過と結果】

　水産加工会社は荷揚げ・加工の便宜のため水産加工場等の施設を港湾施設内に置いていることが多いが、そのような場合、水産加工により排出される塩分濃度の高い水の排水管や排水設備等が海や河川と自己所有土地の間にある自治体所有土地上に設置されていることがある。

　このような場合、港湾管理者（地方公共団体の土木事務所等）が、事業者に対し自治体所有土地の「占用許可」（港湾法37Ⅰ）を与え、これに基づいて使用料（占用料）の支払を受けているケースがみられる。通常、占用の面積に条例等で定められた料率を乗じた額が占用料として設定され、また保証金の預託はなされないことが多い模様である。

　しかし、占用者の破産手続開始が占用許可の取消事由にあげられているのが通例であり、この場合には破産会社の負担で設備を撤去し、原状に復する

必要がある。

　もっとも、原状回復には相応の費用がかかるのが通常であり、破産財団からの支弁は困難なことも多い。また、そのような付属設備が維持できるか否かは、水産加工場等施設の換価価値や換価の成否自体にも大きく影響する。

　このため、港湾管理者のとる運用として、施設を新たに取得する（した）者への占用許可の名義変更に応じる例があり、水産加工場等施設が存在する場合には、上記のような排水設備等に関する「占用許可手続」の有無を確認し、許可の名義変更手続の要否・可否を検討することとなる。

　本事例でも、排水設備等の撤去費用が300万円を上回る状態であったこと、水産加工場等施設の処分の見込みがあったことから、土木事務所側も名義変更に関し積極的であり、同事務所と協議のうえ、物件の買受人に許可の名義変更手続をとることで対応した。

【分析と検討】

　申立業務の中でしばしば見落とされがちであるが、工場等施設の外部に張り出して設置されている設備がある場合、その所有関係のみならず、設置されている土地の所有関係や利用権限の具体的内容を精査する必要がある。

　特に、港湾部の水産加工場といった施設は他の用途への転用が容易でないことも多く、既存の設備を維持することが経済的合理性の点からも、破産財団増殖の点からも好ましいことが多い。自治体の側も占用者の破綻により対応に苦慮していることは少なくないため、許可名義変更手続に前向きな姿勢を示すことが多いのではないかと思われる。

　なお、水産加工施設の附属設備の他、荷役機械やその附属施設、上水道管・下水道管・ガス管、看板・標識等についても占用許可が付与されているケースが考えられる。

　自治体との契約関係（ないしそれに類似する関係）がある場合、当該自治体と協議のうえ、関係者にとってもっとも利益となる処理方法を柔軟かつ弾力的に模索することが重要である。

3 請負契約

【事例76】 請負人破産による双方未履行解除と注文者の相殺の可否

建設業	破産財団	1000万円～
	債権者数	100名～
	処理結果	配当

【事例】

破産者は、オーダーサッシの設計、製造、施工等を業としていたが、数十件の請負工事が仕掛中の状態で破産手続開始決定を受けた。

管財人が各請負契約を双方未履行の双務契約として解除（法53I）したところ、多くの注文者から、工事の完成に破産者との契約金額を超える費用を要したとして、増加費用相当額の損害賠償請求権と出来高相当額の請負代金請求権とを相殺する旨の主張を受けた。

そこで、かかる相殺の可否等を検討することとなった。

【問題点】

建設工事の請負人の管財人が請負契約を破産法53条1項に基づき解除した場合、注文者が同法54条1項に基づく増加費用相当額の損害賠償請求権を自働債権として、出来高相当額の請負代金請求権と相殺することの可否

【処理の経過と結果】

最判昭和62年11月26日民集41巻8号1585頁は、請負人の債務が代替的なものである場合には、請負契約に破産法53条（旧法59）が適用されると判示しているところ、本事例では破産者の債務に代替性があったことから、管財人は各請負契約を破産法53条1項に基づき解除した。

管財人は、工事案件ごとに見積書や発注書の明細等に従って請負工事の内容を一覧表化し（設計、製造、取付等の工程ごとに、対象部材、数量、単価、出

来高等を記入できる出来高査定表である）、従業員の協力を得て各工程の進捗割合を算定して、注文者と出来高の査定に関する協議を行った。

　これに対し、注文者が残工事を他の建設業者に委託して完成させている案件においては、多くの場合、注文者から、増加費用（請負契約上の残工事分の請負代金と、実際に完成に要した残工事の請負代金の差額）相当額の損害賠償請求権と出来高相当額の請負代金とを相殺するとの主張を受けた。

　上記の注文者の主張は、双方未履行の双務契約を解除された相手方が破産法54条1項に基づく損害賠償請求権（破産債権）を自働債権として、出来高相当額の請負代金請求権との相殺を主張するものであり、相殺禁止（法71・72）との関係でかかる主張が認められるかが問題となる。

　管財人としては、①注文者の損害賠償請求権は破産手続開始後に管財人の解除権の行使によって生じたものであること、②かかる相殺の主張を認めると、管財人に双方未履行の双務契約の解除権という特別の権能を与え、相手方の損害賠償請求権を破産債権にとどめた破産法53条1項および破産法54条1項の趣旨を没却すること、③上記のような相殺に対する事前の合理的な期待があるとまでは考えられないこと等から、破産法72条1項1号の類推適用により相殺は認めない一方（東京地判平成24年3月23日判タ1386号372頁参照）、出来高の評価において合理的な範囲での譲歩を行うこと等により、迅速かつ合理的に出来高の評価および同相当額の請負代金の支払について合意できるよう努めた（なお、上記の相殺の可否に関しては、条解破産531頁、破産200問258頁（野澤健）等参照）。

【分析と検討】────────────────────────────■

　サッシの取付工事はビル等の建設工事の最終段階で行われる場合が多く、破産手続の開始当初は、工事の完成を急ぐ注文者に対し、破産者が製造済みで取付未了のサッシの売却に協力すること等により、出来高の評価や上記のような相殺の主張に関し、迅速かつ管財人の主張に近い内容で妥結できる場合も多かった。

　建設業者の破産事件では、注文者との出来高交渉等を、破産手続開始決定

後可能な限り迅速に行うことが、破産財団の換価の迅速化および最大化に資するのみならず、注文者その他の関係者への破産による影響を最小限にとどめるという点でも非常に重要である。

　なお、本事例とは事案が異なるが、請負契約に契約解除の場合の違約金条項が規定されていた事例において、請負契約の注文者が、請負人の履行不能を理由に請負人の破産申立て後に請負契約を解除した場合において、注文者による違約金債権と請負代金債権との相殺を認めた裁判例が存するので（東高判平成13年1月30日訟月48巻6号1439頁）、あわせて確認されたい。

〔コラム13〕

劣後的破産債権による相殺

　破産者が預金債権を保有していた銀行が、破産手続開始決定後に、管財人に対して、劣後的破産債権部分である開始決定後の遅延損害金を自働債権として、当該預金債権との相殺を主張した事例がありました。

　確かに、銀行取引約定書には、民法上の相殺の充当順序や遡及効を排斥し、銀行による自由な相殺を認める旨の条項があります（なお、東京地判昭和47年6月28日金法660号27頁は相殺適状時への遡及効を認めています）。

　しかし、劣後的破産債権を自働債権とする相殺については、破産法68条2項、99条1項1号等の趣旨から認められないと解されています（大阪地判昭和49年2月18日金商423号12頁、大阪地判昭和56年2月12日判タ452号140頁、条解破産543頁、大コンメ破産300頁）ので、銀行にその旨説明し、協議する必要があります。

【事例77】 双方未履行の双務契約（請負契約）の履行選択における留意事項

建設業（内装工事業）	破産財団	1000万円～
	債権者数	10～50名
	処理結果	配当

【事例】

　破産会社は、内装工事業者であるが、破産手続開始決定前に受注した改装工事請負契約について、改装工事に必要な家具につき下請業者にすでに発注して生産を開始していたところ、家具の生産完了前、改装工事の履行完了前に破産手続が開始された。

　そのため、破産手続開始決定時に、双方未履行の双務契約（法53Ⅰ）として、管財人が当該請負契約の履行を選択するか解除するかを検討した。

【問題点】

　管財人として、双方未履行の双務契約の履行と解除の選択につき、どのような点に配慮して判断するか

【処理の経過と結果】

(1) 双方未履行の双務契約の存在の確認

　本事例では、破産手続開始決定前に、破産会社は、内装請負工事を受注していたが（以下、「本契約」という）、工事完了前、かつ報酬全額を受領する前に破産し、本契約は双方未履行の双務契約（請負契約）であった。

　また、同時に、破産会社は、本契約の履行のため、内装工事に必要な家具を下請業者に発注生産させており、破産会社と下請業者との間でも請負契約が成立していた（以下、「下請契約」という）が、破産手続開始決定前に下請業者に対する報酬は全額支払済みであり、下請業者のみが仕事完成義務を負った状態であった。

(2) 履行と解除の選択の判断要素

本契約の履行の選択については以下の事情を考慮し、解除した場合と履行を選択した場合とを比較して、後者のほうがより破産財団の増殖が見込め、管財業務への支障も少ないと判断し、破産会社の債務の履行を選択した。

(A)　履行選択の当否の検討（BASIC284頁）

　本契約の工事完成義務の履行可能性を確認するにあたっては、原材料が確保されているか、納期までに（すでに納期が到来している場合は納期の変更合意が可能であり）確実に履行でき、注文者から報酬代金を回収できるかどうかなどを検討した。

　家具の生産のための原材料については、すでに下請業者に納入済みであり、原材料の代金も支払済みであった。納期については、すでに履行が遅滞し、約定日の納入ができない状態であり、履行選択をしても、債務不履行責任を負わされるリスクもあったが、本事例では、破産会社と注文者との間で納期の延期が合意されていたうえ、注文者が多少の納期遅れであっても受領する意向を示していた。また、本事例では、主たる履行は下請業者が家具を完成し、納品することであったところ、下請業者への報酬は既払であることから、履行を拒絶されることはなく完成は十分期待できる状態であり、注文者は納入後の報酬代金の支払を確約していた。

(B)　履行選択による利益（破産財団の増殖の程度等）

　通常は、履行確保のためにかかる費用を支出しても報酬代金が上回るかどうかの慎重な検討が必要であるが、本事例ではすでに下請業者に報酬を前払したうえ、原材料の代金も支払済みであったことから、報酬代金を確保して財団の増殖を図る必要性は高かった。

(C)　履行を選択しない場合の支障と損害

　履行を選択せず解除を選択した場合、下請業者に供給した原材料が加工途中の製品として残ることになるが、受注生産であることからすでに加工済みのものの換価は極めて困難なうえ、著しい廉価売却となる可能性が高かった。

　また、履行を選択しなければ、注文者から破産会社の債務不履行に基づく損害賠償を請求されるところ、破産債権になるとはいえ、配当事案であるた

め、他の債権者への配当の減少につながり望ましくなかった。

(D) **履行を選択した場合のリスク**

履行後の瑕疵担保責任やメンテナンスの履行に関する問題についても検討したが、本事例の設置家具は、納入時に検品を受けることとなっており、後に瑕疵担保責任が問題になることは事実上少なく、仮に生じたとしても下請業者に補修等を求めることも可能であるため、破産財団から将来新たな支出が必要となる可能性は低いと考えられた。また、注文者も破産に至った状態を理解したうえで履行要求しており、将来の瑕疵担保責任確保の要望はなされなかったこと等の特別な事情があったこともあり、本事例ではあえて合意書を締結しなかったが、事案によっては念のため瑕疵担保責任を負わない旨の合意書を締結することを検討すべきである。

【分析と検討】────────────────────────■

本事例では注文者が破産会社の事情を知ったうえで、履行の完了を強く求めていたことから履行期が柔軟であるなど履行完成のための十分な協力を得られたこと、履行については下請業者が残りわずかな作業で完成させるだけの状態であったこと、注文者からは確実に報酬の支払を受け得る見込みであったことから履行を選択する必要性が高い事例であった。双方未履行の双務契約の履行選択については破産会社（申立代理人）との連携・協力が必要であると思われる。本事例では、開始決定前から申立代理人からの状況説明があり、開始決定後直ちに履行選択の判断を行った。

なお、本事例のように下請業者に委託する事例では、履行の可能性は高いものの、下請業者への支払が未払の場合であれば二重の双方未履行の双務契約として採算が合うか否かの判断が必要となる。このような場合、管財人としては、一般的には解除選択をすることが多いと思われるが、損害賠償請求権の発生を可能な限り押さえることができる場合や破産財団の増殖に資する場合には、履行選択の可能性を検討するべきである。

ちなみに履行選択する場合、100万円を超える価額の履行選択を行う場合には裁判所の許可が必要となるため（法78Ⅱ⑨・Ⅲ①、規則25）、注意を要する。

破産法53条1項解除の場合における公共工事契約の違約金条項の効力

建設業（土木工事業）	破産財団	1000万円〜
	債権者数	10〜50名
	処理結果	配当

【事例】

　破産会社は、破産手続開始決定時において、地方公共団体から受注したほぼ完成した工事（若干の手直しにより完工検査を受けることが可能な工事。以下、「完工工事」という）と、前渡金は受領していたものの、別業者が請け負った先行工事の遅れのために未着手であった工事（以下、「未着手工事」という）にかかる2件の請負契約に基づく権利義務を有していた。

　これらの公共工事につき使用された地方公共団体の公共工事請負約款（以下、「本事例約款」という）には、解除により請負代金の1割の違約金が発生することを内容とする注文者の解除権の規定があった。

【問題点】

　破産法53条1項に基づく解除により、約款に基づく違約金が発生するか

【処理の経過と結果】

(1) 解　除

　地方公共団体は、管財人に対し、未着手工事の続行不能届を提出するように求めてきたが、これを提出した場合には、直ちに本事例約款に基づく解除がなされることが想定された。管財人としては、赤字受注の工事であることが判明したため、工事の続行は断念した（完工工事については、管財人が手直し工事を履行し、残代金全額の支払を受けられることとなった）うえで、本事例約款では、違約金の発生要件は約款の解除条項に基づく解除がなされた場合とされていたことから、破産法53条1項に基づく解除をファクシミリにて行った。地方公共団体からは、内容証明郵便にて解除通知が郵送されてきた。

管財人は、地方公共団体に対し、破産法53条1項に基づく解除には、解除に伴う違約金は発生しないと主張したが、地方公共団体は、完工工事の残代金の一部と未着手工事の前渡金および本事例約款に基づく違約金（請負代金の1割）とを相殺すると主張したため訴訟を提起した。

(2) 訴訟の経過

地方公共団体は、本事例約款に基づく解除が可能な状況であれば、違約金条項の適用がある、破産法53条解除と本事例約款に基づく注文者解除との場合で違約金条項の適用に違いが生じるべきではないなどと主張した。第一審判決は、本事例約款の違約金条項が適用されるのは本事例約款の文言どおり注文者が本事例約款に基づいて解除した場合に限定されるとして、管財人の請求を認容した。

地方公共団体は、控訴したうえで、新たに破産法53条解除の意思表示以前の担当者と管財人との口頭のやり取りをもって、停止条件付きの本事例約款に基づく解除の意思表示をなしており、停止条件が成就したなどとも主張した。しかし、控訴審判決では第一審の判断が維持され、地方公共団体は上告したがその主張はいずれも排斥され、上告棄却となった。

なお、本事例（名古屋高判平成23年6月2日）は、金法1944号127頁に掲載されている（BASIC300頁）。

(3) 破産事件の経過

本事例訴訟の長期化が予想されたため、他の換価を終えた時点で中間配当を実施し、本事例訴訟に係る判決に基づく回収後、最後配当を実施した。

【分析と検討】━━━━━━━━━━━━━━━━━━━━━━━━━━■

本事例訴訟では、本事例約款の解釈から違約金の不発生との結論を得たが、そもそも破産法53条解除の場合には不利な違約金条項は適用されないと考えられている（BASIC293頁）。さらに、仮に、違約金が発生するとの判断がなされたとしても、破産手続開始決定後に生じた違約金による相殺が相殺禁止に該当するとの主張も可能であったと思われる（東京地判平成24年3月23日金法1969号122頁、札幌地判平成25年3月27日金法1972号104頁）。

【事例79】 下請の出来高請求権と元請の損害賠償請求権の処理（裁判上の和解によって処理した事例）

建設業	破産財団	1000万円～
	債権者数	10～50名
	処理結果	配当

【事例の概要】

　破産会社は、一次下請であったが、元請から事実上一括下請を受けて孫請業者を手配し施工していたところ、破産手続開始申立てを行うにあたり事業を停止したことから、施工も中止となった。破産会社からの出来高請求に対して、元請は、再開後の工事費用がかさんだことを理由に支払を拒否した。

【問題点】

　元請による増加費用についての損害賠償請求権を自働債権、出来高請求権を受働債権とする相殺を認めるべきかどうか

【処理の経過と結果】

(1) 問題点

　破産会社の事業停止後、破産手続開始決定までの間に元請に対する明確な契約解除通知がなされておらず（事業を停止し破産申立ての準備に入る旨の通知はあった）、出来高の確定作業や孫請業者の引継ぎ、その他の連絡がなされないままの状態で、元請が独自に業者を手配し施工を再開した。

　そのため元請から、再開後の工事において膨大な増加費用が発生したとして、破産会社の出来高請求権との相殺（相殺後の残額は破産債権）が主張された。

　もっとも元請による再開後の工事の実態は別業者に対する丸投げに近いものであり、元請が現場状況や孫請等を把握していなかったことで損害が増加した面を否定できず、無限定に相殺を許容すれば元請の怠慢等により、破産会社の出来高請求権を消滅させることともなりかねない。そこで、相殺の可

否および工事続行における元請の支出の必要性、合理性の検討が問題となった。

なお、業務続行のために行った孫請に対する立替払金について出来高請求権との相殺を認めた裁判例もあるが（東京高判平17年10月5日判タ1226号342頁）、同裁判例は、立替払約款の存在を前提として、相殺の必要性や合理性を詳細に検討したうえで相殺を許容したものである。

(2) 訴訟提起

当初は元請の実際の支出内容、費用増加の説明を受けて、合理的な損害範囲を検討し、和解的処理を進めようと試みた。しかし、元請側からなかなか疎明がなされなかった一方で、問題となる出来高金額も少額ではないことから訴訟提起に至った。

訴訟の主要な争点は元請の損害賠償請求権が破産法72条2項2号の「前に生じた原因」によって取得した債権といえるか、破産会社の事業停止と元請が主張する損害との間の相当因果関係であった。

(3) 裁判上の和解

破産会社にはそもそも建物完成義務があること、当該建物の完工予定時期が迫っていた案件であったこと、元請が実際に工事続行のために支出をしていること等を考慮すれば、一定の損害賠償は発生していると考えられた。しかし、元請側にも損害が拡大した原因が認められることから、訴訟手続において資料開示や説明を求め、従前の孫請の継続利用の状況、続行工事各項目の費用の決定経緯や増加割合、破産会社による施工進行度、残工期の長さ等を考慮して、最終的には裁判上の和解による解決となった。

【分析と検討】

本事例では請負契約の解除はなされていなかったが、工事停止後開始決定までに半年ほどあり「黙示の解約」があったと考え和解処理した。

事業停止後速やかな破産手続開始決定がなされた事例であれば、管財人による解除がなされれば相殺が認められなかった可能性もある（BASIC299頁）。

4 その他契約

【事例80】 信販会社に預託されている保証金（売上金の一部）の回収

小売業（衣料品輸入・販売業）	破産財団	1000万円〜
	債権者数	10〜50名
	処理結果	配当

【事例】

　破産会社は、連鎖販売取引による衣料品の輸入、販売を業とし、国内全域で販売活動を行っていたが、ある自治体から行政指導を受け顧客からの契約解除が相次ぎ、クレジットカードシステムの利用が停止されるなどしたことから、事業継続が不可能となって破産手続開始の申立てに至った。

　破産会社の取り扱う商品が高級衣料品であったため、破産会社はクレジット会社と加盟店契約を締結し、顧客はクレジット会社による立替払を利用して商品を購入していた。申立代理人の報告によると、破産会社はクレジット会社との間で加盟店契約を締結する際、立替金額の数％を保証金として積み立てることを求められ、その旨の覚書を別途交わしていた（いずれの覚書にも、保証金は加盟店契約が終了し破産会社のクレジット会社に対する債務が完済された場合にのみ返還するとの規定があった）。破産会社が保証金の積立てをしていたクレジット会社は5社であり、保証金の総額は約4200万円に上っていた。

　そこで、管財人は、クレジット会社に対し、保証金の返還を求めたが、クレジット会社は、覚書の条項を理由に管財人からの返還請求を拒んだ。

【問題点】

　破産会社がクレジット会社に預けた保証金について、クレジットカード利用者による分割弁済が完了しておらず、破産会社がクレジット会社に対し、何らかの債務を負う可能性がある状況下において、管財人は、保証金の返還

を請求できるか（破産法53条１項による解除と契約上の特約との関係）

【処理の経緯と結果】━━━━━━━━━━━━━━━━━━━━━━━■

　破産手続開始前面談において、保証金の存在を申立代理人から聞いていたため、破産手続開始決定後直ちに破産法53条１項に基づく加盟店契約についての解除の意思表示をした。

　クレジット会社５社は、破産会社とクレジット会社との間で交わされた保証金に関する覚書に記載された条項（以下、「返還留保条項」という）を根拠として、クレジットカードを利用した顧客がクレジット会社に分割金の支払を完了するとともに、顧客が契約の無効や取消しを主張しないことが確実となるまで保証金の全部または一部の返還を留保するとの回答をした。

　これに対し管財人は、破産法53条１項による解除は覚書の条項に拘束されないこと、仮に拘束されるとしても、返還留保条項は、加盟店契約終了時において具体的に発生している債務を予定しているのであって、将来顧客が分割金を支払わなかった場合や将来顧客が契約の無効や取消しを主張した場合にクレジット会社が破産会社に何らかの請求を行う可能性があるという場合までを予定しているものではないと主張し、返還交渉を行った。

　その結果、クレジット会社５社のうち３社との間では任意の和解が成立し、請求額とほぼ同額の保証金返還を受けることができた。なお、上記３社のうち１社は、破産会社によるクレジット利用が相当以前からなくなっており、近日中に全顧客の分割金の支払が完了する、それ以降であれば全額返還するという回答であったことから、同時期まで待って任意の返還を受けた。

　残りの２社については、訴訟を提起し、うち１社は第１回口頭弁論期日において和解の意向を示したので、その後、請求額とほぼ同額で和解が成立した。

　最後の１社は、裁判所から、クレジット会社が加盟店契約や覚書に基づく解除の意思表示をする前に管財人が破産法53条１項に基づく解除の意思表示をしており、同項に基づく解除は、覚書の規定に拘束されないと考えられる旨の心証開示があり、和解による解決を示唆されたことを受け、最終的には

請求額の9割程度の返還を受けることで和解が成立した。

【分析と検討】

　契約の一方当事者に一定の事由が生じた場合、他方当事者が当該契約を解除し、相手方に違約金を請求できる旨の規定や、契約の一方当事者の都合により契約を中途で終了させる場合に、他方当事者の預かり金返還義務が消滅する旨の規定がおかれていることがある。

　このような特約条項があり、管財人が破産法53条1項に基づく解除権（以下、「53条解除」という）を行使した場合に、管財人は特約条項に拘束されるのかが問題となる。

　この論点に関する近時の裁判例としては、①工事請負人破産の事案で、請負人に一定の事由が生じた場合に注文者が解除権を行使でき、解除権を行使した場合に一定の違約金が発生するとの約款があるが、管財人の53条解除によって請負契約が解除された以上、その後の注文者による解除は認められず、違約金も発生しないとされたもの（名古屋高判平成23年6月2日金法1944号127頁。同様の判例として、札幌高判平成25年8月22日金法1981号82頁）、②建物賃借人破産の事案で、賃借人都合による期間内の解約または解除の場合、保証金は全額返還されない旨の特約があるところ、管財人が53条解除をして期間内に賃貸借契約を解除した場合でも、同特約に基づき、保証金返還請求権が消滅するとされたもの（東京地判平成20年8月18日判時2024号37頁）等がある。

　①の裁判例の事案では、注文者に解除権発生事由が生じ、解除権が行使されることが違約金発生の要件となっているところ、注文者の解除の意思表示より53条解除の意思表示が先行し、注文者の解除権行使が封じられたため、破産会社は違約金支払義務を免れたものと考えられる。したがって、このような類型の特約条項の場合、53条解除の意思表示と相手方の解除の意思表示の先後関係が重要となる。

　他方②の事案は、賃借人の都合により期間途中で解約または解除されることが保証金全額不返還の要件となっているため、解除権の性質如何にかかわらず、期間途中に賃借人側から解除の意思表示があった以上、保証金不返還

の効力が生じると判断されたものである。このような類型の特約条項の場合は、解除の意思表示の先後関係は問題とならず、特約条項の適用の可否（有効性）によって結論が異なる。

　なお、大阪地裁第6民事部は、「そもそも、法53条1項に基づく解除権は、民法上の解除原因（民541〜543参照）の存否や契約当事者間の合意内容いかんにかかわらず行使し得るものであることからすれば、法によって管財人に与えられた特別の権能（法定解除権）であり、法は契約の相手方に解除による不利益を受忍させても、破産財団の維持・増殖を図るために、管財人にこのような法定解除権を付与し、もって破産者の従前の契約上の地位よりも有利な法的地位を与えたものと解される。したがって、管財人が法53条1項に基づく解除権を行使する場合には、破産者にとって不利な契約条項には拘束されないものと解される」として賃貸借契約中の違約金条項の適用を否定している（運用と書式116頁）。

　②のような事案においても、管財人としては、まず、上記見解を示しながら賃貸人と交渉し、早期の和解解決を目指すべきであろう。

　なお、加盟店契約をしている破産会社に対しては、保証金の積立ての有無を確認することが必要である。また、本事例のように、上記①の裁判例に近い事案の場合には、解除の意思表示の先後が重視される可能性があり、破産手続開始前面談、初動の重要性を示す事例である。

【事例81】 割賦販売・ローン提携販売を取り扱う販売業者の破産事例における契約関係の整理と処理手順

小売業・物品レンタル業	破産財団	1000万円〜
	債権者数	100名〜
	処理結果	配当

【事例】

　破産会社は、成人式用着物（女性用）の消費者向け販売、レンタル業を営む株式会社である。破産会社は成人式前に、消費者向け①レンタル（在庫品または特注品をレンタルする形態）、②販売（在庫品または特注品を販売する形態）の二つの形態で顧客に着物を提供しており、代金の支払方法も、①現金一括払、②クレジット一括払、③割賦販売（個別式）、④ローン提携販売（包括式）という形態に分かれていた。

　破産会社の顧客数は250名を超えている一方、廃業月（5月）において翌年の成人式に向け、日々顧客との契約を進め、一部については納品を完了している中で資金繰り破綻を来し、従業員を暫時顧客対応にあたらせる余力もないままに破産申立てに至った。

【問題点】

(1) 割賦販売法上の支払停止の抗弁権の告知時期・方法
(2) 多数当事者との契約関係の整理と処理方法

【処理の経過と結果】

(1) 支払停止の抗弁権の告知時期・方法

　消費者被害の拡大防止の観点から、割賦販売法30条の4第1項、29条の4第2項所定の支払停止の抗弁権については、受任直後に申立代理人が対象顧客に対して抗弁権の存在を告知するとともに、クレジットカード会社に対して破産者の支払不能の事実を告知し、対象顧客による割賦販売法30条の4第3項所定の書面提出の手間を軽減し、さらに、管財人就任後も対象顧客に対

(2) 契約関係の整理とその処理

　契約形態が多岐にわたり、破産手続開始により、その規律も異なるため、破産会社において備え付けていた顧客リストを、契約の内容に従って以下のとおり整理し、これに基づく処理を行った（詳細については別表参照）。

　なお、在庫商品について一括で売却する場合の見積価格も取得した。

(A) **クレジット会社の利用なし・販売形式**

　　(a)　代金を全額支払済みの場合

　　　(ア)　着物納品済みの場合

　双方既履行の契約のため、破産手続との関係は問題とならない。

　　　(イ)　着物納品未了の場合

　着物の売買契約書（約款）上、代金の全額支払の時点で所有権は顧客に移転することになっていたが、占有改定等を認めず、顧客が対抗要件（引渡し）を具備していないと考えると、顧客は取戻権者たり得ず、顧客の引渡請求権は破産債権となる。本事例においては、対象者の数等の事情に鑑み、対抗要件具備を認めないこととし、管財人において換価を行った。なお、希望者には、在庫一括売却の場合の見積価格を若干上回る低額で着物を再販売しつつ、破産債権の放棄を受ける形の和解を行った。

　　(b)　代金の全部が未払の場合

　　　(ア)　着物納品済みの場合

　売掛債権のみ残るため、これを回収した。

　　　(イ)　着物納品未了の場合

　双方未履行双務契約であるところ、在庫商品を一括売却する場合に比して高額での売買が成立しているため、破産法53条１項に基づく履行選択を行い（BASIC284頁）、着物の納品と引き換えに代金を回収した。

　　(c)　代金の一部が未払である場合

　　　(ア)　着物納品済みの場合

　売掛債権のみ残るため、残代金を回収した。

(イ)　着物納品未了の場合

　双方未履行双務契約であり、未払金が、在庫一括売却の場合の見積価格より高額の場合には履行選択のうえ、納品して未払金を回収し、低額の場合には解除を選択（法53Ⅰ）して、管財人において換価した。なお、希望者については、財団債権（既払金の返還請求権）の放棄とともに未払金相当額を支払うことで、新たに着物を買い取ることを認めた。

　(B)　**クレジット会社の利用あり・販売形式**

　　(a)　ローンを完済している場合

　上記(A)(a)(ア)または(イ)と同様の処理をした。

　　(b)　ローンの残高がある場合

　　　(ア)　着物納品済みの場合

　顧客と破産会社との間では、代金と着物の授受が完了しており、双方既履行の契約であって、顧客はクレジット会社にローンを引き続き支払うこととなる（支払停止の抗弁の適用場面ではない）。

　　　(イ)　着物納品未了の場合

　破産会社は代金全額を受け取っている一方、顧客は対抗要件を備えていないことから、上記(A)(a)(イ)と同様の処理を行った。なお、多くの顧客は、支払停止の抗弁を主張して残代金の支払を拒むことができた。

　(C)　**クレジット会社の利用なし・レンタル形式**

　　(a)　レンタル料を全額支払済みの場合

　　　(ア)　着物納品済みの場合

　双方既履行の契約のため、レンタル期間満了をもって着物の返還を受け、これを売却した。ただし、顧客には、在庫一括売却の場合の見積価格より高い金額で買取りを打診し、希望者には売却を行った。

　　　(イ)　着物納品未了の場合

　破産会社はレンタル料を全額受け取っているので、双方未履行の契約とはならず顧客の引渡請求権は破産債権となる。買取り希望者に関しては、上記(ア)と同様に処理した。

237

(b) レンタル料が未払である場合

　納品の有無を問わず双方未履行の双務契約であるところ、納品済みのレンタル着物の返還を受けた後に在庫一括処分を行う予定であり、管財手続のスケジュールを勘案してもいったんレンタルを実施して未払レンタル料を収受する合理性があることから、原則として履行選択を行った。ただし、買取り希望者に関しては、在庫一括売却の場合の見積価格のほか、既払のレンタル料も考慮しつつ代金を決定し、これに応じた。

(D) **クレジット会社の利用あり・レンタル形式**

　(a) ローンを完済している場合

上記(C)(a)(ｱ)または(ｲ)と同様の処理をした。

　(b) ローンの残高がある場合

　　(ｱ) 着物納品済みの場合

顧客と破産会社との間では、レンタル料と着物の授受が完了しており、双方既履行の契約であって、顧客はクレジット会社にローンを引き続き支払うこととなる（支払停止の抗弁の適用場面ではない）。買取り希望者に関しては、上記(C)(a)(ｱ)と同様に取り扱った。

　　(ｲ) 着物納品未了の場合

破産者は代金全額を受け取っている一方、顧客は対抗要件を具備していないことから、上記(C)(a)(ｲ)と同様の処理を行った。なお、多くの顧客は、支払停止の抗弁を主張して残代金の支払を拒むことができた。

【分析と検討】━━━━━━━━━━━━━━━━━━━━━━━━━━■

　本事例自体は、目新しい解釈論が関連する事案ではないが、消費者向けにローン提携販売や包括信用購入あっせん、割賦販売を行う販売業者等の破産の場合の処理手順として参考にしていただくべく、整理を試みたところである。

　実際の事案では、物販・レンタルのみならず役務提供（写真撮影、美容室のあっせん等）も合わせた契約が締結されているものや、特注品の着物が未完成のものもあり、管財人として履行能力のない契約については別途解除選択

【事例81】

（法53Ⅰ）した場面もあったが、いずれにしても、情報を正確に整理して正確かつ迅速な消費者対応を行うことが、消費者被害の抑止にとどまらず、在庫商品（着物）の顧客への販売の促進、ひいては破産財団の増殖（本事例では、在庫一括処分の場合に250万円程度と見積もられた着物が、結果的に1000万円を超える額で処分された）にもつながることを再認識したところである。

	クレジット利用の有無	販売・レンタルの区別	代金の支払	着物納品の有無	処理結果	備考
(A)(a)(ア)	なし	販売	全額支払済み	納品済み	双方既履行契約で破産手続への影響なし	
(A)(a)(イ)	なし	販売	全額支払済み	納品未了	着物の売買契約書（約款）上、代金の全額支払の時点で所有権は顧客に移転することになっていたが、顧客が対抗要件（引渡し）を具備していないため、顧客は取戻権者たりえず、顧客の引渡請求権は破産債権となる。なお、希望者には、見積価格より高い金額で着物を再販売しつつ、破産債権の放棄を受ける形の和解を行った。	
(A)(b)(ア)	なし	販売	代金全部未払	納品済	売買債権回収	
(A)(b)(イ)	なし	販売	代金全部未払	納品未了	双方未履行双務契約であるところ、在庫一括売却の場合に比して高額での売買が成立しているため、破産法53条1項に基づく履行選択を行い、着物の納品と引き換えに代金を回収した。	
(A)(c)(ア)	なし	販売	代金一部未払	納品済み	売買残代金回収	
(A)(c)(イ)	なし	販売	代金一部未払	納品未了	双方未履行双務契約であり、未払金が、在庫一括売却の場合の1枚当たりの単価より高	

239

					額の場合には履行選択して未払金を回収し（納品未了の場合には別途納品を行った。）、低額の場合には解除選択（法53Ⅰ）して、原則として着物の返品を受けたが、希望者については、財団債権（既払金の返還請求権）の放棄とともに未払金相当額を払うことで、新たに着物を買い取ることを認めた。	
(B)(a)(ｱ)	あり	販売	ローン完済	納品済み	双方既履行契約で破産手続への影響なし	(A)(a)(ｱ)と同じ
(B)(a)(ｲ)	あり	販売	ローン完済	納品未了	着物の売買契約書（約款）上、代金の全額支払の時点で所有権は顧客に移転することになっていたが、顧客が対抗要件（引渡し）を具備していないため、顧客は取戻権者たりえず、顧客の引渡請求権は破産債権となる。なお、希望者には、見積価格より高い金額で着物を再販売しつつ、破産債権の放棄を受ける形の和解を行った。	(A)(a)(ｲ)と同じ
(B)(b)(ｱ)	あり	販売	ローン残高あり	納品済み	顧客と破産会社との間では、代金と着物の授受が完了しており、双方既履行の契約であって、顧客はクレジット会社にローンを引き続き支払うこととなる（支払停止の抗弁の適用場面ではない）。	
(B)(b)(ｲ)	あり	販売	ローン残高あり	納品未了	破産会社は代金全額を受け取っている一方、顧客は対抗要件を備えていないことから、上記(A)(a)(ｲ)と同様の処理を行った。なお、多くの顧客は、支払停止の抗弁を主張して残代金の支払を拒むことができた。	(A)(a)(ｲ)と同じ
(C)(a)(ｱ)	なし	レンタル	レンタル料全額支	納品済	双方既履行の契約のため、レンタル期間満了をもって着物	

			払済み		の返還を受け、これを売却した。ただし、顧客には、見積価格より高い金額で買取りを打診し、希望者には売却を行った。	
(C)(a)(イ)	なし	レンタル	レンタル料全額支払済み	納品未了	破産会社はレンタル料を全額受け取っているので、双方未履行の契約とはならず顧客の引渡請求権は破産債権となる。買取り希望者に関しては、上記(C)(a)(ア)と同様に処理した。	
(C)(b)	なし	レンタル	レンタル料未払	納品済および納品未了	納品の有無を問わず双方未履行の双務契約であるところ、納品済みのレンタル着物の返還を受けた後に在庫一括処分を行う予定であり、管財手続のスケジュールを勘案してもいったんレンタルを実施して未払レンタル料を収受する合理性があることから、原則として履行選択を行った。ただし、買取り希望者に関しては、見積価格のほか、既払のレンタル料も考慮しつつ代金を決定し、これに応じた。	
(D)(a)(ア)	あり	レンタル	ローン完済	納品済み	双方既履行の契約のため、レンタル期間満了をもって着物の返還を受け、これを売却した。ただし、顧客には、見積価格より高い金額で買取りを打診し、希望者には売却を行った。	(C)(a)(ア)と同じ
(D)(a)(イ)	あり	レンタル	ローン完済	納品未了	破産会社はレンタル料を全額受け取っているので、双方未履行の契約とはならず顧客の引渡請求権は破産債権となる。買取り希望者に関しては、上記(C)(a)(ア)と同様に処理した。	(C)(a)(イ)と同じ
(D)(b)(ア)	あり	レンタル	ローン残高あり	納品済み	顧客と破産会社との間では、レンタル料と着物の授受が完了しており、双方既履行の契約であって、顧客はクレジッ	

					ト会社にローンを引き続き支払うこととなる（支払停止の抗弁の適用場面ではない。）。買取り希望者に関しては、上記(C)(a)(ア)同様に取り扱った。	
(D)(b)(イ)	あり	レンタル	ローン残高あり	納品未了	破産者は代金全額を受け取っている一方、顧客は対抗要件を具備していないことから、上記(C)(a)(イ)同様の処理を行った。なお、多くの顧客は、支払停止の抗弁を主張して残代金の支払を拒むことができた。	(C)(a)(イ)と同じ

〔コラム14〕

破産終結後における自動車の名義変更

　自動車ローンを利用して自動車を購入する場合、自動車販売会社（以下、「販売会社」という）を所有者、購入者を使用者として登録することがあります。現在は、ローン会社を所有者として登録することが多くなってきていますが、以前は所有者を販売会社としている例が多くありました。

　そこで、販売会社の管財人に就任した場合には、ローンを支払い終わったユーザーから、名義変更への協力を求められることもあります。

　また、ローンを支払い終わっても登録名義の所有者を販売会社のままにしておいて、廃車手続や売却手続をする際に名義変更の必要があることから、その際に名義変更への協力を求められることもあります。

　悩ましいのは、破産手続が終結した後も、ユーザーから名義変更への協力を求められる場合です。正式な方法は清算人を選任して手続にあたらせることだと思われますが、費用と手間とを考えると、必ずしも現実的ではありません。一方で、名義変更が未了である場合には換価未了とも考えられますし、名義変更が共同申請である以上、販売会社の押印が必要なことに変わりはありません。

　このような場合に、裁判所と協議して、破産手続終結後においても管財人証明書を発行してもらい、対応した例もあるとのことですので、裁判所と相談して対応する必要があると思われます。

多数かつ継続的な顧客に対する消費者保護の観点からの対応（通信教育業）

通信教育業	破産財団	1000万円〜
	債権者数	100名〜
	処理結果	異時廃止

【事案】

　破産会社はインターネットを利用したパソコン通信教育（オプションサービスとして電話相談等）や教材等の各種出版を行っていた。また、破産会社と顧客との間では、単なる教材の売買だけでなく、長期間にわたるコンテンツの更新・提供、それに付随する電話相談等のオプションサービスやアフターサービスが実施されることが予定されていた。他方、顧客も各種オプションサービスを利用するために、毎月定額の利用料金や更新料等を支払うことが予定されていた。

【問題点】

　破産会社の事業の特質から、多数かつ継続的な顧客への対応方法が問題となるとともに、消費者保護の観点からの対応（当面の顧客対応のほか、第三者による将来的なサービスの継続を可能にし、いかにして顧客損失を極小化するべきか）が問題となった

【処理の経過と結果】

(1) 契約の解除

　顧客データに基づき、破産会社について破産手続開始決定がなされた事実とともに、破産法53条に基づき破産会社と顧客との間の契約は解除により終了したため、管財人としては契約に従った今後のサービスを提供できないことを書面で通知した。

(2) 信販会社への対応

　解除に伴いクレジットの支払停止等の手続をとる必要があったため、個人

情報開示に関する確約書をとったうえで、信販会社に商品の販売状況、納品済・未納の別等の情報を提供し、クレジットの支払停止等の手続をとってもらった。

(3) アフターサービスを続行するための教材等の権利の処分

消費者保護の観点から今後も顧客に対するアフターサービスを続行する必要があったため破産会社の事業の譲渡を模索した。

そのために、まず、教材やそれに伴うサービスに関係する著作権、商標権等の権利関係の詳細把握に努めた。権利が第三者にあると思われるもの、権利は破産会社が有していても、第三者の協力が得られないと無意味なもの（システムエンジニア（SE）や教育カリキュラム開発者等の協力が不可欠なもの）等があり、破産手続内での事業譲渡を行うためには、これら第三者との関係を継続することが不可欠であった。また、顧客へのパスワードの発行割当、各種メンテナンス、将来のコンテンツの譲渡に向けたデータ抽出保存等のためには、破産会社のSEの協力確保も不可欠であった。

(4) 処分先の選定

破産手続開始後、破産会社の著作物に興味がある旨の連絡が複数先から入ったが、顧客情報が売上げの源泉といえる業態であり、顧客情報のみに興味をもつ同業種からの問合せも多かった。

しかし、譲渡後のサービス提供に関する紛争の頻発を回避する観点から、譲渡先候補者に対する譲受後のサービス提供の意思と能力（必要な従業員の雇用も含めて）を備えた譲渡先を選定する必要があった（譲渡後に紛争が発生した場合、基本的に管財人が責任を負うものではないが、破産手続開始後の顧客の反応から推測する限り、アフターサービスができないとなると「アフターサービスが受けられないことによる損害賠償請求権」という債権が破産債権として多数主張される危険があった）。

また、各種コンテンツの著作権、各種教材や出版物の状況からすると、できるだけ処分先を一元化する必要があった（キャラクター等の意匠や商標権、各種コンテンツのプログラムの今後のメンテナンス等を考慮すると、安易に権利を

別々に処分すれば紛争の種になりかねなかった)。

　以上から、単なる買取希望価格の多寡の問題ではなく、将来的な紛争回避の観点も考慮して処分先を決定した。

【分析と検討】━━━━━━━━━━━━━━━━━━━━━━━━━━■

　一般消費者と継続的に取引する業態であることから、多数の顧客との関係を円滑に終了させること(あるいは承継させること)を第一に処理を進めた。多数顧客を扱う業態は、顧客の把握と円滑な事務処理のために、何らかの形でシステムを構築している。早急にそれを把握し、混乱が加速する前にキーとなる人や資産(本事例では従業員、信販会社、販売代理店、データやSE等)の確保をすることが重要である。

　また、顧客情報(＝要教育世代をもつ家庭)そのものが極めて重要な価値をもつ業態であり、同業他社の関心も強い一方、顧客情報の悪用のおそれもあったことから、顧客情報管理には細心の注意が必要であった。

〔コラム⑮〕

業界特有の知識

　言うまでもないことですが、業界ごとに、当該業界特有の習わし、常識等が存在します。これらの知識を得ることができるのは、管財業務の醍醐味の一つでもあるのですが、決して自前の知識のみで管財業務を進めることのないよう心がける必要があります。

　破産会社の元代表者、従業員、取引先、債権者等から当該業界についての知識を随時吸収し、アドバイスを受けながら、換価する際の価格の上積みや不動産の明渡し時の混乱回避その他の管財業務に活かしていくことが望ましいでしょう。

　一見無価値とも思われる古い機械につき、希少であるなど、業界での位置付け等を認識して換価業務を行うことにより、思わぬ高額での換価を実現できることもあります。

第8章　否　認

【事例83】　隠匿財産の調査方法および回収方法

卸売業（機械部品卸売業）	破産財団	1000万円～
	債権者数	10～50名
	処理結果	配当

【事例】

　事業廃止直前期の保険解約その他の財産処分等が疑われるにもかかわらず、破産申立書には、財産の処分状況等についての一覧表の添付がなく、追完された書面においても、処分時期や金額が不明瞭であり、代金の使途についても疑義があるなど、不合理な点が散見された。

　そこで、管財人として、破産会社から引き揚げた帳票等を調査し、また、代表者と面談するなどして、事実関係を調査した。しかし、直近に解約された生命保険の返戻金や、売掛金の回収状況・使途、受取手形の管理状況等につき、代表者の説明に虚偽の事実が含まれることが判明したこともあって、あらためて、申立代理人に対し、廃業前1か月の売掛金の回収状況、受取手形の扱い等について説明を求めたが、十分な説明がなされなかった。このような状態で、第1回債権者集会を迎えたところ、集会終了後、同集会に出席していた元従業員から、破産会社の代表者や取締役会長が、廃業直前に、

　①　売掛先に対して送金口座の変更を依頼し、売掛金を回収するとともに、その口座の存在および売掛金回収の事実を隠匿していること

　②　受取手形の一部を管財人に引き継がずに持ち出して、自らこの手形金を回収していること

の情報提供を受けた。

そこで、破産会社の代表者ら（社長・会長）による資産隠匿について調査を進めた。なお、会長については破産会社債務につき連帯保証債務がなく破産申立てがなされていなかった。

【問題点】
(1) 隠匿資産の調査方法
(2) 隠匿資産の回収方法

【処理の経過と結果】
(1) **隠匿資産の調査方法**（BASIC108頁）

売掛金の送金口座を変更して同口座の存在を隠匿しているという情報に鑑み、管財人として、書面にて、破産会社の所在地周辺のすべての金融機関に対して預金口座の有無および残高等を照会し、また、破産会社のすべての売掛先に対し、廃業前6か月間の買掛金の明細（支払時期、支払方法、送金口座等）およびその間に送金口座の変更を求められたことがあるか否か、などを照会した。

上記調査によって、破産会社が廃業直前新たに銀行口座を開設するとともに、売掛先2社に対して送金口座の変更を要請し、新規口座に相当額の売掛金の送金を受けているにもかかわらず、これを申立書の財産目録に記載せず、かつ、同金員の使途も報告せずに、隠匿していたことが判明した（①）。

また、受取手形について、廃業直前の売掛金の発生状況や破産会社の経理担当者が作成した振替伝票等を調査して突合したところ、多額の受取手形が破産会社の会長によって持ち出されていることが判明した（②）。

(2) **隠匿資産の回収方法**

隠匿された売掛金（①）については、破産会社の代表者および申立代理人に対して使途の報告を求めた。使途報告によれば、その金の一部は、代表者の息子が別会社を設立して破産会社と同種の事業を行うための資金に充てられており、また、代表者個人の破産事件との関係でも生命保険の解約返戻金等が隠匿され、その金が息子の会社の資金に充てられたことが判明した（③）。そこで、代表者の息子および上記の別会社らに対し、資金の返還を求めた。

交渉の結果、破産会社の隠匿売掛金の流用分（①）については、一定額の返還を受け、代表者個人の隠匿資産の流用分（③）については、支払能力等を勘案し（上記別会社の決算書や試算表の提出を受けてこれを検討した）、分割払の合意（約2年間の分割弁済、破産会社の代表者とその息子の連帯保証付き）をして、公正証書を作成したうえで、サービサーに対し、同債権を売却して回収を終えた（3社の見積りを取得したうえで、売却した。BASIC175頁）。

　また、会長によって持ち出された受取手形（②）については、管財人から損害賠償請求をしたところ、破産会社の申立代理人とは別の弁護士を代理人に選任して、会社に対する貸付金の弁済として受取手形を受け取ったなどと主張した。任意の交渉を継続するも、誠実な対応がなされず、持ち出された受取手形の額面が多額であったこともあり、裁判所と協議のうえ、会長に対し民事訴訟を提起し、あわせて検察庁に対する刑事告訴に踏み切った。刑事事件については、訴訟の推移をみながらではあるが、会長に対する取調べ等も行われた。

　訴訟においては、上記の会長の主張に対し、管財人から弁済の否認（法162Ⅰ①）の主張を追加して審理を進め、最終的には、会長が高齢であり、持ち出した受取手形金がすでに費消され全額が残っているわけではないこと等を考慮して和解による解決を図り、告訴については取り下げることになった。

【分析と検討】

　廃業直前の資産について申立代理人による指導・管理等ができていない事例であり、代表者からの引継面談の際の聴取りのみでは、実態が判明しないケースであった。代表者の説明に不合理な点があったので、調査を進めていたが、元従業員からの情報提供が有意義であった。資産隠匿が疑われる事例においては、破産会社の帳票等の調査のほか、元従業員や取引先等に対して幅広く情報提供を求めることも有用である。

【事例83】

〔コラム⑯〕
過去の帳簿に基づく隠匿財産の調査方法

　管財人は、申立書に記載のない財産を見落とさないよう注意が必要であり（BASIC105、165頁）、財産隠匿が疑われる場合には、積極的に調査することも求められます（同108頁）。

　財産隠匿の方法は多種多様であり、管財人が短時間でそのすべてを発見するのは難しいところですが、中小企業における裏金づくりの調査方法として、以下のようなものが考えられます。

　たとえば、損益計算書の「販売費及び一般管理費」（販管費）の項目の一つである「通信費」や「交際費」の内訳を総勘定元帳や補助元帳で確認すると、切手・はがき、商品券・ギフトカード等が大量に購入されている場合があります。その額が取引先の件数や破産会社の関係者が説明する使用状況から推計して著しく高額であれば、購入物を金券ショップで換金して裏金づくりをしていたことが疑われます。

　また、破産会社が金属製品の製造や加工を行っているのであれば、原材料の一部にスクラップが発生してしまうため、損益計算書の営業外収益である「雑収入」の項目にスクラップ売却額が計上されていることがあります。スクラップ業者は現金取引に応じることが多く、その売却代金である現金が裏金にされることがあります。

　管財人としては、原材料の仕入高や歩留り率等から、スクラップとして売却された代金額が不自然に低額になっていないかを検討するなどして、破産会社の関係者から事情を聴取するとよいでしょう。

　なお、各種費用を、どのような仕訳により（どの勘定科目を使って）処理するかは各企業によってまちまちであるので、その点は、破産会社の経理担当者に確認しておきましょう。

対抗力を欠く所有権留保に基づく車両引揚げと否認の請求

自然人	破産財団	100〜500万円
	債権者数	10〜50名
	処理結果	配当

【事例】

破産者が所有権留保特約付き自動車ローンを組んで購入した自動車（自動車検査証上の所有者は販売会社名義）について、申立代理人の受任通知後、同ローン債権者（信販会社）が引き揚げて、自動車の評価額（約150万円）と同額の立替金等債務に充当し、同額の債務を消滅させていた。本事例では、支払停止の直前に離婚した元妻が同車を占有していたことで、自動車を引き揚げられてしまったことから、同時廃止手続から管財手続へと移行した。

【問題点】

(1) 否認対象行為の該当性
(2) 価額償還を求める場合の基準時

【処理の経過と結果】

(1) 否認対象行為の該当性

留保所有権者は、第三者対抗要件を具備している限り、破産手続において別除権者として取り扱われる。普通自動車の場合は、登録が第三者対抗要件となるところ、本事例の契約形式では、所有者名義は、債権者である信販会社ではなく販売会社となっていたため、信販会社は第三者対抗要件を欠き、管財人に所有権留保を対抗することはできないと考えられた（BASIC122〜124頁。神戸地判平成27年8月18日金法2042号91頁）。

本事例において、管財人は、第三者対抗要件を欠いているにもかかわらず信販会社が自動車を引き揚げ、その評価額と同額の立替金等債務に充当させた行為を、偏頗的な代物弁済がされたものとして（法162Ⅰ①イ）、自動車評価

額（約150万円）の償還を求めた。

(2) **価額償還を求める場合の基準時**

否認権の行使の効果として、原状回復が原則であるため（法167Ⅰ）、管財人としては、本来、第三者対抗要件を欠く信販会社に対し、自動車の返還と登録名義の移転を求めたうえ、それを換価することが考えられる。

もっとも、引揚げ後自動車は転売処分されていることが多く、他方、転売先を受益者として返還請求をすることは主観的要件の立証が困難である。そこで、すでに自動車が引き揚げられている場合、管財人は、信販会社に対し価額償還請求により解決を図ることとなる。

そして、価額償還の基準時をいつとすべきかについては、否認の効果の発生時期が否認の意思表示が相手方に到達した時点であるとされていることから、否認権行使時の時価によるものと解されるところ（最判昭和42年6月22日判時495号51頁）、当該自動車が転売されている状況で時価を把握するのは困難である。そこで、信販会社が引き揚げた時点での評価額を基準に交渉し、本事例では、管財人は、評価額の8割に相当する120万円を和解金として、これを回収して破産財団に組み入れた。

【分析と検討】━━━━━━━━━━━━━━━━━━━━━━━━━━━■

自動車購入時にローンを利用する場合、販売会社が信販会社に自動車代金の立替払を依頼し、購入者が代金相当額に加えて手数料等を加算した金額を信販会社に分割支払すること、支払ができなくなった場合には信販会社に自動車を引き渡し、同社において自動車の評価額をもって上記債務に充当することを約しているのが通例であり、かかる場合、購入者は自動車の引渡しを拒むことは困難とも考えられる。

しかし、信販会社の留保所有権は、本事例のように登録名義が販売会社の場合には、第三者対抗要件がないものと解されることもあるため（最判平成22年6月4日民集64巻4号1107頁参照）、申立代理人は、信販会社から引揚げを求められたとしても、後に管財手続において否認権が行使される可能性を説明して、引揚げの翻意を求め、管財人に自動車を引き継ぐまで保管するという

対応をとることが多い。本事例においては、破産者と没交渉となっている元妻が占有していたことから、申立代理人において十分な保管ができる状況になく、占有者が引揚げに応じてしまったものである。

なお、引揚げに応じないとしても、管財人に引き継ぐまでの間の保管費用を破産者が負担するのかなどの問題があることには留意が必要である。

ただし、近時、自動車ローンの所有権留保と対抗要件の具備について、契約類型によっては結論の異なる裁判例もあるため（札幌地判平成28年5月30日〈裁判所ウェブサイト〉等）、契約類型に照らして検討する必要がある（坂本隆一「倒産実務における自動車の（第三者）所有権留保に係る問題点の整理と今後の課題についての一考察」金法2042号8頁）。

〔コラム⑰〕
登録自動車に対する否認請求申立ての趣旨の記載方法

　登録自動車が破産手続開始決定前に第三者に贈与されたり、廉価売買されたりしている事例では、当該自動車について否認の請求等を検討する場合があります。

　しかし、否認の請求に対する認容決定をもらっても決定主文の記載内容によって、移転登録手続ができないおそれもあります。

　申立ての趣旨の記載方法等について、運輸支局の登録官に事前相談したところ、下記の記載方法が望ましいとのことでした。当該登録官によれば、否認訴訟の請求の趣旨についても同様の記載方法でかまわないとのことでした。

　なお、各運輸支局での扱いが異なることがあるので、事前にこの内容で問題なく登録できるか確認しながら進めましょう。

　ご参考までに、登録が認められた一例をご紹介しておきます。

申立ての趣旨
1　相手方は、申立人に対し、別紙自動車目録記載の自動車を引き渡せ
2　相手方は、申立人に対し、別紙自動車目録記載の自動車につき、別

【事例84】

　　紙登録事項目録記載の登録原因の破産法による否認登録手続をせよ
　3　申立費用は相手方の負担とする
との裁判を求める。

　　　　　　　　　　　自　動　車　目　録
　　自 動 車 登 録 番 号　　〇〇400お〇〇〇〇
　　種　　　　　　　別　　小型
　　用　　　　　　　途　　貨物
　　自家用・事業用の別　　自家用
　　車　　　　　　　名
　　型　　　　　　　式
　　車　台　番　号
　　原 動 機 の 型 式

　　　　　　　　　　　登　録　事　項　目　録
　　登録年月日　平成〇〇年〇〇月〇〇日
　　登録の種別　移転登録
　　受 理 番 号　〇〇〇〇
　　所有者氏名　〇〇〇〇
　　所有者住所　〇〇県〇〇市〇〇１丁目２－３

【事例85】 破産直前の離婚に伴う財産分与と否認権の行使

自然人	破産財団	1000万円～
	債権者数	10～50名
	処理結果	配当

【事例】

　破産者の妻は、破産者と協議離婚した。ところが、破産者は、離婚前および離婚後に、妻からの借入金を弁済したうえで、妻に対し財産分与として1000万円を支払った。その後、破産手続が開始した。そこで管財人は、妻に対する借入金の弁済と財産分与を否認した（法160Ⅰ②・162Ⅰ①イ）。

【問題点】

　財産分与に対する否認権行使の可否、その範囲

【処理の経過と結果】

　破産者の妻に対し、返済分全額および財産分与分の返還を求めたところ、妻は、破産会社の経営状態は知らされていなかったこと等縷々反論してきたが、破産者の支払不能につき悪意という評価は免れ得なかった。管財人としては、借入金の偏頗弁済分の全額返還は譲れなかったが、一方で、財産分与については、妻の共有持分を前提に柔軟に対応することで、妻側も受け入れ可能な和解条件を調整することにした。

　最終的に、妻は、偏頗弁済の全額を破産財団へ返済し、財産分与については、受け取った額の半分を破産財団へ返還することで和解するに至った。

　なお、当初仮装離婚への疑いも否定できなかったが、妻からの聴取り等により離婚原因はあると判断した。

【分析と検討】

(1) 財産分与と否認

　詐害行為取消権についての最高裁判例（最判昭58年12月19日民集37巻10号

1532号）は、民法の「規定の趣旨に反して不相当に過大であり、財産分与に仮託してされた財産処分であると認めるに足りるような特段の事情のない限り」詐害行為とはならないと述べているが、否認についての最高裁判例はみあたらない。下級審では「民法768条3項の趣旨に反して不相当に過大であるなど財産分与に仮託した財産処分であると認められる場合には、その不相当に過大な部分について、旧破産法上の否認権行使の対象となると解するのが相当である」（東京地判平成18年7月14日公刊物未登載）とするものがある。ただし、「倒産寸前の離婚で多額の財産分与がなされている事例に遭遇すると、この判旨（上記最高裁判例を指している）をそのまま否認に及ぼすことには躊躇を覚える」（田原睦夫「破産手続における相当性を超える処分行為と否認――部否認の可否をめぐって―」金法1402号17頁。かっこ内は筆者注）という意見も存在している。

いずれにせよ財産分与は、否認の対象となり得ると考えられる（破産200問98頁参照）。

(2) **否認の範囲**

過大な財産分与は否認できるとしても、過大かどうか、言い換えれば財産分与の相当性をどのように考えるかが問題となる。

離婚における財産分与の家庭裁判所実務においては、夫婦共有財産の2分の1を分与するのが原則的取扱い（2分の1ルール）とされていることからすると、半分までの分与は相当という考えもあり得る。ただし、この考えでは、破産者の責任財産のうち、相当な財産を妻が取得できることになり、破産債権者との均衡がとれないようにも思える。つまり、財産分与に関する家庭裁判所実務は、平時における準則であって、倒産時に関しては別個の評価がなされるべきではないかとも思われるところである。

一概に、2分の1ルールが適用されるとも思われないが、財産分与の相当性を判断するにあたり、2分の1ルールが存在していることを前提に、債務超過という事実はどこまで斟酌されるのか確立した基準がないため、事案ごとに妥当な解決を図るしかないところである。

255

【事例86】 過払金返還の和解についての否認の請求の申立て
（否認の請求を利用して過払金を回収した事例）

自然人	破産財団	100～500万円
	債権者数	～10名
	処理結果	配当

【事例】

　破産者は、クレジット会社Ａ（以下、「Ａ社」という）との間で、利息制限法所定の制限利率を超過する利息の約定にて継続的金銭消費貸借契約を締結し、以後、同契約に基づき借入れおよび返済を継続してきた。

　申立て段階において、申立代理人が、Ａ社に対し、受任通知を送付するとともに取引履歴の開示を求めたところ、Ａ社は、契約締結から約13年を経過した日以後の取引履歴しか開示せず、取引履歴の冒頭部分での借入残高は15万円とされていた。

　取引履歴の冒頭部分での借入残高を15万円とすれば、過払金の額は約1万円と算定されるところ、申立段階では、この算定に基づき、和解金を約1万円とする和解契約が締結され、和解金の回収がなされた。

　しかし、契約締結から約13年を経過した時点において、なおも破産者に借入残高が存したとは考え難く、いわゆる冒頭ゼロ計算に基づき過払金を算定すれば、過払金の額は約60万円となった（なお、Ａ社が取引履歴を開示しなかった取引期間については、取引内容に関する客観的な資料がほとんどなく、推定計算を行うことが困難であった）。

　そこで、管財人として、上記の和解契約の締結につき、否認権の行使（法173・174）を検討することになった。

【問題点】

　否認の請求と否認の訴えの選択について、いかなる基準により判断するべきか

【処理の経過と結果】━━━━━━━━━━━━━━━━━━━━━━━━━━━━━■
　⑴　**否認の請求あるいは否認の訴えの提起の検討**
　Ａ社に対し、冒頭ゼロ計算に基づき算出される過払金と上記和解金との差額を任意に返還するよう求めたが、Ａ社が返還を拒んだため、管財人として、早々に、否認の請求あるいは否認の訴えの提起を検討した。
　⑵　**無償行為否認に基づく否認の請求の申立て**
　上記の申立段階での和解は、申立代理人が受任通知を送付した後になされた和解であり、和解内容が、破産者がＡ社に対して有するその余の過払金返還請求権のすべてを免除あるいは放棄するものであったことから、法律構成としては、無償行為否認（法160Ⅲ）に基づく請求を検討した。
　そして、本事例では、無償行為否認の要件を充たすことの主張立証が十分に可能と考えられたこと、裁判上の争いとなれば和解による解決も可能と見込まれたことから、Ａ社に対し、より簡便な手続である否認の請求の申立てを行った。
　⑶　**手続外での事実上の合意の成立**
　その結果、申立てから約3週間余りで、事実上、Ａ社との間で、Ａ社が請求額全額を任意に返還する旨の手続外の合意をすることができ、その後、全額の返還を受けた後に、否認の請求の申立てを取り下げた。

【分析と検討】━━━━━━━━━━━━━━━━━━━━━━━━━━━━━━■
　本事例では、否認権行使の要件の充足について争いが生じる可能性が低いと思料されたこと、裁判上の争いとなれば和解による解決も可能と見込まれたことから、より簡便な手続として、否認の請求を選択した。その結果、否認の請求の申立てから約3週間余りで、手続外での事実上の合意にまで至ることができた。
　否認の請求は、否認の訴えに比して早期かつ簡便に事案を解決することができる手続であることから、事案を検討のうえ、積極的に利用するべきである（BASIC321頁）。

【事例87】 配置薬販売業における懸場帳（かけばちょう）に対する譲渡担保権の設定と否認

小売業（配置薬販売業）	破産財団	1000万円～
	債権者数	～10名
	処理結果	配当

【事例】

　破産会社は、配置薬品（いわゆる置き薬）の販売業を営んでいたが、すべての商品を特定の製薬会社から仕入れていた。破産者は仕入先である製薬会社に対して、多額の買掛債務を負担していたが、製薬会社はその売掛債権を担保するために、破産者の顧客名簿である「懸場帳」に対して譲渡担保権を設定していた。譲渡担保権の設定契約書では、その冒頭柱書で、「本日、債権者甲株式会社と債務者乙株式会社とは、甲乙間の取引契約書にもとづく乙の甲に対する一切の債務を担保するため、本譲渡担保契約を結び、乙は甲に対し、自己所有の末尾目録記載の物件を次の約定により譲渡し、かつその所有権を移転し占有改定の方法により本事例物件全部を甲に引き渡した」とされていた。そのうえで、契約書の末尾では、「物件目録」と題された欄に、「別紙懸場帳」との記載がなされ、22枚の「得意先一覧表」が添付されていた。

　その後、破産者は支払不能に陥り営業を廃止した後、同業者に対して懸場帳を代金1600万円で譲渡し、その代金中400万円を製薬会社に対する買掛金の支払にあてた。そこで、管財人は、上記400万円の弁済をして偏頗弁済であるとして、否認権（法162 I ①）を行使した。

【問題点】

　「懸場帳」に対して譲渡担保権を設定していた製薬会社に対する400万円の弁済に有害性が認められるかどうか

【処理の経過と結果】

(1) 「懸場帳」に対する譲渡担保権の設定

「懸場帳」とは、配置薬販売業における一種の顧客名簿である。それは配置薬業界において商慣習上売買の対象となってきたが、それは単なる顧客名簿の売買ではなく、一種の営業譲渡がなされたのと同一の効果が生ずるものである（広島地尾道支判平成5年10月22日判タ839号233頁）。

(2) 「懸場帳」に対する譲渡担保権の対抗要件

そして、営業譲渡を第三者に対抗するためには、営業を構成する個々の財産についてその対象を個別具体的に特定したうえで、法定の対抗要件を具備することが必要である。ところが、本事例における譲渡担保権では、営業を構成する個々の財産については何ら特定されることなく、また、配置登録票以外の物品や現在および将来の売掛債権について法定の対抗要件が一切具備されていなかったため、譲渡担保権者である製薬会社には、対抗力ある別除権を認めることができず、本事例における弁済について有害性が認められると判断された。

(3) 製薬会社との和解

もっとも、配置薬販売業界の商慣行を調査すると、「懸場帳」に対する譲渡担保権設定契約書の内容は、一般的な方式に則ったものであり、一定の範囲でその効力を承認したとしても、他の一般債権者の期待に反しないとも考えられた。他方、譲渡担保権者である製薬会社は、未回収の売掛金について、破産債権届出書の提出にこだわっていたものの、最終的には債権届出をしないことで合意に達することもできた。そこで本事例では、偏頗弁済額の50％に相当する200万円を管財人に対して一括で支払うことで和解が成立した。

【分析と検討】

懸場帳の売買は一種の営業譲渡であるとされているが、営業を構成する個々の財産に対して法定の対抗要件を備えることが困難であるから、配置薬販売業界では懸場帳それ自体を目的財産とする商慣習が古くから存在した。否認権行使に関する和解に際しては、そのような商慣習を一定の限度で尊重することも必要であると考えられた。

【事例88】債権者が、数年前の融資の際に債務者から預かっていた白紙の債権譲渡通知書等を利用して、第2回不渡り直後に、取引先に対してなした債権譲渡通知の否認

建設業（設備工事業）	破産財団	1000万円〜
	債権者数	100名〜
	処理結果	配当

【事例】

　破産会社は、複数の優良取引先から継続的な工事発注を受けていたが、競争激化のための赤字受注が重なり急激に業績が悪化して、第1回不渡りの翌日に第2回不渡りを出し、事業を停止した。

　破産会社は、事業停止の数年前から、資金繰りのために金融業者Aおよび金融業者Bから手形割引・手形貸付を受けるようになり、取引開始にあたって、金融業者AおよびBと債権譲渡契約を締結し、日付欄・譲受人欄等が白紙の複数の債権譲渡通知書等の書類を交付していた。

　金融業者Aは第2回不渡りの2日後に、金融業者Bは第2回不渡りの当日に複数の債権譲渡通知書を発送した。

　なお、破産会社は第2回不渡りの当日に破産申立準備に入っていたが、当日午後5時前に集金に訪れた金融業者Bの担当者に対し、申立代理人が近日中に破産申立てすることを説明しており、金融業者Bの債権譲渡通知（内容証明郵便）の郵便局での引受時間は、当日午後6時から翌日午前0時の間であった。

　債権譲渡通知を受け取った取引先のうち3社が請負代金の支払を保留し、2社が請負代金を供託した。

【問題点】

(1) 否認権行使をする場合において、否認の請求によるべきか否認の訴えを

提起すべきかの判断
(2) 否認権行使における支払停止に関する悪意の立証方法
(3) 債務者が法務局に供託していた供託金について、すでに還付手続がされていて存在しなかった場合の当該供託金相当額の回収方法

【処理の経過と結果】

　債権譲渡契約自体は事業停止の数年前である借入れ時に締結されていたと考えられたので、債権譲渡自体を否認することは困難と考えられたが、金融業者Aと金融業者Bの債権譲渡通知は第2回不渡り直後であったことから、対抗要件の否認（法164Ⅰ）を行うこととした（BASIC313頁）。

　そして、裁判所と協議のうえ、金融業者Aと金融業者Bに対し、否認の訴えを提起した。

　否認の訴えの内容としては、管財人が請負代金債権を有することの確認、供託金について管財人が還付請求権を有することの確認を求めた。

　本事例において、否認の請求ではなく否認の訴えを選択したのは、相手方が争うことが予想されたからであり、供託金の還付等をスムーズに受けるためにも、当初より否認の訴えを提起すべきと考えたからである（BASIC321頁）。

　なお、管財人の調査の結果、金融業者Bは法人を名乗っていたが法人名での貸金業登録はなく、個人が屋号で登録していたものであって、また、その代表者の氏も登録後に変更されていた。

　管財人は、支払停止についての悪意に関して、金融業者Aは、大手の金融会社であることから破産会社の不渡り情報を当然得ていたはずであること、第2回不渡りの2日後に5通もの債権譲渡通知書を送付していること自体が、破産者の支払停止の事実を認識していたことの証左であると主張した。

　また、金融業者Bについては、第2回不渡り直前に申立代理人が直接破産申立予定であることを通告しており、その旨の報告書と、内容証明郵便でなされた債権譲渡通知の郵便局での引受時間がその通告の後の時刻であったことで、悪意を立証した。

　金融業者Aと金融業者Bは、悪意を否定し、善意を主張したが、短期間で

管財人全面勝訴の判決が出た。

判決確定後、請負代金の支払を保留していた取引先3社に対して、管財人から判決正本と判決確定証明書の写しを送り、請負代金を管財人口座に振り込んでもらって全額回収した。

供託金については、法務局にて取戻手続を行って回収したが、1社の供託金は、すでに還付手続がされていて存在しなかった。

そこで、文書送付嘱託により法務局から還付に関する書類を入手した結果、金融業者Bが貸付けの際に破産会社の代表者に記名押印させていた内容白紙の承諾書（記載の者が還付請求することを異議なく承諾するとの内容）を利用して、破産手続開始決定の翌日に還付を受けていたことが判明した。

そのため、金融業者Bに対する過去の返済記録を調査し、不当利得返還請求訴訟の提起を前提に、金融業者Bの旧姓での銀行口座について、債権仮差押命令申立てをした。

債権仮差押命令を申し立てた結果、預金口座が使用できなくなったことにより、金融業者Bから管財人に連絡が入り、交渉の結果、執行費用も含めた金額の支払があれば仮差押命令申立てを取り下げるということになり、余分にかかった手続費用も含めて全額回収することができた。

【分析と検討】

従前は商工ローン業者等が、あらかじめ日付等白紙の債権譲渡通知書を作成しておき、回収不能リスクが顕在化した際に取引先に債権譲渡通知書を送付する例が多くみられ、本事例もその一例といえる。

本事例は、複数の白紙の債権譲渡通知書を第2回不渡りの当日もしくは直後に、それぞれ同時に複数通の債権譲渡通知書を送付していること自体が、悪意を推認させる事情になったと考えられる。

また、申立代理人は、金融業者Bについては、将来の否認権の行使を踏まえて、破産申立書に詳細な報告書を添付していた。

第2回不渡りの日のやりとりだけでなく、金融業者Bから借り入れることになった経緯、貸付けの内容（貸付金利等の情報）、最初の貸付け時に決して使

用しないとの約束で相手方に交付した書類の内訳等も、破産会社からの聴取りにおいて詳しく説明されていたのが、事案の早期把握と否認の訴えでの立証に非常に役立った。

　否認が想定される事情については、申立代理人においても可能な調査を尽くして、管財人に情報提供することが大切である。

　なお、債権譲渡通知は多数の取引先に送られていたが、管財人から対抗要件具備行為が否認されることを説明したところ、管財人への任意の支払に協力を得られたところが多かった。

　否認の訴えの対象となった請負代金債権はいずれも大手企業に対するものであり、正式な権利関係の確認ができないと支払はできないとの回答であったため、否認の訴えにより回収を図ることにしたものである。

〔コラム⑱〕
債権者集会における債権者に対する管財人の説明

　債権者集会において、債権者が出頭しなかった場合には、管財人からの特段の説明は行われませんが、債権者が出頭した場合には一定の説明が必要です。この説明は、事件の大小、債権者の関心事によって異なりますが、一般的には、破産に至る経緯については、それが特に問題となる事案でなければ割愛し、管財業務として重要な財産の換価状況、換価に要する期間、配当の可否の見込み、などを要領よく説明することになります。債権者集会前には裁判所に報告書を提出していますので、その際、当該管財事件のポイントを要領よく記載されていると思いますが、債権者集会においてはさらにこの要点を要領よく説明することが求められます。また、財団規模に応じて、債権者の理解のため、財団の概要を示す資料を作成のうえ、配付することも検討することになります。さらに、債権者から質問がなされることがありますので、事前に記録を読み返すなど、対応できるよう準備しておく必要があります。

【事例89】　**第三者による弁済に対する否認等**

小売業（新聞小売業）	破産財団	1000万円〜
	債権者数	10〜50名
	処理結果	配当

【事例】

　支払停止直前に、破産者の事業譲受人（以下、「譲受人」という）より、破産者の債権者に対し、事業譲渡代金相当の弁済がなされていたところ、譲受人から管財人に対しては、事業引継ぎを前提とした代払の依頼に基づき弁済したものであり、事業譲渡代金は支払済であるとの主張がなされた。

　そこで、破産者の債権者に対し、同弁済が第三者による偏頗弁済に該当するものとして否認権に基づく返還を求め（法162Ⅰ①イ）、譲受人に対しては、事業譲渡代金の支払を請求できないか検討し、否認の訴えおよび事業譲渡代金支払請求訴訟を併合して訴訟提起した。

【問題点】

(1)　第三者による弁済と否認の可否
(2)　支払不能および支払不能に対する悪意の有無
(3)　譲受人による相殺の可否
(4)　弁済否認に基づく返還請求と事業譲渡代金請求との関係

【処理の経過と結果】

　(1)　第三者による弁済と否認の可否

　偏頗行為否認（法162Ⅰ①イ）にあたっては、文言上、破産者の行為が必要とされているようにも読めることから、第三者による弁済であっても否認が認められるかが問題となり、相手方もこれを争ってきた。

　しかし、破産者の主観的要件が不要な偏頗行為否認については、破産者の行為は不要であるという見解があり、否認権行使可能と考えられた（破産・

民再の実務（破産編）289頁以下）。

　また、本事例では、譲受人への事業承継を前提として、譲受人による第三者弁済がなされており、破産者の債権者への支払には事業譲渡代金が充てられたものと評価することが可能であり、実質、破産者の計算にて弁済が行われたものといえ、譲受人による第三者弁済は効果において破産者の行為と同視することが可能と考えられた（なお、公務員共済組合の組合員の給与支給機関が給与、退職金を支給する際に、組合員に対する貸付金相当額を控除してこれを組合に払い込んだ事案につき、旧破産法72条2号に基づく危機否認を認めた最判平成2年7月19日民集44巻5号853頁参照）。

(2) 支払不能および支払不能に対する悪意の有無

　次に、本事例では、支払停止前の弁済であることから、支払不能および支払不能に対する債権者の悪意の立証を要した（法162Ⅰ①イ）。

　支払不能については、債務ごとに、期限の利益喪失の有無を調査し、弁済期が到来した債務の金額を積み上げて、支払不能の主張を行った（支払不能の判断につきBASIC313頁）。

　また、債権者の支払不能に対する悪意については、破産者の事業が債権者からの仕入れに完全に依存した事業形態であり、債権者への支払は最優先に行われるもので破産者の事業への関与度が高いと考えられたことから、そのような債権者の立場からして破産者の支払不能について悪意である旨主張した。

(3) 譲受人による相殺の可否

　他方、譲受人に対する事業譲渡代金請求に対しては、譲受人から、事業承継を前提とした破産者の債権者（仕入先）に対する代払の依頼に基づき弁済したものであり、事業譲渡代金は支払済であるとの主張（第三者弁済の合意（民474Ⅰ）という法的構成と考えられる）のほか、予備的に代払により取得した求償権を自働債権とした相殺の主張がなされた。

　これに対し、管財人は、破産者からの代払の依頼を否認するとともに、相殺の主張については、支払不能後に取得した自働債権に基づく相殺であって

破産法72条1項2号により相殺禁止になること、またもっぱら求償権との相殺に供する目的で事業譲渡契約を締結したものとして同法71条1条2号により相殺禁止に該当する旨反論した。

なお、同相殺禁止の条文が適用されるためには、譲受人の支払不能に対する悪意の立証が必要となる。

(4) **弁済否認に基づく返還請求と事業譲渡代金請求との関係**

以上のとおり、債権者に対する弁済否認に基づく返還請求と譲受人に対する事業譲渡代金請求を行うこととしたが、両者の関係については、まず、請求権競合の関係に立つとの整理を行って訴訟提起を行った。

しかし、その後、両請求権の関係を再検討したところ、譲受人による相殺に対する相殺禁止の主張が認められず、事業譲渡代金請求が認容された場合、破産財団からの逸出が認められないとして、債権者に対する否認権の行使が認められない可能性があると考えられた。

また、価値判断として債権者、譲受人のいずれか一方からは事業譲渡代金相当を回収するべきものと考えられるものの、譲受人が支払不能について善意として相殺が認められれば事業譲渡代金請求が棄却され、譲受人と同じく債権者も善意であったとして否認権行使が認められない可能性も考えられた。

(5) **処　理**

以上のとおり、多数の争点を含む事例であったが、受訴裁判所による和解勧告を経て、早期解決および現実的な回収の観点から、請求額約2100万円に対し和解金名目で約1300万円を受領する内容の（裁判上の）和解を行った。

【分析と検討】

支払不能の立証についてはある程度可能であるが、支払不能に対する債権者の悪意については、立証のハードルが高い。近い将来弁済することができないことが確実に予想されたとしても弁済期の到来した債務を支払っている限り支払不能には該当しないとの見解に立つ場合、このような支払不能についての悪意の立証は推定規定に基づく場合を除き困難と考えられ、悪意の認定にあたっては支払危機状態についての悪意で足りると解すべきである。

【事例90】 メインバンクによる回収行為に対する非義務弁済否認

建設業	破産財団	1000万円〜
	債権者数	10〜50名
	処理結果	配当

【事例】

　本事例は、破産会社の管財人が、同社のメインバンクであった金融機関に対し、破産会社の支払停止前30日以内に、貸金8口合計約5000万円につき期限前弁済を受けたとして、破産法162条1項2号に基づき否認権を行使して、上記弁済金の返還を求めた事例である。

　破産会社と金融機関との間では、従前より、次のような融資および返済の慣行が存在した。すなわち、破産会社は、資金繰りに窮し、自社の発行手形の決済期日までに決済資金を準備できそうにないときに、たびたび金融機関から短期の手形貸付を受けることでしのいでいた。そして、破産会社が金融機関に対して融資を願い出る際には、その時点において自社で受注することが決まっているか、または受注する可能性が相当程度ある工事の内容（注文者、下請・元請の別、着工および竣工予定日、工事金額等）を記載した一覧表を提出し、金融機関はこれを信用調査資料として破産会社に対する手形貸付の決裁を行っていた。これによる借入金については、返済期日前であっても、上記一覧表記載の工事が完成し代金を受領し次第、任意に期限前弁済を行って手形を受け戻し、期限までの利息分は「戻利息」として破産会社の当座預金口座に返還されていた。そして、本事例では、破産会社がこのような期限前弁済を最後に行ってからわずか約1週間後に、金融機関が破産会社に爾後の金融支援打切りを申し渡し、間もなく破産会社は支払停止となった。

【問題点】

　金融機関が内部的には融資先に対して金融支援の打切りをすでに決めなが

267

ら債権回収を図った行為に対する否認権行使

【処理の経過と結果】

　管財人が金融機関に対して否認の訴えを提起したところ、その訴訟での争点は、次の2点であった。

　① 本事例のような工事対応融資の形態において、破産会社が金融機関に対して行った支払期日前の弁済行為は、「その時期が破産者の義務に属しない行為」（法162 I ②）であるか否か。

　② 金融機関が、当該弁済を受けた当時、他の債権者を害することを知らなかったか否か。

　第一審裁判所は、①につき、不確定期限を定めたものと認める客観的証拠がなかったこと等から、「当事者間では、貸付けの際、明確に●年●月●日という特定の日を弁済期と定めているし、貸付けの時点では将来の工事代金が入金されるかどうかは不確実で、被告（金融機関）が将来の返済原資として入金に期待するというものに過ぎない（したがって、不確定期限を定めたとは解されない）」として、本事例の弁済は破産者の義務に属しないものであると認定した。

　②についても、金融機関が破産会社のメインバンクであって、基本的に同社の経営状況を把握していたことから、「被告からの新規融資を止めた場合には破産会社が支払不能の状態に陥ることになることを認識していたということができる」と指摘し、金融機関による破産法162条1項2号の詐害意思推定の反証を認めなかった。

　このようにして、一審判決は管財人の全面勝訴となり、控訴審において遅延損害金のみをカットする形での（裁判上の）和解が成立した。

【分析と検討】

　本事例では、破産法162条1項2号が絶大な威力を発揮したものといえる。
　なお、現在弁済期にある債務の弁済がメインバンクの支援に依存しているような場合には、「メインバンクの支援打切りによって支払不能になると考えられる」とするのが全国銀行協会の基本的見解である（金法1728号41頁）。

【事例91】

【事例91】 社外労働組合に対する否認権行使

一般貨物自動車運送業	破産財団	1000万円～
	債権者数	50～100名
	処理結果	配当

【事例】

　破産会社の従業員の一部が社外の労働組合（A組合、B組合）に所属していたところ、事業閉鎖直前の団体交渉の結果、事業所閉鎖の数日前に、破産会社から労働組合に対し、未払賃金や解雇予告手当の解決金等としてそれぞれ数百万円単位のまとまった金額が振込みによって支払われていた。

　これらは、各組合がその組合員である元従業員に代わって、解決金等を代理受領するという形式がとられていた。

　もっとも、破産会社が各組合と作成した協定書や交渉経過を精査した結果、A組合、B組合いずれに対する支払についても、その算定根拠や支払の法的根拠に疑義があるものと考えられた。

　そこで、それぞれの送金行為の全部または一部が「無償行為」（法160Ⅲ）であるとして、否認権行使の対象となるのではないかと考えられた。

【問題点】

　代理受領という形式にて金銭の支払がなされている場合、否認権行使の相手方をいかに考えるべきか

【処理の経過と結果】

　本事例では、A組合、B組合いずれについても従業員（組合員）のために金銭を代理受領したという形式がとられていたため、否認権行使の相手方を従業員と労働組合のいずれにするべきかが問題となったが、送金が各労働組合名義の口座になされていたこと、支払われた金員のうち相当額を各組合自身が取得していることから、法的構成の明確性、実効性等も考慮し、直接の

269

送金先であるA組合、B組合が受益者（無償行為の相手方）に該当し、否認権行使の相手方となるものと考えた。

この際、元従業員も少なくとも悪意の転得者（法170）として否認権行使の対象となりうると考えられたが、その再出発を阻害することは相当ではないという点にも配慮することにした。

そこで、A組合、B組合に対して、それぞれ否認権行使をする旨の意思表示を行い、任意での返還を求めて交渉を開始した。

これに対し、A組合からは、組合員であった従業員の正確な解雇予告手当および未払の時間外手当が証拠をもって示されたため、これら解雇予告手当や未払賃金に相当する額を控除した残額（A組合自身が取得した金額）については無償否認の対象になるとして返還交渉を継続し、管財人が主張した額の大部分の返還を受けることで和解に至った。

他方、B組合は交渉に応じなかったため、否認の請求（法173 I）の申立てを行い、結果的に、B組合が破産財団に対してその取得した金員の約半額を支払う旨の和解が成立し、管財人は否認の請求の申立てを取り下げて終了した。

【分析と検討】

事業廃止直前期の金員支払や財産処分の中には、法的根拠や精緻な計算がなされないまま破産者から支払や引渡しがなされている場合があり、管財人としてはその法的根拠を確認し、否認権行使の要件を満たしているかどうかについて慎重に判断する必要がある。

否認権行使の相手方となるのは受益者および転得者（法170）であるが、第三者が支払や金員の受領に関与している場合には、誰を相手方として返還を求めるべきかについてもその根拠とともに十分に検討することになる。

その場合には、形式のみならず、処分行為の態様やそれによって利益を受ける者が誰か、誰を相手方とすることで実効性ある解決を図ることができるかという視点も重要といえよう。

第9章　役員の責任追及

【事例92】　非上場会社において粉飾決算を行った役員らに対する責任追及

卸売業	破産財団	1000万円～
	債権者数	100名～
	処理結果	配当

【事例】

　破産会社は、年間売上げ約300億円、従業員数約160名の非上場の商社であった。創業一族が自己株式を除く発行済株式の80％以上を保有していたが、会長以外の役員は従業員あがりのいわゆるサラリーマン役員であった。破産会社は、売上げの前倒しや有価証券売却損の不計上等の方法により、破産手続開始前の約5年間にわたって粉飾決算を行い、メインバンクに対して虚偽の決算内容を報告し、借入れを繰り返してきた。内部通報によりメインバンクに粉飾の事実が発覚し、リピートの借入れができなくなって資金繰りに行き詰まり、破産申立てに至った。

【問題点】

(1) 管財人は、粉飾決算に関与した会社役員に対し、どのような損害賠償請求が可能か
(2) 賠償請求対象の会社役員に対し、どのような和解協議をすべきか

【処理の経過と結果】

(1) 粉飾決算に関与した会社役員に対する損害賠償請求の内容

　(A) **会社役員に対して賠償を求める損害項目**

　粉飾により破産会社がどのような損害を被ったかが問題となった。粉飾による過大な納税額が損害となり得るものの、本事例では、過去5期分の過大

納付にかかる法人税および消費税の還付を受けることができ、当該損害は塡補された。一方、破産会社は、粉飾が行われた5年間に、自己株式取得、役員賞与支給および剰余金の配当を実施していたが、これらは本来配当可能利益がなければ実施できない(会461。なお、役員賞与も当時は剰余金処分として支給された)。破産会社は、帳簿上は、破産申立ての直前期まで十分な利益剰余金を有していたが、粉飾に伴う決算の修正を実施すると、資本の欠損を生じていたことが推測されたことから、これらの配当による支出額をもって破産会社の損害ととらえることとした。

(B) **損害額確定のための事実関係の把握**

粉飾を発案し、実際に粉飾の処理作業を行った経理担当役員および経理部所属社員のうち、幸い、社員の一部は協力的であり、粉飾決算の詳細を把握することができた。また、役員の一部も調査に協力的であり、粉飾がその手法も含めて取締役会に報告され役員全員が把握していたことを聴取できた。これらの聴取りについては、十分な資料を添付した大部の陳述書を作成した。

(C) **各会社役員の法的な損害賠償請求額の確定**

配当可能利益がないのに自己株式取得等をしていた期は、粉飾2年目以降の期であることから、粉飾2年目以降に会社役員であった者のうち、破産会社の保証をしていたため自己破産をした者2名を除く13名(うち9名は会社が破産した期より前に退職済み)を損害賠償請求の相手方にすることとした。

対象期間約4年間の自己株式取得額は合計2億9300万円(破産会社は以前上場を目指した経緯から従業員持株会や役員が株式を保有し、退職時に買い取る扱いをしており、リストラによる退職者増で取得額がかさんでいた)、役員賞与の支給額は合計4000万円、剰余金配当額は800万円であり(支出額計3億4100万円)、各役員は在籍期間に応じて1200万円～3億4100万円の損害賠償責任を負うべきものと算定した(13名中7名は1億8700万円超、6名は1200万円～2700万円)。

(2) **賠償請求対象の会社役員に対する和解協議のあり方**

対象役員に対し、破産申立ても辞さない態度で支払を求めるのか、相当程度減額した和解金の請求にとどめるのかが問題となった。

【事例92】

　本事例は、創業家ワンマン社長の指示により粉飾を実施した事例ではなく、サラリーマン役員である経理担当役員の発案により、役員会で賛同を得ながら粉飾を実施した事例であり、その意味では対象役員に同情の余地はない。しかし、破産会社は非上場であり、粉飾決算を信頼したことによる実質的な被害者はメインバンクに限られていた。したがって、管財人としては、粉飾決算の事実関係を債権者集会等で債権者に説明するとともに、裁判所に報告して記録に留めることにより、金融機関が各役員に対して直接、損害賠償請求する際の資料を提供できれば、職責の多くを果たしたものとも考えられた。

　また、本事例は相当の配当率による配当が見込まれたことから、役員責任追及に時間と労力をかけて配当を若干増加させるよりも、早期配当、早期事件終結のほうが、破産債権者のニーズに応えることになることが予想された。実際にも、早期配当という管財人方針に異議を述べる者はいなかった。

　そこで、役員の在職期間や粉飾への関与の度合い、当該役員が破産会社から受領した自己株式代金の金額等を勘案し、1人につき70万円〜700万円（粉飾を発案実施した役員1名のみ1500万円）の和解金額を設定し、和解協議に入った。協力的な役員や和解金額の低い役員から順に交渉して妥結させ、和解への抵抗の強い役員に対しては、他の役員は応じている、という説得を続け、延べ数十回の協議を重ねた。その結果、訴訟を回避でき、財産がなく自宅売却によるローン支払後の残金で和解した者等2名を除き、提示した和解金額から減額せずに財団組入れができた。組入れ額は合計約3800万円であった。

【分析と検討】

　本事例は、粉飾決算による法的損害が比較的容易に算定可能な事例であったものの、処理としては役員に対する責任追及額をかなり少額にとどめて、早期解決を優先させた。役員責任追及の訴訟によれば上記(1)(C)の請求額に近い金額が認容される可能性はあったものと思われ、また、ほとんどの役員は、和解金額よりは相当多額の支払をする資力を有していたものと思われた事例であることから、かかる処理の妥当性につきモラルハザードの観点から議論の余地はありうるものと思う。

第10章 債権調査

【事例93】 別除権不足額の届出につき異議を出したことに対する別除権者による破産債権査定申立て

小売業（電子機器販売業）	破産財団	1000万円〜
	債権者数	10〜50名
	処理結果	配当

【事例】

破産債権5000万円のうち700万円について担保権を有する届出債権者が、5000万円全額につき破産債権としての届出のみを行い、700万円について別除権付債権として届け出ていなかったため、管財人において、うち700万円については別除権付債権として届け出るよう補正を促した。しかし、当該届出が正式に行われなかったため、債権認否をどのように行うか問題となった。

【問題点】

別除権付債権が別除権のない破産債権として届け出られた場合の処理

【処理の経過と結果】

(1) 補正の促しと認否

一般的には、届出債権者に対して、別除権を放棄する手続がとられない場合には別除権の目的および予定不足額の届出をするよう補正を促し、補正しない場合には別除権付債権として認否し、予定不足額がないものとして扱えば足りるとされている（運用と書式251頁）。

本事例においても、補正を促したが、補正がなされなかった。そこで、やむなく担保権のある債権部分については別除権付債権として認否し、「届出債権額」700万円、「別除権の被担保債権として異議を述べた額」0円、「別除権の被担保債権として認めた額」700万円、「予定不足額」0円とし、「異議理

由その他」には「現時点においては、予定不足額を0円とする」との異議通知書を送付した（法117Ⅰ④、規則43④）。送付前には、届出債権者に対しては、「予定不足額」0円は仮の数字であり、配当時までに予定不足額が確定すれば、かかる記載により不利になることはないことを説明し、了解を得ていた。

(2) 破産債権査定申立てと取下げ

ところが、その後、当該届出債権者からは、予定不足額が0円であることを不服とする破産債権査定申立て（法125Ⅰ）がなされた。しかし、被担保債権は全額認めている以上、当該査定申立ては申立要件を充たさず、予定不足額の争いは将来配当表に対する異議（法200Ⅰ）を行うべきであった。そこで、管財人から届出債権者に対して、異議制度についての説明を行って取下げを促し、裁判所から破産債権者への説明も得て、最終的には当該申立ては取り下げられた。その後、配当時には不足額を確定させて問題なく終了した。

【分析と検討】

本事例については、裁判所の運用に従い、担当者に十分説明を行ったつもりで、予定不足額0円として異議通知書を送ったが（運用と書式251頁）、誤解から査定申立てがなされてしまった。直ちに取下げがなされたものの、いったん査定申立てがなされると、理由がなく不適法却下されるべき場合であっても、配当決定が予定どおりに出されない可能性もあり注意が必要である。

裁判所所定の異議通知書には、破産債権査定申立ての記載があるところ（運用と書式457頁）、別除権予定不足額は対象にならないことの注記はない。届出債権者の担当者に対しては説明をしたつもりでも社内的には誤解が生まれており、理解されていると思いこんでいた点は反省すべき点であった。

改善策としては、異議通知書の「異議理由その他」の欄に「不足額は配当時に確定させる」と記載をするなど、誤解を生まない通知書の記載を工夫することが考えられる。

なお、東京地裁破産再生部の運用では、破産管財人による予定不足額に対する認否そのものを原則として留保することとなっているため（破産・民再の実務（破産）341頁参照）、本事例のような問題は生じないと思われる。

【事例94】 名板貸による債務について、債権調査により悪意または重過失の債権者が除かれた結果、100％配当となった事例

自動車販売業	破産財団	1000万円〜
	債権者数	10〜50名
	処理結果	配当

【事例】

　申立資料によれば、約4500万円の債務に対し、評価額約2500万円の財産しかなかったものの、申立代理人によれば、債務総額約4500万円のうち破産者自身の借入れ等によるものは約1000万円であり、残りは同一屋号を使用して営業をしていた別人物が負ったものとのことであった。

　具体的な経緯は以下のとおりである。

　破産者は、A氏とともに同一の屋号で事業を立ち上げ、実際の業務は別個独立して行っていたが、同一の事業所にて、同種の事業を営んでいた。また、A氏には金融機関等に対する対外的信用がなく、信販会社との加盟店契約を締結することができなかったことから、A氏がローンで自動車を販売する際には、破産者が加盟店契約を締結している信販会社を利用していた。かかる状況の下、A氏が自殺をし、遺族により相続放棄の手続がとられたとのことであった。その結果、破産者に対し、A氏の取引先の業者等から請求や問合せが殺到するようになり、破産者自身の事業も立ち行かなくなり、自己破産の申立てに至った。

【問題点】

　名板貸による債権に対する認否および破産債権査定申立てへの対応

【処理の経過と結果】

　自己の商号を使用して営業または事業を行うことを他人に許諾した商人（名板貸人）は、商法14条に基づき、当該他人と取引をした者に対し、当該他

人と連帯して、当該取引によって生じた債務を弁済する責任を負う。もっとも、相手方が悪意または重過失の場合には、名板貸人は、その責任を免れると解されている（最判昭和41年1月27日民集20巻1号111頁参照）。

　申立代理人から聴取したところによれば、破産債権者の中には、A氏と破産者が別個独立して業務を行っていることを明らかに知っている（悪意である）者もいるとのことであった。そこで、管財人としては、当該事情につき悪意の者について、A氏との関係等その詳細を聴き取り、債権調査に備えることとした。

　債権調査の結果、申立書に記載があった22名の破産債権者のうち12名の破産債権者から届出があった（悪意かどうかの判断が困難かつ大口である破産債権者2名からは届出がなされなかった）。12名の届出債権者のうち6名に対しては、債権を認めない旨の通知を発送した。実態が破産者自身の借入れではない破産債権者に対しては、一通り、異議を出した形である。そうしたところ、うち3名から破産債権査定申立てがなされた。もっとも、いずれの破産債権者も、A氏との関係が深い者であり、悪意であることが強く疑われた。そこで、いずれの破産債権査定申立てに対しても、破産債権者の悪意を主張して争い、そのすべてについて裁判所により0円との査定決定がなされた。

【分析と検討】

　本事例は、最終的に確定債権額が約1100万円になったため、100％配当のうえ、破産者にも少なからず財産が返還された事例であり、結果だけをみれば、破産をする必要はなかった事例であったとも考えられる。しかし、申立て段階では、すべての債権者が破産者に対して権利主張をしており、任意整理で終わらせることは難しい事例だったと思われる。

　相手方の悪意・重過失の立証については、一般的には困難なことも多いが、A氏と破産者が共同で使用していた事務所に残っていた文書類から、請求書、見積書、領収書等、各破産債権者がA氏を別個独立の取引主体として認識していたことがうかがわれる書面を見つけることができたことが幸いした。

第11章 配 当

【事例95】 破産していない主債務者に対する求償権の処理

自然人	破産財団	100〜500万円
	債権者数	〜10名
	処理結果	配当

【事例】

　破産者は、その長男が育英会から受けていた奨学金約100万円の連帯保証人となっていた。

　主債務者である長男は破産していないものの、連帯保証人である破産者の破産手続開始決定により、保証債務履行請求権は現在化（法103Ⅲ）した。

　換価作業を進めた結果、一定規模の破産財団が形成され、一般債権者へ配当が実施できることとなったが、そうすると、上記の保証債務履行請求権についても配当が実施され、それによって主債務者（破産者の長男）に対する求償権が発生することとなった。

【問題点】

　連帯保証人の破産手続において配当を実施することにより、破産していない主債務者に対する求償権が発生する場合、どのように処理したらよいか

【処理の経過と結果】

　形成された破産財団の規模からすると、当該保証債務履行請求権に対して実施予定の配当額は約6万円であり、同額の求償権が発生する見込みであった。しかし、当該求償権を行使して破産財団が増殖するとさらに追加配当（法215）が必要となり、追加配当を実施した場合には同額の求償権が発生するという求償の循環が生じる。

このように求償の循環を防止するためには、後述のように主債務者との間で和解を行い求償権を発生させないとの方法が考えられるが、そもそも、親が連帯保証人として子の代わりに奨学金を返済した場合に、親が子に対して求償権を行使することは通常は予定されておらず、破産債権者も期待していないとも考えられる。そこで、配当実施後に生じた求償権を、破産財団から放棄することで、いったん終了した換価業務が復活することを回避し、そのまま破産手続を終結させることとした。

【分析と検討】────────────────────────────■

　本事例では、諸般の事情を考慮して、主債務者に対する求償権を破産財団から放棄するという処理を行ったが、求償権を放棄することが相当ではないと考えられるケースにおいては、配当実施前に、発生予定の求償権の額を基準に一定額を破産財団に組み入れさせることを条件に、配当実施によって発生する求償権を行使しない内容の和解を行うという処理も考えられるところである。

　回収見込みの少ない債権を破産財団から放棄すべきか否かの検討にあたっては、破産財団の増殖に寄与するかどうかという経済合理性の観点のみならず、破産債権者の納得が得られるかどうかといった事情も考慮する必要があると考えた（BASIC176頁）。

劣後的破産債権への配当が見込まれる場合の処理方法と注意点(1)

自然人	破産財団	1000万円〜
	債権者数	10〜50名
	処理結果	配当

【事例】

破産者は、離婚に基づく養育費の支払や生活費のために、消費者金融等から借入れをするようになったが、次第に、ギャンブルのために借り入れるようになり、返済に窮して、自己破産を申し立てた。

しかし、再婚後の配偶者が、破産者の給料を原資として、破産者名義で多数の生命保険等に加入していたことが破産手続開始決定後第1回集会前に判明し、100％配当が見込まれることとなった。そこで、破産手続の取消しについての検討、劣後的破産債権の処理等が問題となった。

【問題点】

(1) 破産手続開始決定後、第1回集会前に破産手続の取消しができるか
(2) 劣後的破産債権（開始決定後の遅延損害金）の取扱いをどうするべきか

【処理の経過と結果】

(1) **破産手続開始決定後、第1回集会前における破産手続の取消しの可否**

破産手続の取消し（広義）に関しては、破産手続申立ての取下げ（法29）と不服申立て（即時抗告、法33Ⅰ）とがある。前者は、破産手続開始決定前であることが必要であり、保全命令や中止命令が出されている場合には裁判所の許可も必要となる。後者は、破産手続開始決定に対する不服申立手続であり、認容されなければ破産手続の取消しとはならない。

本事例においては、破産手続開始決定後、即時抗告期間（2週間、法9）経過後に、財産が判明したため、いずれの取消手続もとれない状況であり、結果としては、破産手続を進めることとなった。

(2) 劣後的破産債権（破産手続開始決定後の遅延損害金等）の取扱い

100％配当が見込まれる事案においては、破産手続開始決定後の利息や遅延損害金の劣後的破産債権をどのように処理するのかが問題となる。

具体的には、破産手続開始決定後の遅延損害金等劣後的破産債権となる（法97①・②・99Ⅰ①）が、配当まで発生し続ける（BASIC396頁）。よって、100％配当が見込まれていても、遅延損害金等が多額に発生した場合、結果として100％配当に至るかどうかは配当予定日が決まるまで確定できない。

この点、債権調査および確定手続を経れば、破産債権者表の記載について、確定判決と同一の効力が発生するため（法124Ⅰ・Ⅲ）、破産手続上は、あくまで債権届出を経て確定した債権を基準に判断すべきと考えられる。もっとも、破産法は手続法と実体法の両側面があるところ、手続的に確定した債権以外に、利息や遅延損害金が実体法上は発生しているとみることもできる。

本事例において、遅延損害金の届出はなされなかったため、届出債権で確定した分について配当し（100％配当）、また届出がなかったために配当の対象とされなかった部分が後日破産者に請求されることを避けるべく、念のため、管財人として免責相当の意見を出して、免責決定を得た（裁量免責）。

【分析と検討】━━━━━━━━━━━━━━━━━━━━━━━━━■

本事例は、本人申立てであり、当初は同時廃止で申し立てられていたが、退職金があるために裁判所の判断で管財事件とされた事例であった。申立代理人として関与する場合には、退職金の有無のほか、預貯金口座を精査し、保険契約の存在が疑われる入出金の有無を確認することが重要である。

また、申立代理人としては、100％配当事案であっても、遅延損害金債権や債権届出を行わなかった債権者が存在する可能性があることから、免責許可決定を出すことを検討する必要がある。他方、免責を受けると原則7年間は再度の免責を受けることができなくなるという不利益もあるため（法252Ⅰ⑩）、免責申立てを維持するか否かについては破産者・申立代理人・管財人がそのメリット・デメリットを十分に協議したうえで判断する必要がある。

劣後的破産債権への配当が見込まれる場合の処理方法と注意点(2)

自然人	破産財団	500〜1000万円
	債権者数	〜10名
	処理結果	配当

【事例】

　破産者は、飲食費の支払、複数台のバイク等の購入費用および生活費のために消費者金融等から借入れをするようになり、500万円程度の債務を負って破産申立てを行った。

　なお、申立代理人は遠方の弁護士であり、破産者が申立代理人に対して「家族に内緒で手続を行いたい」と強く希望していたために、家族は破産者の破産申立ての事実は知らなかった。

　破産原因において浪費等の事情がうかがわれ、さらに親から自動車を破産申立て1年前に購入してもらっていたこと等から、開始決定前に念のため審尋期日を入れて財産状況等を確認した（BASIC 6頁、実践マニュアル64頁）。

　審尋期日においても、特に申立書記載以外の財産等も発見できなかったため開始決定がなされた。

　しかし、開始決定後、転送郵便物から申立書記載の金融機関以外にも破産者名義の預金口座があることが発覚し、当該口座を調査したところ、近親者が破産者名義で1000万円以上の預金をしていたことが発覚した。

【問題点】

(1)　破産手続開始決定後に発覚した銀行預金口座の名義は破産者であるが、出捐者は親族であった場合の当該財産の処理方法

(2)　100％配当が可能な場合、劣後的破産債権となる破産手続開始決定後の遅延損害金の届出・計算方法等

(3)　劣後的破産債権となる破産手続開始決定後の遅延損害金の配当方法や基

【事例97】

準時

【処理の経過と結果】

　第三者出捐の可能性がある銀行預金口座については、破産管財人としては、原則として口座名義で判断せざるを得ないことを出捐者である親族と面談して説明し、念のため管財人以外の弁護士の意見も聞くようアドバイスした。

　その際、出捐者である親族としては破産者のために援助する意思があり、また、当該預金を破産者に贈与もしくは遺贈する意思があったことを確認した。

　そのうえで、親族から破産者の破産処理に必要な限りで破産者名義の預金を破産財団に組入れしてもらい、残余部分は破産者に返還することで納得してもらい、同内容で裁判所の許可をとって和解した。

　債権届出時には、破産手続開始決定後の遅延損害金を届出しない債権者がほとんどであったが、債権届出時に開始決定後の遅延損害金について、元金額・利率および期間を明示したうえで「額未定」で届出してきた債権者もあった。

　この点については取下げを促し、取り下げない場合は、「額未定」で認めるかいったん異議を出すか（戦略的異議）などの方法も検討する必要があるが、債権調査時には100％配当の可能性があり、取下げを促しても債権者が応じない可能性があったため債権調査時には異議を出さない取扱いとした（BASIC396頁）。

　最終的に配当にあたっては、全債権者から開始決定後の遅延損害金については破産者本人に請求しないことを確約してもらって、開始決定時までの遅延損害金相当額まで支払って終了した。同時に全債権者に対して、開始決定後の遅延損害金の放棄について文書にて提出するよう依頼したが、最終的に「口頭での放棄しかできない」という債権者もいたため、全債権者からの書面による債権放棄の意思表示を得ることはできなかった。

【分析と検討】

　隠し資産のみならず、失念していた資産の発見や、過払金の存在が明らか

になること等により破産手続開始決定後に100％配当が可能となることが明らかになる場合もある。

　ところが、いったん破産手続開始決定が出てしまうと、同決定を取り消すことは事実上困難であるため（詳細は事例96参照）、債務全額を配当により弁済し、弁済終了後もなお残余財産がある場合には破産者本人に返還することになる。

　100％配当が可能な案件については、開始決定後の遅延損害金等が劣後的破産債権として観念できるが（法99Ⅰ①・97②）、これらについては債権届出の段階で認否等が難しく、また、異議申立ての要否についても問題となる。

　さらに、配当にあたりいつまでの遅延損害金を支払うべきかも問題となる。理論上は100％配当の場合は劣後的破産債権まで支払うことができるため、最終的には配当時までの遅延損害金が配当対象になるとも考えられる。

　本事例では、いわゆる名義預金（真の権利者と名義人が異なっている預金）の可能性があったため、出捐者である親族からあくまで預金債権は自分に帰属し、財団には帰属しないとして争われれば、処理が難しかった事例である。

　また、開始決定前に念のため審尋期日を入れたが、本事例のように本人には当該預金の認識がなく、特に家族に秘密で破産申立てをする場合については、同種の問題が後から発覚する場合もあり、申立代理人としても慎重な調査が必要であると感じた。

　なお、免責については破産者が弁済その他の方法により破産債権者に対する債務の全部についてその責任を免れたときは、裁判所に対して申立てをすることにより復権の決定を受けることができる（法256）。

　免責申立てを維持するか否かについては事例96の【分析と検討】を参照されたい。

第12章　破産者の死亡

【事例98】　破産者の死亡前になされた自由財産拡張の効力等

飲食業	破産財団	～100万円
	債権者数	10～50名
	処理結果	異時廃止

【事例】

　破産者は、個人事業主として、複合商業施設（7階建て建物）の一区画にて、洋菓子店および喫茶店を経営していたが、売上げの減少の影響等により、破産手続開始決定を受けることとなった。

　管財人が破産者名義の預貯金について自由財産の拡張を行ったほか、破産者名義の上記洋菓子店および喫茶店（区分所有建物）の任意売却手続も概ね見通しが立った段階で、かねてより持病を患っていた破産者が急死した。破産者の死亡により、相続財産について当然に破産手続が続行されることとなった（法227）。

【問題点】

(1)　破産者の死亡前に自由財産拡張を終えていた財産について、その後、相続財産破産の手続が続行された場合、かかる拡張済みの財産は破産財団を構成するか

(2)　相続財産破産手続が続行された後で、亡破産者名義の不動産の任意売却を行う場合、どのような登記手続が必要になるか

【処理の経過と結果】

(1)　破産者の死亡前に行われた自由財産拡張の効力

　相続財産破産の手続における破産財団の範囲は、相続財産に属する一切の

財産とされており（法229Ⅰ）、破産者（自然人）の経済的更生を目的とする本来的自由財産および自由財産拡張に係る規定（法34Ⅲ・Ⅳ）は、相続財産破産の手続には適用されないと解されている（条解破産1499頁）。そして、破産手続開始決定後に破産者が死亡した場合においても、破産者の死亡前に自由財産の拡張が申し立てられていた財産や本来的自由財産については、破産財団を構成するものとして扱うことを許容する見解がある（実践マニュアル302頁、条解破産1495頁注2）。

　もっとも、本事例では、破産者が急死したのは破産手続開始決定日から2か月近く経過した後であり、債権者集会期日まで1か月を切っている状況であった。この間、管財人は、自由財産拡張申立てがなされていた預金について、自由財産拡張済みであって、預金通帳も破産者に返却していた。

　そして、いったん自由財産拡張済みとなった財産について、事後的にさかのぼって拡張の効力が消滅する法的根拠が明らかではなく、また、上記見解は、あくまで死亡前に「拡張を申し立てられていた財産」に係るものであって、死亡前に自由財産拡張済みの財産には及ばないと解する余地もある。加えて、本事例では、破産者は本来的自由財産を有しておらず、破産者の死亡によって本来的自由財産を破産財団構成財産として処理する必要がなく、それとの整合性を考慮する必要もなかった。

　そこで、裁判所とも協議のうえ、破産者の死亡前に自由財産拡張済みの財産については破産財団を構成しない財産として処理をした。

　なお、本事例では、破産者が死亡した時点で、自由財産拡張済みの預金は現存していたものの非常に僅少であって、返還を求めても解約に要する費用の負担が過大となるリスクのあるものであった。

(2) **破産者名義の不動産売却における登記手続**

　相続財産破産の手続が当然に続行となったため、亡破産者名義の区分所有建物の売却に際し、登記名義人を亡破産者名義から相続財産に変更したうえで、買主に対して所有権移転登記を行う必要があると考えられたものの、法務局に事前相談を行った結果、登記名義人の変更登記手続を経ることなく、

登記申請上は亡破産者相続財産破産管財人を登記義務者として、買主に対して所有権移転登記手続を行うことができた。

【分析と検討】

　自由財産拡張済財産の相続財産破産手続に関する文献は少なく、上記文献のとおり、処理方法について見解は分かれるものと考えられる。本事例とは異なり破産者に本来的自由財産が存する場合には、本来的自由財産の処理との整合性の観点から、破産財団に帰属するものとして処理する余地もあろう。他方、破産手続開始後に破産者が新たな債務を負担するなどした場合には、当該債権者への配当原資とするべく、破産財団に帰属しないという価値判断もあり得よう。

〔コラム⑲〕
機密書類等の処分方法

　管財人として、管理している書類等が不要になり廃棄する必要に迫られる場合があります。

　その際、書類等に個人情報や機密事項等が記載されているなどの理由により、廃棄する場合に配慮が必要な場合があります。

　個人情報や機密事項等が記載されている書類等（以下、「機密書類等」という）の廃棄処分については、機密書類等について適正に溶解処理して外部流出等がないことの証明書（溶解証明書）を発行してくれる業者もありますので、必要な場合はそのような信頼できる業者を利用するなどして、適正な処理を心がけたいものです。

第13章　免　責

【事例99】 免責不許可事由の該当性を認めつつ裁量免責とした事例

建設業（土木工事業）	破産財団	100〜500万円
	債権者数	〜10名
	処理結果	異時廃止

【事例】

　破産者は、一人親方として工事請負業を営んでいたが、元請業者が二度不渡りとなったことや、受注した工事の遅れによって工事代金の回収に先立って下請業者への支払を要したことから、資金繰りに窮し、やむなく破産手続開始を申し立てるに至った（債務は約7000万円）。

　他方で、破産者は、約4年にわたって外国為替保証金取引（FX取引）を行っており、取引履歴によれば通算して約4500万円の損失が生じていたと認められた。ただし、破産者は、FX取引の資金を手元資金で賄っており、上記債務額は事業に関するものが大半であった。

【問題点】

　免責不許可事由の該当性と裁量免責の相当性

【処理の経過と結果】

　まず、免責不許可事由の該当性が問題となるところ、FX取引は「射幸行為」に該当する（法252Ⅰ④）。さらに、当該射幸行為と財産減少や過大債務負担との間に因果関係が必要であるところ、損失が約4500万円生じている以上、財産の減少は否定できず、因果関係も認められると判断した。

　次に、裁量免責を認めるか否か検討が必要となるところ（法252Ⅱ）、裁量免責を認めるか否かは、免責不許可事由該当行為の性質、程度に加えて、破産

原因が生じるに至った経緯、破産手続開始決定後の事情、破産者の今後の生活設計等の要素を考慮し、免責により破産者の経済的再生を図ることが破産者自身にとってはもとより、社会公共的見地からも相当であると評価されるか否かという判断枠組みを採用するのが妥当であるとされている（東京高判平成26年3月5日金商1443号14頁）。

そこで、これらを本事例で検討するに、まず、免責不許可事由該当行為の性質、程度については、FX取引によって4年間という短期間のうちに損失が約4500万円も生じており、財産減少に与えた影響は否定できない。ただし、破産者によればFX取引は手元資金に余裕があったときのみ行っていたとのことであり、確かに、取引履歴では定期的にFX取引を行っているというよりも、一定額があるときにそれをFX取引にあて、他方、資金が足りなくなったときにはFX取引口座から引き出して手元資金にしていることが確認でき、破産者の説明を否定すべき事情は認められなかった。

また、破産原因が生じるに至った経緯については、上記のとおり、もっぱら事業が資金繰りに窮したからであって、FX取引による投資の失敗が直接的な原因ではなかった。さらに、破産手続開始決定後は管財業務に協力し、破産者は細々と工事請負を継続しており、月々約10万円の収入があるに過ぎないものの再生可能性も認められた。

以上から、管財人は、裁量免責相当の意見を提出し、裁判所は免責許可決定とした。

【分析と検討】

管財人としては、破産者に免責不許可事由があると判断した場合であったとしても、裁量免責（法252Ⅱ）に関する事情について自ら調査等して、破産者の経済的再生の可能性を検討することが肝要である。

なお、そのような調査等を経ても、裁量免責も不相当であると判断した場合には、管財人としては免責不許可相当の意見を裁判所に提出することになるが、免責不許可決定については慎重な判断が求められるため、意見を提出する前にあらかじめ裁判所に方針を伝え対応につき協議をするべきである。

[第2部] 第13章 免　責

【事例100】　裁判上の和解により裁量免責となった事例

自然人	破産財団	100～500万円
	債権者数	10～50名
	処理結果	異時廃止

【事例】

　破産者が代表を務めていた法人の破産申立てはなされていたが、個人の破産申立てはなされていなかったところ、法人の管財人から１億5000万円余りの使途不明金が発生しているとして、役員責任査定申立てがなされた。これに対し、全額認容決定がなされたことから、破産者は、役員責任査定決定に対して異議の訴えを提起するとともに破産申立てを行った。

　破産者は管財人や裁判所に対して、上記使途不明金については、取引先への支払に充てたなどと説明していたが、その裏付けとなる証拠はなく、破産者個人が隠匿等をしている疑いがあった。また、破産者には合計約１億円もの財団債権となる租税債務がある一方、破産財団は引継予納金の100万円程度しかなく、それ以上の増殖が見込めなかった。なお、破産者については、１回あたり数十万円もの高額の飲食をしていたという疑いもあり、転送郵便物からも複数の高級クラブ等に通っていた様子がうかがえた。

【問題点】

(1)　破産法252条１項１号（財産隠匿、破産財団の価値の不当な減少行為）、４号（浪費または射幸行為）、８号（裁判所に対する虚偽説明・説明拒絶）該当性

(2)　免責不許可事由が存在する場合の処理方法

【処理の経過と結果】

　管財人において、使途不明金となっている金員について説明を求めたところ、取引先から入金処理の際に相殺処理をされており、実際の入金はなかった、別の取引先の支払に充てたなどの説明がなされたが、客観的な証拠はな

かった。高級クラブからの郵便物については、数年以上前に取引先と行った店からのものであり、最近は全く行っていないなどの説明がなされた。

　一般的に、法人と法人代表者は別人格であり、代表者個人の免責判断においては、法人の行為は原則として免責不許可事由とはならない（BASIC351頁）。本事例は代表者が個人的に流用してすでに閉店した飲食店（代表者個人による経営）の開店資金・運転資金や遊興費等に費消もしくは資産隠匿した疑いが強い事例であった。

　管財人は、破産者・申立代理人、法人の管財人、裁判所と協議して、役員責任査定決定に対する異議の訴えの中で和解し、破産者が親族等の協力を得て、計500万円を法人の破産財団に組み入れることで合意した（BASIC351頁）。

　なお、法人の破産財団に組み入れることとした理由は、①破産者の破産財団に組み入れても、一般債権者には配当見込みが全くなかったこと、②破産者の債務はほとんど法人債務の連帯保証債務であったこと、③使途不明金の存在により実際に毀損したのは法人の破産財団と考えられたこと等である。

　結局、管財人は上記和解の経緯等を踏まえて、裁判所に裁量免責相当の意見を述べ、裁判所も裁量免責決定をなし、債権者らからの異議もなかった。

【分析と検討】━━━━━━━━━━━━━━━━━━━━━━━━━━━■

　一般的に、免責不許可事由が存在していても、管財人において裁量免責の可能性を検討する必要があることはいうまでもない。本事例においては、使途不明金が多額であり、浪費も疑われたが、免責不許可事由を基礎づける証拠資料に乏しかった。

　使途不明金とされる金員の使途について、破産者は、管財人および裁判所に不自然な説明をするなど、誠実に説明義務を果たしたと評価できないところもあったが、最終的には任意の財団組入れに破産者自ら親族の協力を得て同意し、裁判上の和解が成立したことを重視して裁量免責許可に至った。

　なお、当初債権者集会には多数の債権者が出席し、破産者に対して厳しい意見が続出していたが、最終的には債権者から免責許可という結論に対して大きな反発等はみられなかった。

【事例101】 浪費等により免責不許可となった事例

自然人	破産財団	100〜500万円
	債権者数	10〜50名
	処理結果	異時廃止

【事例】

　経営していた法人（建築会社）とともに代表者個人の破産申立てがなされたが、破産申立て直前期に法人から2000万円以上もの現金を引き出し、その使途が不明となっていた一方、法人および破産者個人名義により先物取引・FX取引等を行い、総額2億円以上もの巨額の損失が発生していた（BASIC109頁）。

　破産者は、2000万円のうち1000万円を競艇等のギャンブルにつぎ込んだと説明し、残額については、破産申立て直前期に家族で旅行したり、債権者から逃れるために各地を転々として大部分を費消したと説明した。

【問題点】

(1)　破産法252条1項1号（財産隠匿、破産財団の価値の不当な減少行為）、4号（浪費または射幸行為）、8号（裁判所に対する虚偽説明・説明拒絶）該当性

(2)　免責不許可事由が存在する場合の処理方法

【処理の経過と結果】

　管財人において、説明を求めたところ、ギャンブルにつぎ込んだという説明については、本人のメモ程度のものしかなく、客観的な証拠はなかった。家族旅行については、クレジットカードの履歴等から、旅行の事実は認められたものの、現金による使途については客観的な証拠による裏付けはなかった。

　そこで、管財人としては、使途不明財産のうち一部は隠匿等されているおそれもあることを念頭に本人、家族、元従業員等からも聴取り調査を行ったが、財産隠匿の証拠も明らかにならなかった（BASIC108頁）。また、調査の経

過の中で、破産者から「使途不明金の一部は一部債権者に弁済したかもしれない」との説明があったが、調査継続中にその説明は撤回された。

　管財人は、破産者に対して、申立代理人を通じるなどして任意の財団組入れの意思を確認したが（BASIC351頁）、拒絶された。

　最終的には破産法252条1項8号該当性についての認定は難しいものの、破産者本人の説明が事実であったとしても、同項1号のうち「破産財団の価値を不当に減少させた」との要件は満たすと考えられ、少なくとも、同条同項4号に規定する「浪費または賭博その他の射幸行為」により「著しく財産を減少させ」たことは明らかといえ、破産者にも誠意ある対応がみられなかったため、裁量免責相当とする事情もなく、最終的に免責不許可意見となった（BASIC350頁）。

　裁判所も免責不許可決定をなしたが、破産者からの即時抗告（法9）もなく確定した。

【分析と検討】────────────────────■

　一般的に免責不許可事由が存在していても、その事実のみで免責不許可意見となるのではなく、管財人においても裁量免責の可能性を検討する必要があることはいうまでもない。

　本事例においては、破産者が財団拡張に積極的に協力せず、配当に至るまでの財団形成ができなかったという事情があり、破産手続開始決定後も管財人および裁判所に不自然な説明をするなど、誠実に説明義務を果たしたと評価できないところもあった。

　一方で、本事例においては、債務は法人の保証債務がほとんどであり、債権者は金融機関等のみであり、債権者からは積極的な免責不許可意見は提出されなかった。

　このような破産者側の事情を最大限に考慮しても最終的に回収できた破産財団の額に比して破産者による財団毀損行為によって生じた損害があまりに大きく、毀損行為の態様も悪質と考えて、最終的には免責不許可相当の意見を提出することとなった。

[第2部] 第13章 免責

調査協力義務違反行為および管財業務妨害行為により免責不許可となった事例

自然人	破産財団	100～500万円
	債権者数	10～50名
	処理結果	異時廃止

【事例】

　破産者は個人で不動産賃貸業を営んでいたが、配偶者の所有する土地建物（4階建ての収益物件であり、1～3階部分がそれぞれ賃貸に供されていた）につき、破産申立ての約6年前に配偶者との間で、同人の死亡を始期とする死因贈与契約を締結し、始期付き所有権移転仮登記を経由した。

　また、同じ頃、破産者は知人から不動産の売却を委任されていたところ、同人より「不動産売却で得た売買代金残金の約1800万円が返還されない」として訴訟を提起され、その後、破産申立ての約2年前に、請求額とほぼ同額の支払を命じる判決が言い渡され確定した。

　その後、破産者は、上記知人の債権を含めて総額約1億円の債務が存在し、支払不能であるとして破産申立てを行った（同時破産廃止申立てであったが、管財手続に移行した）。

　破産者は、上記知人から預かり未返還の約1800万円の金員について、「親族への借入金返済や生活費その他諸々の費用の支払等に充ててすべて費消した」旨説明したが、金銭移動に関する資料の提出はなされず、管財人の質問に対しては「これらの金銭の使途について記憶が定かではない」旨の説明に終始したうえ、全く関係のない物件に関する支出資料を提出するなどした（事由①）。

　また、管財人にて上記始期付き所有権移転仮登記に基づく受贈者たる地位（以下、「本事例契約上の地位」という）の売却を試みることとし、破産者に対しても面談のうえ、その旨の説明を行った。

ところが、破産者は、上記の事実を認識しながら、配偶者との間で始期付き贈与契約を解除した旨の登記原因証明情報を作成したうえで、秘密裏に法務局に上記始期付き所有権移転仮登記抹消登記手続を申請した（事由②）。

もっとも、破産者宛の登記申請内容照会通知が転送郵便物として管財人事務所に届いたことにより、上記事実が発覚した。

以上から、管財人は、事由①が調査協力義務違反行為（法252Ⅰ⑧）、事由②が管財業務妨害行為（同項⑨）に該当するとし、破産者が無職で収入がなかったにもかかわらず、申立ての約1年前に100万円の大型テレビを購入した事実（事由③）とあわせ、「免責不許可が相当」との意見を述べた。

【問題点】
(1) 調査協力義務違反行為（法252Ⅰ⑧）に該当するのはどのような場合か
(2) 管財業務妨害行為（法252Ⅰ⑨）に該当するのはどのような場合か

【処理の経過と結果】
裁判所は、破産者について事由①ないし事由③がいずれも免責不許可事由に該当するとして免責不許可としたうえ、その理由として以下の点を指摘した。

(1) **調査協力義務違反行為**（事由①について）

裁判所は、破産者が管財人に対し、受領した知人の不動産の売得金の使途について詳細かつ誠実に説明を尽くし、資料を提出すべき義務があったものとしたうえで、破産者が記憶が定かでないと説明するなど十分な説明を尽くさず、また全く関係のない物件に関する支出の資料を提出するなど十分な資料の提出もしていないと指摘した。

そして、破産者の上記行為が、管財人の調査において、重要な点について、詳細かつ誠実に説明を尽くし資料を提出するに至っていないと認められるとし、調査協力義務違反行為（法252Ⅰ⑧）に該当するとした。

(2) **管財業務妨害行為**（事由②について）

裁判所は、破産者が死因贈与契約に基づく本事例契約上の地位が破産財団に属し、管財人の管理処分権に服することを知りながら、管財人に秘匿して、

同地位の発生原因である贈与契約を解除し、同地位を公示する登記を抹消しようとしたことが認められるとした。

そして、破産者のかかる行為が管財人による本事例契約上の地位を売却する障害となるおそれがあったこと、破産者が同行為を管財人に秘匿して行おうとしており不正の手段による管財人職務妨害の意図も認められることから、管財人の職務妨害行為（法252Ⅰ⑨）に該当するとした。

【分析と検討】────────────────────────────■

調査協力義務違反（法252Ⅰ⑧）が免責不許可事由となるのは、破産手続において裁判所が行う調査（法8Ⅱ）において破産者が説明を拒み、または虚偽の説明をした場合であるとされる。そして、本事例のように、明示的な説明拒否の事例ではなくとも、破産者が本来具体的に説明できてしかるべき金銭移動について記憶が定かでないとの説明に終始し、あるいは管財人の求めに対して全く関係のない資料を提出するなどの行為に出たこと、その結果費消された金銭の使途等が明確とならなかったことをもって、「詳細かつ誠実に説明を尽くし、資料を提出する義務」を怠ったものと評価し、調査協力義務違反行為（法252Ⅰ⑧）に該当するとされる余地がある。

他方、本事例にみられるような破産者の管財業務妨害行為（事由②）は、管財人の換価を直接妨害しようとする点で悪質性が高く、破産者の不誠実性をより顕著に示すものであるため、免責不許可との判断につながりやすいといえる。

本事例の免責不許可決定の理由中でも、破産者が秘密裏に死因贈与契約を解除して仮登記を抹消しようとした行為につき、免責不許可事由としての重大性がより大きいものであることが指摘されている。

本事例では、経済的再生へ向けた努力や生活状況の改善といった裁量免責の材料となりうる破産者に有利な事情がなかったこと、浪費行為（事由③）という第三の免責不許可事由が存したこと等はあったものの、いずれも副次的な要素であり、上記のような調査協力義務違反行為、管財業務妨害行為の存在が免責不許可という判断に大きく影響したものと考えられる。

調査協力義務違反行為、説明義務違反行為および管財業務妨害行為により免責不許可となった事例

自然人	破産財団	100～500万円
	債権者数	～10名
	処理結果	異時廃止

【事例】

　破産者は元団体職員であったが破産申立ての1年半前に退職し、1400万円ほどの退職金の支給を受けていた。

　ところが、申立書類には、これらの退職金はほぼすべて費消されたとして財産目録へは計上されておらず、退職金支給から申立てまでの1年半ほどの間に、知人からの借入債務の返済や別居中の配偶者に対する婚姻費用の支払に充てて、そのほとんどを費消したとの説明であった。

　もっとも、破産者は「知人への返済」をいずれも現金手渡しの方法で行ったと説明し、現実の資金移動を示す資料や領収証等が存在しなかったほか、そもそもの知人からの借入れの事実自体、借用書や口座の入金履歴等その存在を裏付ける資料が皆無であり、また借入先の知人の名前も明らかにされなかった。また、借入債務の有無や退職金の使途（支払先や支払額）に関する破産者の説明は申立て時から不自然に二転三転していたほか、裁判所で行われた審尋期日においても、破産者は返済の元となった知人からの借入れにつき、「知人に迷惑を掛けることはできない」として、借入先や借入金の使途等についていっさい答えようとしなかった（事由①）。

　他方、破産者の説明する別居の親族への生活費支払が不相当に高額であったことから、管財人は親族に対し、その一部について否認権行使の対象となりうる旨を説明し、任意の返還を請求した。これに対し、親族は当初、「支払われた金員はすべて生活費に費消してしまい残っていない」旨を述べていたが、交渉を続けたところ、「本当は破産者からはそのような生活費は受け取っ

ていない」との説明があり、破産者が親族に対し管財人からの請求に先立って、「管財人からの請求があったら、お金は受け取ったがすべて使用済みであり返せるものはない」と回答するよう指示する書面が交付されていたことが判明した（事由②）。

　費消されたとされる金額が高額であること、また破産者の行為が悪質であると考えられたことから、管財人は事由①について調査協力義務違反行為（法252Ⅰ⑧）および説明義務違反行為（同項⑪）に、事由②について管財業務妨害行為（同項⑨）に該当するものとして、免責不許可相当との意見を述べた。

【問題点】━━━━━━━━━━━━━━━━━━━━━━━━━━━━━━━━■
(1)　調査協力義務違反行為（法252Ⅰ⑧）および説明義務違反行為（同項⑪）に該当するのはどのような場合か
(2)　管財業務妨害行為（法252Ⅰ⑨）に該当するのはどのような場合か

【処理の経過と結果】━━━━━━━━━━━━━━━━━━━━━━━━━━■
　裁判所は、破産者について上記の事由①ないし事由②がいずれも免責不許可事由に該当するとして免責不許可としたうえ、その理由として以下の点を指摘した。

(1)　**調査協力義務違反行為および説明義務違反行為（事由①について）**

　裁判所は、破産者が退職金の使途に関する説明を不自然、不合理に変遷させていること、返済の元となった知人からの借入れについて裏付け資料が一切提出されず、その借入先や使途について度重なる管財人からの求めに対しても説明を拒否していることから、説明義務を尽くしたものとはいえないとし、調査協力義務違反行為（法252Ⅰ⑧）および説明義務違反行為（同項⑪）に該当するものとした。

(2)　**管財業務妨害行為（事由②について）**

　裁判所は、破産者が管財人からの調査の前に、親族に書面を渡して事実に反する回答を行うよう示唆したこと、その際、自己の意に反する説明を行った場合、生活費の支払を停止することを示唆していること等から、これが管財業務妨害行為（法252Ⅰ⑨）にも該当するとした。

【分析と検討】

　調査協力義務違反（法252Ⅰ⑧）が免責不許可事由となるのは、破産手続において裁判所が行う調査（法8Ⅱ）において破産者が説明を拒み、または虚偽の説明をした場合であるとされる。

　本事例では、申立て前の高額の金員費消に関する破産者の説明が不合理であり、かつそれが管財人、裁判所の追及に合わせて不自然に二転三転していることから、破産者が誠実に説明義務を尽くしていないものと評価したものである。そしてまた、管財人が面談時や審尋期日において、繰り返し借入先の詳細（知人の名前や借入額、借入時期、借入金の使途等）を明らかにするよう説得したにもかかわらず、破産者が回答を頑なに拒否したことから、かかる点も説明義務違反に該当するものと評価している。

　破産者の説明が明確に虚偽であると裏付けられるケースはさほど多くはないと思われるが、その程度に至らずとも、説明が著しく不自然・不合理であることが客観的に現れている場合には、誠実に説明義務を尽くしていないとして免責不許可事由の存在を認めうる場合があろう。

　他方で、管財人の調査に先立ち、親族へ事実に反する回答を行うよう指示する書面を送付した点（事由②）は、管財人の調査を直接妨害しようとする点で悪質性が高く、破産者の不誠実性をより顕著に示すものであるため、免責不許可との判断につながりやすいといえる。

　もっとも、免責不許可決定がなされれば多くの場合即時抗告が予想されるため、免責不許可相当の意見とする場合にはその理由が抗告審でも耐えうるものでなければならない（実践マニュアル494頁）。そのため、免責不許可事由の存在がうかがわれる場合、免責不許可事由に該当する事実が客観的に裏付けられるだけの資料を収集する必要がある。

　本事例では、破産者の説明内容の変遷が一覧できる資料を作成したうえ、親族宛に破産者が送付した書面の写しの提供を受け、これらを意見書に添付して提出しており、これらが免責不許可事由が存在するとの判断の大きな根拠となったものと考えられる。

● 事項索引 ●

（太字は重要説明箇所）

【数字・アルファベット】

100％配当	280・282
ETC カード	21
FX 取引	288
PCB	**119**・208・209

【あ】

悪意	261
明渡し	131・**206**・215・217
預かり品	26
アフターサービス	77・182・243
異議通知書	275
遺産分割	**104**・112
医師	175
医師信用組合	32
委託販売契約	**7**・11
一括売却	110・**145**・148・150
移転登録手続	252
居抜き	18・216・**218**
違約金（違約金条項）	14・210・223・**228**・233
医薬品	178
医療信用組合	32
インターネット	24
隠匿	246・249・290
ウェブサイト	12・**25**・38
請負契約	192・**221**・224
受取手形	246
裏金	249
売掛金	76・**77**・91・173・246
売掛債権	172・236・259
運送会社	192
運輸支局	252
営業権	174
営業保証金	11・**15**・24
営農貸越制度	56
大型船舶	164
オーバーローン	68
オープンハウス	114
置き薬	258

【か】

海外取引先	9・**85**・91
買掛金	247
会計帳簿	74
外国為替保証金取引	288
解雇予告手当	270
解約返戻金	**68**・70
価額償還	250
鍵	18
拡張適格財産	68
懸場帳	258
火災保険	**68**・70
瑕疵修補	13
瑕疵担保責任	135・**226**
金型	157
過払金	256
鞄	145
株主権	109
株主総会	109
株主名簿の閲覧謄写	142
加盟店契約	232
仮登記	168
カルテ	218
管財業務妨害行為	**296**・298
管財人発信	73

事項索引

企業年金	72	残余地	97	
欠格事由	66	寺院	187	
源泉徴収義務	76	死因贈与契約	168	
顧客データ	75	歯科医院	79	
告示書	47・58	市街化調整区域	99	
国民健康保険団体連合会	79	歯科医師	175	
個人再生委員	62	仕掛工事	12・14	
個人再生手続	61	仕掛品	2・5・157	
コンデンサ	119	歯科診療所	217	
		時間外手当	270・199	
【さ】		時間外労働	189	
サービサー	88・248	敷金返還請求権	16・204	
債権質	13	事業価値	179	
債権者申立て破産	65	事業継続	5・10・18・29・32	
債権譲渡	79	事業継続(の)許可	5・40・49	
債権譲渡契約	260	事業承継	265	
債権譲渡担保	79	事業譲渡	18・40・49・185・264	
債権譲渡通知書	260	自社株の買取り	141	
在庫(品)	2・3・7・11・152	下請(事)業者	2・4・12・14・161	
在庫商品	18・145・147・149・154	下請代金支払遅延等防止法	3・83・84	
最後配当	228	自宅不動産	116	
財産区	106	質権	70	
財産分与	254	指定区域	125	
再生債務者	62	私道	97	
再生手続廃止決定	61	自働債権	223・265	
財団組入れ	70・80	自動車	242・250・252	
財団債権	237	自動車ローン	250	
裁判所の許可	70・78	使途不明金(財産)	290・292	
財務局	15	自賠責保険	22	
裁量免責	288・290・293・296	支払停止	171・235・243	
詐害行為取消権	254	支払不能	235	
差押禁止財産	32・72	支払明細書	83	
サブリース	17・204	司法書士	66	
産業廃棄物	4・9・26・39	社会保険診療報酬支払基金	31・79	
3条目録	117	射幸行為	288・292	

301

事項索引			
什器備品	152・**179**	水路	98
従業員兼務役員	198	スクラップ	249
従業員説明会	**45**・64	スケルトン	206・**215**
集合物譲渡担保	3・8・40	スポンサー	77
自由財産拡張	68・172・173・285	スポンサー候補者	19・49・183・186
修繕義務	16	生活環境保全条例	123
出資金	21・23	青果物卸売業	81
ジョイントベンチャー	16	清算手続	**108**・109
奨学金	278	清算人	96・**108**・130
消化仕入れ	2・**8**	製造委託	83
小規模企業共済	111	製造販売業	74
商工ローン業者	262	成年後見人	66
商事留置権	3・8・14・15・146・**154**	税務署	75
譲渡担保	4・**79**・258	製薬会社	258
商標	10・57	石油プラント	85
商品券	249	是正勧告	199
情報提供努力義務	46・**189**・198	説明義務	45・194・291・293・**298**
消滅時効	83	専属的乗入権	22
剰余金の配当	272	占有改定	3・8・258
将来の損害賠償債権	77	占用許可	219
職務妨害行為	296	送金口座	246
職務妨害罪	131	倉庫業者	3・146・154
所有権留保	3・4・8・31・250	相殺	3・**12**・204・228・229
所有権留保特約付自動車ローン	250	相殺禁止	**222**・228・266
知れている債権者	60	相続財産	285
信託契約	13	相続財産破産	286
新得財産	174・176・180	双方未履行(の)双務契約	14・16・
信販会社	250		17・202・221・**224**・237
信用調査資料	267	贈与	**168**・171
診療器具	176	即時抗告	293・299
診療報酬	31	損益計算書	75・**249**
診療報酬請求権	79	損害賠償請求権	12・27・**221**・226・229
水産加工業	5		
水質汚濁防止法	123	【た】	
水槽車	136	対抗要件	**252**・259

対抗要件の否認	261	転送郵便物	**73**・170
第三者対抗要件	4・50・**250**	転貸人	204
第三者による弁済	264	倒産解除特約	205
退職給付（一時金・年金）制度	71	動産売買先取特権	3・**8**・**9**
退職金	**71**・297	登録事項証明書	21
滞納処分	95	登録自動車	252
タイムカード	189	登録名義	139
太陽光発電施設	99	毒劇物	125
代理受領	269	土壌汚染	26・27・39・**127**
タクシー車両	134	土壌汚染対策法	6・**123**
宅地建物取引業法	**17**・201	特許情報プラットフォーム	5
立替払	13	賭博	293
団体交渉	269	トランス	**208**・209
担保権消滅許可の申立て	132	取上げ保管	138
担保抹消料	213	取引履歴	256
畜糞	130	取戻権	159
知的財産権	5		
地目変更	102	【な】	
中央卸売市場	81	名板貸	276
仲介業者	131	内覧会	114・**146**・155
中小企業等協同組合法	4	仲間取引	82
調査協力義務違反行為	296・**297**	生コンクリート製造業	6
賃借	145・149・152・**162**	日本建設情報センター	12
賃借人	**15**・16・169	日本自動車査定協会	22
賃借物件	146・179・**217**	乳牛	53
賃貸借契約	204	入札要項	144
賃料相当額損害金	206・**217**	任意売却	54・**68**・70・99・105・108・**114**・116
積立金	57		
停止条件付債権	205	年金	71
出来高	221・222・**229**・230	農業委員会	54・100・101・**102**・103
出来高査定	2・12・222	農業協同組合	53・**55**
出来高請求	230	農作物	55
手付金	16・**201**・202	農地	40・99・100・101・**102**・103
鉄鋼製品	154	農地転用手続	100
転借人	204	暖簾代	51

【は】

廃棄物処理法	218
配置薬販売業	258
配当異議訴訟	140
派遣先	37
派遣社員	**5**・10
派遣元	10
派遣労働者	37
破産債権査定申立て	275
破産者の義務に属しない行為	268
破産者の死亡	285
反対債権	77
販売費及び一般管理費(販管費)	249
引渡命令	131
非上場株式	141
否認権の行使	75
否認対象行為	74
否認の訴え	**256**・260・264・268
否認の請求	252・**256**・260・270
非農地証明	103
美容師	179
ファクタリング	84
夫婦共有財産	255
フォークリフト	136
不確定期限	268
普通自動車	250
不動産鑑定	105
不動産競売手続	108
(不動産の)査定	113・114
フランチャイズ	**18**・**57**
ブランド品	11
プレジャーボート	164
不渡り	260
粉飾決算	271
文書送付嘱託	262

別除権	3・8・70・115・155・**274**
別除権付債権	274
別除権の受戻し	70
別荘地	95
変圧器	208
弁済業務保証金	60・**201**
弁済許可	190
偏頗行為否認	**171**・264
偏頗弁済	**254**・258
貿易	88
放棄	89・92・**93**・101・111
報酬(請負)	193
宝石	**147**・170
保証金	57・112・206・**210**・231
保証債務履行請求権	278
補助金	4
補助元帳	249
保全管理人	19・**61**
本来的自由財産	32・111・176・180・286

【ま】

前払金	13
抹消登録手続	139
抹消料	129・213
未払賃金立替払制度	**192**・**195**・198
民事再生手続	**183**・184
無償行為否認	257
免責登記	20
免責不許可	292・296・**297**
免責不許可決定	296・**299**
免責不許可事由	**288**・289・291・296・299
申立費用	76
元請	161
元従業員	75

【や】

役員責任査定決定	290
薬剤師	178
薬局	178
有害性	258
有害物質使用特定施設	123
有機溶剤	123
養育費	280
溶解証明書	67
擁壁	97
予定不足額	274
予納金	19

【ら】

酪農業	53
リース会社	19
リース物件	4・21・31・34・**135**
利益剰余金	272
履行選択	13・17・187・**225**
利息制限法	256
離島	93
リネン類	159
留保所有権	251
療養費	34
旅客運送事業	22
旅行業	59
冷蔵冷凍車	136
劣後的破産債権	280
レンタル	235
労働基準監督署	199
労働基準監督署長	196
労働組合	**6・269**
労働者健康安全機構	38・**192**・195・197・199
労働者性	192・**195**・197

浪費	**291**・293
浪費行為	296

【わ】

（裁判上の）和解	**78**・268
和解協議	272
和解金	256
和解契約	256

破産管財PRACTICE──留意点と具体的処理事例──

平成29年2月1日　第1刷発行
令和5年2月1日　第3刷発行

定価　本体 3,400円＋税

監　修　中森亘・野村剛司
編　著　破産管財実務研究会
発　行　株式会社　民事法研究会
印　刷　株式会社　太平印刷社

発行所　株式会社　民事法研究会
〒150−0013　東京都渋谷区恵比寿3−7−16
〔営業〕☎03−5798−7257　FAX03−5798−7258
〔編集〕☎03−5798−7277　FAX03−5798−7278
http://www.minjiho.com/　　info@minjiho.com

カバーデザイン／鈴木　弘　　ISBN978-4-86556-137-1 C3032 ¥3400E
本文組版／民事法研究会(Windows10 64bit+EdicolorVer10+MotoyaFont etc.)
落丁・乱丁はおとりかえします。

最新実務に役立つ実践的手引書

2020年7月刊　破産管財人の必携書として好評の『破産管財シリーズ』の応用編！

破産管財 ADVANCED
―応用事例の処理方法と書式―

基礎編の『破産管財BASIC』、実践編の『破産管財PRACTICE』をさらにステップアップし、破産財団増殖のための事業譲渡、債権者申立て、業種類型別・財産別の処理、否認権行使のノウハウ等を書式を織り込み徹底解説！

中森　亘・野村剛司　監修　破産管財実務研究会　編著
（Ａ５判・347頁・定価 3960円（本体3600円＋税10％））

2017年2月刊　破産管財人の必携書として好評の『破産管財ＢＡＳＩＣ』の実践編！

破産管財 PRACTICE
―留意点と具体的処理事例―

業種別（第１部）と実務の場面ごと（第２部）に、事務処理上の留意点や直面する悩みへの着眼点、知恵・工夫を網羅！　業種別では、製造業、小売業から整骨院、牧畜業まで種々掲載！

中森　亘・野村剛司　監修　破産管財実務研究会　編著
（Ａ５判・330頁・定価 3740円（本体3400円＋税10％））

2014年2月刊　初動から終結までそのノウハウを徹底公開！

破産管財 BASIC
―チェックポイントとQ＆Ａ―

通常の破産管財実務書では触れられていない実務上の疑問にも答えるとともに破産管財人経験者が、多くの破産管財事件を通じて長年培ってきたノウハウを惜しみなく開示！

中森　亘・野村剛司・落合　茂　監修　破産管財実務研究会　編著
（Ａ５判・494頁・定価 4620円（本体4200円＋税10％））

発行　民事法研究会
〒150-0013　東京都渋谷区恵比寿3-7-16
（営業）TEL 03-5798-7257　FAX 03-5798-7258
http://www.minjiho.com/　info@minjiho.com

最新実務に必携の手引

― 実務に即対応できる好評実務書！ ―

2023年1月刊 優越的地位の濫用の可能性・予見可能性を検証！

優越的地位の濫用の法理と実務
―ガイドライン、審決・判決、実態調査からみる独占禁止法適用の可能性―

公正取引委員会で長年審判手続等に携わってきた著者が、ガイドライン・具体的事例・実態調査報告書を分析して実務の指針を明示！　法律実務家はもとより、企業の取引責任者や法務担当者にも読んでほしい実践的手引書！

酒井紀子　著

（Ａ５判・489頁・定価 5500円（本体 5000円＋税10％））

2023年1月刊 企業における対応策を実務的な視点も踏まえてわかりやすく解説！

経済安全保障推進法と企業法務

経済安全保障推進法の４つの制度（「サプライチェーン」「基幹インフラ役務」「先端的重要技術」「非公開特許」）について、企業法務における実務対応を中心にＱ＆Ａ形式で解説！

服部　誠・梶並彰一郎・松田世理奈・大西ひとみ　著

（Ａ５判・265頁・定価 3300円（本体 3000円＋税10％））

2022年12月刊 令和元年改正意匠法による画像意匠や建築物の外観などの新たな保護範囲を網羅！

デザインと知的財産法実務
―ブランドビジネスのための権利保護―

ビジネスで重要な役割を果たすデザインを保護するために必要な権利保護を、大改正となった令和元年改正意匠法をはじめ、商標法・著作権法・不正競争防止法・特許法・実用新案法の視点から横断的に解説！

弁護士・弁理士　黒田　薫　著

（Ａ５判・389頁・定価 4400円（本体 4000円＋税10％））

2022年11月刊 改正債権法に対応し、最新実務を織り込み全面改訂！

業務委託契約書の作成と審査の実務〔全訂版〕

業務委託契約の法的性質、契約書作成にあたっての基礎知識と条項例、契約書審査にあたっての留意点を懇切に解説！　全訂版では、新たに「フリーランスに対する業務委託契約」「ＡＩ開発委託契約」「データ提供契約」などの契約類型を追加！

滝川宜信・弁護士法人しょうぶ法律事務所　編著

（Ａ５判・612頁・定価 6380円（本体 5800円＋税10％））

発行　民事法研究会

〒150-0013　東京都渋谷区恵比寿3-7-16
（営業）TEL03-5798-7257　FAX 03-5798-7258
http://www.minjiho.com/　info@minjiho.com

▶民事訴訟法等改正を施行段階別に織り込むとともに「中小企業の事業再生等に関するガイドライン」等も収録対応！ 判例要旨445件を収録！

コンパクト
倒産・再生再編六法2023
──判例付き──

A5判・並製・791頁・定価4,620円（本体4,200円＋税10%）

編集代表　伊藤　眞／多比羅　誠／須藤英章
〔編集委員〕土岐敦司／武井一浩／中村慈美／須賀一也／三上　徹

▶再生型・清算型の倒産手続から事業再生、Ｍ＆Ａまで、再生・再編手続にかかわる法令・判例等を精選して収録した実務のための六法！　2022年11月1日現在の最新法令！
▶〔倒産法関係編〕民事再生法・会社更生法・破産法等の倒産関係法令・最高裁判所規則のほか、民事再生法（92件）・会社更生法（49件）・破産法（302件）・外国倒産処理手続の承認援助に関する法律（1件）、会社法（1件）には、実務上重要な判例を条文ごとに登載！
▶〔基本法関係編〕民事訴訟法等改正法を反映！　改正された法律は、施行段階に合わせ、現行法と改正法の条文を併記！
▶〔関係法令・ガイドライン関係編〕中小企業活性化協議会（旧中小企業再生支援協議会）の「再生支援実施要領（基本要領別冊2）」「中小企業再生支援スキーム（同別冊3）」「中小企業活性化協議会等の支援による経営者保証に関するガイドラインに基づく保証債務の整理手順（同別冊4）」をＱ＆Ａや書式も含め収録！

収録法令一覧

倒産法関係編
民事再生法【判例付】／民事再生法施行規則／民事再生規則／会社更生法【判例付】／会社更生法施行規則／会社更生規則／破産法【判例付】／破産規則／外国倒産処理手続の承認援助に関する法律【判例付】／外国倒産処理手続の承認援助に関する規則

基本法関係編
民法（抄）／会社法【判例付】／商法（抄）／民事訴訟法／民事執行法（抄）／民事保全法／非訟事件手続法／民事調停法／特定債務等の調整の促進のための特定調停に関する法律／特定調停手続規則／裁判外紛争解決手続の利用の促進に関する法律／動産及び債権の譲渡の対抗要件に関する民法の特例等に関する法律／仮登記担保契約に関する法律

関係法令・ガイドライン関係編
産業競争力強化法（抄）／経済産業省関係産業競争力強化法施行規則（抄）／産業競争力強化法第五十四条第一項の経済産業省令・内閣府令で定める基準を定める命令／経済産業省関係産業競争力強化法施行規則第二十九条第一項第一号の資産評定に関する基準／経済産業省関係産業競争力強化法施行規則第二十九条第二項の規程に基づき認証紛争解決事業者が手続実施前に確認を求める事項／特定認証ＡＤＲ手続に基づく事業再生手続規則（事業再生実務家協会）／株式会社地域経済活性化支援機構法／債権管理回収業に関する特別措置法／私的整理に関するガイドライン／「私的整理に関するガイドライン」Ｑ＆Ａ／中小企業の事業再生等に関するガイドライン／「中小企業の事業再生等に関するガイドライン」Ｑ＆Ａ／経営者保証に関するガイドライン／「経営者保証に関するガイドライン」Ｑ＆Ａ／廃業時における「経営者保証に関するガイドライン」の基本的な考え方／国、地方公共団体、独立行政法人中小企業基盤整備機構及び認定支援機関が講ずべき支援措置に関する指針／中小企業活性化協議会実施基本要領／再生支援実施要領〔基本要領別冊2〕／再生支援実施要領Ｑ＆Ａ／中小企業再生支援スキーム〔基本要領別冊3〕／中小企業活性化協議会等の支援による経営者保証に関するガイドラインに基づく保証債務の整理手順〔基本要領別冊4〕（付・書式集及び参考書式）／中小企業活性化協議会等の支援による経営者保証に関するガイドラインに基づく保証債務の整理手順Ｑ＆Ａ

・倒産法関係事項索引
・判例索引（年月日順）

HPの商品紹介はこちらから→

発行　民事法研究会

〒150-0013　東京都渋谷区恵比寿3-7-16
（営業）TEL. 03-5798-7257　FAX. 03-5798-7258
http://www.minjiho.com/　info@minjiho.com

破産申立ての相談から手続終結まで網羅した構成と最新の書式を収録！

倒産・再生再編実務シリーズ①

事業者破産の理論・実務と書式

（『破産法の理論・実務と書式〈事業者破産編〉〔第2版〕』改題）

相澤光江・中井康之・綾　克己　編

A5判・701頁・定価8,140円（本体7,400円＋税10％）

▶東京・大阪の裁判所を中心に、事業者破産の全場面で活用されている301書式を通して、破産手続全体の流れ・実務の留意点を把握しながら、背景にある理論が理解でき、全国で即活用できる実践的手引書！

▶経営者（代表者）個人の破産手続に関する書式とともに、中小企業の早期事業再生のために策定された経営者保証ガイドラインによる経営者（保証人）の債務整理などの具体的な手続も掲載！

▶破産管財人の実務を詳解するとともに、知っておきたい税務の基本事項から納税、還付などの申告や延滞税の減免などに対応！

▶弁護士・裁判所関係者・公認会計士・金融機関・企業の担当者・司法書士等のための、倒産実務の最前線に立つ執筆陣による関係者必携の書！

本書の主要内容

はじめに──破産手続の概要と本書の構成
第1章　破産手続開始の申立て
第2章　破産手続の開始決定
第3章　破産管財人の地位と権限
第4章　破産債権
第5章　財団債権等
第6章　破産財団の管理
第7章　破産財団の換価
第8章　配　当
第9章　破産手続の終了
第10章　破産管財人の税務
第11章　免責・復権・経営者保証GL
第12章　手続相互間の移行
第13章　相続財産の破産等に関する特則
第14章　信託に伴う破産に関する特則
第15章　国際倒産への対応
第16章　雑　則
第17章　罰　則

HPの商品紹介はこちらから→

発行　民事法研究会

〒150-0013　東京都渋谷区恵比寿3-7-16
（営業）TEL. 03-5798-7257　FAX. 03-5798-7258
http://www.minjiho.com/　info@minjiho.com

特定調停実務に必要な特調法・民調法・非訟法・関連規則を網羅！

特定調停法 逐条的概説

濱田芳貴　編著

A 5 判・258 頁・定価 3,080 円(本体 2,800 円＋税 10％)

▶近時、事業再生や中小企業支援、経営者保証債務整理、自然災害による被災者の債務整理などに活用されている特定調停について、制度、手続が容易に理解できるように特定調停法・民事調停法・非訟事件手続法・関連規則を逐条的に概説！
▶逐条の解説を超えた特定調停制度全般の概説書としても活用可能！
▶東京地裁の新運用にも言及しており、企業の事業再生や私的整理等に携わる実務家の必携書！

本書の主要内容

序　章
第1章　特調法の目的
第2章　当事者と代理人
　第1節　特定債務者と関係権利者
　第2節　当事者による手続行為と能力
　第3節　手続代理人
第3章　特定調停の申立て
　第1節　申立ての方式
　第2節　事件の管轄・移送と自庁処理
　第3節　手続費用
　第4節　手続の併合・受継
　第5節　手続前の措置等
第4章　特定調停事件の手続
　第1節　調停機関と調停委員会
　第2節　利害関係人等の参加
　第3節　特定調停の審理
　第4節　調書の作成と記録の閲覧
第5章　事実の調査と証拠調べ
　第1節　職権審理
　第2節　文書等の提出
　第3節　意見聴取と調査嘱託

第4節　専門委員
第6章　特定調停の成立等
　第1節　特定調停の成立
　第2節　特定調停成立の促進に関する諸制度
　第3節　特定調停の不成立
第7章　その他重要な制度
　第1節　裁判官等による特定調停
　第2節　特定調停に代わる決定
　第3節　不服申立て
第8章　他の法令との関係
第9章　罰則
　第1節　措置違反等に対する制裁
　第2節　過料についての決定
　第3節　守秘義務違反の罪

HPの商品紹介はこちらから→

発行　民事法研究会

〒150-0013　東京都渋谷区恵比寿 3-7-16
（営業）TEL. 03-5798-7257　FAX. 03-5798-7258
http://www.minjiho.com/　info@minjiho.com

最新の運用と豊富な書式や記載例で再生手続のノウハウがわかる！

裁判事務手続講座〈第15巻〉

書式　民事再生の実務
〔全訂五版〕
―申立てから手続終了までの書式と理論―

藤原総一郎・軸丸欣哉・松井裕介　編著

A5判・691頁・定価 7,480円（本体 6,800円＋税 10％）

▶ DIP型の倒産手続である民事再生の書式と実践的ノウハウを開示したロングセラー！
▶ 全訂五版では、民法（債権法）改正やこれに伴う民事再生法改正を反映し、最新の判例・学説を収録して改訂！
▶ 東京と大阪の弁護士が共同執筆することで、双方の手続に言及することができるとともに、申立代理人としての実務上の留意点・再建の手法についても、詳細に解説！
▶ 複雑な再生手続を手続の流れに沿って順に理解し活用できる、裁判所関係者、弁護士、司法書士のみならず、金融機関・企業の担当者にとっても必携書！

本書の主要内容

第1部　事業再生と民事再生法
第1章　事業再生の意義
第2章　再建型法的整理の活用
第3章　再生手続の活用

第2部　再生手続
第1章　申立ての準備
第2章　再生手続開始の申立て
第3章　再生手続開始等の裁判
第4章　再生手続の当事者・機関
第5章　再生手続開始後の事業の再生
第6章　再生債権
第7章　共益債権等
第8章　再生計画
第9章　再生計画認可後
第10章　再生手続の終了
第11章　外国倒産手続
第12章　簡易再生と同意再生

第3部　民事再生と倒産実体法上の論点
第1章　はじめに
第2章　再生債務者の財産に対する再生手続開始の効果
第3章　双方未履行の双務契約が受ける影響
第4章　否認権
第5章　相殺権
第6章　取戻権
第7章　別除権

HPの商品紹介はこちらから→

発行　 民事法研究会

〒150-0013　東京都渋谷区恵比寿3-7-16
（営業）TEL. 03-5798-7257　FAX. 03-5798-7258
http://www.minjiho.com/　info@minjiho.com